The Popper
PENGUIN
RESCUE

The Popper Penguin Rescue

1판 1쇄   2023년 1월 2일
1판 2쇄   2024년 7월 22일

지은이   Eliot Schrefer
책임편집   김지혜 정소이 강지희
콘텐츠제작및감수   롱테일 교육 연구소
번역   임소연 김지혜 강지희
저작권   김보경
디자인   이혜련 박새롬
마케팅   두잉글 사업 본부

기획   김승규
펴낸이   이수영
펴낸곳   롱테일북스
출판등록   제2015-000191호
주소   04033 서울특별시 마포구 양화로 113(서교동), 3층
전자메일   help@ltinc.net

ISBN   979-11-91343-24-3 14740

The Popper
PENGUIN
RESCUE

ELIOT SCHREFER

Contents

'아동 도서계의 노벨상!' 미국 최고 권위의 아동 문학상

뉴베리 상(Newbery Award)은 미국 도서관 협회에서 해마다 미국 아동 문학 발전에 가장 크게 이바지한 작가에게 수여하는 아동 문학상입니다. 1922년에 시작된 이 상은 미국에서 가장 오랜 역사를 지닌 아동 문학상이자, '아동 도서계의 노벨상'이라 불릴 만큼 높은 권위를 자랑하는 상입니다.

뉴베리 상은 그 역사와 권위만큼이나 심사 기준이 까다롭기로 유명한데, 심사단은 책의 주제 의식은 물론 정보의 깊이와 스토리의 정교함, 캐릭터와 문체의 적정성 등을 꼼꼼히 평가하여 수상작을 결정합니다.

그해 최고의 작품으로 선정된 도서에게는 '뉴베리 메달(Newbery Medal)'이라고 부르는 금색 메달을 수여하며, 최종 후보에 올랐던 주목할 만한 작품들에게는 '뉴베리 아너(Newbery Honor)'라는 이름의 은색 마크를 수여합니다.

뉴베리 상을 받은 도서는 미국의 모든 도서관에 비치되어 더 많은 독자들을 만나게 되며, 대부분 수십에서 수백만 부가 판매되는 베스트셀러가 됩니다. 뉴베리 상을 수상한 작가는 그만큼 필력과 작품성을 인정받게 되어, 수상 작가의 다른 작품들 또한 수상작 못지않게 커다란 주목과 사랑을 받습니다.

왜 뉴베리 수상작인가?
쉬운 어휘로 쓰인 '검증된' 영어원서!

뉴베리 수상작들은 '검증된 원서'로 국내 영어 학습자들에게 큰 사랑을 받고 있습니다. 뉴베리 수상작이 원서 읽기에 좋은 교재인 이유는 무엇일까요?

1. 아동 문학인 만큼 어휘가 어렵지 않습니다.
2. 어렵지 않은 어휘를 사용하면서도 '문학상'을 수상한 만큼 문장의 깊이가 상당합니다.
3. 적당한 난이도의 어휘와 깊이 있는 문장으로 구성되어 있기 때문에 초등 고학년부터 성인까지, 영어 초보자부터 실력자까지 모든 영어 학습자들이 읽기에 좋습니다.

실제로 뉴베리 수상작은 국제중·특목고에서는 입시 필독서로, 대학교에서는 영어 강독 교재로 다양하고 폭넓게 활용되고 있습니다. 이런 이유로 뉴베리 수상작은 한국어 번역서보다 오히려 원서가 훨씬 많이 판매되는 기현상을 보이고 있습니다.

'베스트 오브 베스트'만을 엄선한 「뉴베리 컬렉션」

「뉴베리 컬렉션」은 뉴베리 메달 및 아너 수상작, 그리고 뉴베리 수상 작가의 유명 작품들을 엄선하여 한국 영어 학습자들을 위한 최적의 교재로 재탄생시킨 영어 원서 시리즈입니다.

1. 어휘 수준과 문장의 난이도, 분량 등 국내 영어 학습자들에게 적합한 정도를 종합적으로 검토하여 선정하였습니다.
2. 기존 원서 독자층 사이의 인기도까지 감안하여 최적의 작품들을 선별하였습니다.
3. 판형이 좁고 글씨가 작아 읽기 힘들었던 원서 디자인을 대폭 수정하여, 판형을 시원하게 키우고 읽기에 최적화된 영문 서체를 사용하여 가독성을 극대화하였습니다.
4. 함께 제공되는 워크북은 어려운 어휘를 완벽하게 정리하고 이해력을 점검하는 퀴즈를 덧붙여 독자들이 원서를 보다 쉽고 재미있게 읽을 수 있도록 구성하였습니다.
5. 기존에 높은 가격에 판매되어 구입이 부담스러웠던 오디오북을 부록으로 제공하여 리스닝과 소리 내어 읽기에까지 원서를 두루 활용할 수 있도록 했습니다.

엘리엇 슈레퍼(Eliot Schrefer)는 어린아이와 동물의 교감을 담아낸 대표작 『Endangered』와 『Threatened』로 전 세계 많은 독자들의 사랑을 받으며, 미국에서 가장 권위 있는 도서상인 전미 도서상(National Book Award)의 아동 문학 부문 최종 후보에 2012년과 2014년 두 번이나 이름을 올렸습니다. 뉴욕 타임스(New York Times)가 선정한 베스트셀러 작가이기도 한 그가 2020년에 선보인 『The Popper Penguin Rescue』는 1938년 출간된 이후 동명의 영화가 제작될 만큼 많은 사랑을 받고 있는 뉴베리 아너 수상작 『Mr. Popper's Penguins』에서 영감을 받아, 그 이후의 이야기를 작가의 상상력으로 풀어낸 작품입니다. 어린 남매와 사고뭉치 새끼 펭귄들의 모험담과 더불어 서식지에서 먹이 문제로 고통받는 동물들의 모습을 통해 작가는 독자들에게 환경에 대한 생각거리를 던져주고 있습니다. 새롭게 펼쳐지는 펭귄들의 이야기로 원작 『Mr. Popper's Penguins』를 재발견하는 재미를 느껴 보시기 바랍니다.

『The Popper Penguin Rescue』는 파퍼(Popper) 씨의 옛집이 있던 스틸워터(Stillwater)의 건너편에 있는 도시 힐포트(Hillport)를 배경으로, 파퍼 씨의 먼 친척인 파퍼 부인(Mrs. Popper)네 가족에게 일어난 모험담을 그리고 있습니다. 예전에 펭귄 공연장으로 운영되었던 곳으로 싼값에 이사를 오게 된 주인공 니나(Nina)와 조엘(Joel) 그리고 파퍼 부인은 짐을 푸는 과정에서 지하실에 있는 펭귄 알 두 개를 발견합니다. 그들은 갓 태어난 새끼 펭귄인 메이(Mae)와 어니스트(Ernest)를 파퍼 펭귄들이 살고 있는 북극으로 데려가 그들에게 새 보금자리를 찾아 주기 위해 고군분투합니다. 거센 폭풍우를 견뎌 가며 북극에 도착했지만, 펭귄들에게 먹잇감을 빼앗겨 고통받는 바다오리(Puffin)들의 사정을 알게 된 그들은 그곳의 파퍼 펭귄들을 모두 남극으로 다시 이주시키기로 결심합니다. 과연 이들은 모험을 무사히 마치고 메이와 어니스트에게 새 보금자리를 마련해 줄 수 있을까요? 파퍼 부인네 가족과 두 마리 새끼 펭귄의 좌충우돌 대모험이 지금 시작됩니다!

이 책의 구성

원서 본문

내용이 담긴 원서 본문입니다.
원어민이 읽는 일반 원서와 같은 텍스트지만, 암기해야 할 중요 어휘들은 볼드체로 표시되어 있습니다. 이 어휘들은 지금 들고 계신 워크북에 챕터별로 정리되어 있습니다.

학습 심리학 연구 결과에 따르면, 한 단어씩 따로 외우는 단어 암기는 거의 효과가 없다고 합니다. 단어를 제대로 외우기 위해서는 문맥(context) 속에서 단어를 암기해야 하며, 한 단어당 문맥 속에서 15번 이상 마주칠 때 완벽하게 암기할 수 있다고 합니다.

이 책의 본문에서는 중요 어휘를 볼드체로 강조하여, 문맥 속의 단어들을 더 확실히 인지(word cognition in context)하도록 돕고 있습니다. 또한 대부분의 중요 단어들은 다른 챕터에서도 반복해서 등장하기 때문에 이 책을 읽는 것만으로도 자연스럽게 어휘력을 향상시킬 수 있습니다.

또한 본문 하단에는 내용 이해를 돕기 위한 '각주'가 첨가되어 있습니다. 각주는 굳이 암기할 필요는 없지만, 알아 두면 도움이 될 만한 정보를 설명하고 있습니다. 각주를 참고하면 스토리를 더 깊이 있게 이해할 수 있어 원서를 읽는 재미가 배가됩니다.

8

워크북(Workbook)

Check Your Reading Speed

해당 챕터의 단어 수가 기록되어 있어, 리딩 속도를 측정할 수 있습니다. 특히 리딩 속도를 중시하는 독자들이 유용하게 사용할 수 있습니다.

Build Your Vocabulary

본문에 볼드 표시되어 있던 단어들이 정리되어 있습니다. 리딩 전, 후에 반복해서 보면 원서를 더욱 쉽게 읽을 수 있고, 어휘력도 빠르게 향상될 것입니다.

단어는 〈스펠링 – 빈도 – 발음기호 – 품사 – 한글 뜻 – 영문 뜻〉 순서로 표기되어 있으며 빈도 표시(★)가 많을수록 필수 어휘입니다. 반복해서 등장하는 단어는 빈도 대신 '복습'으로 표기되어 있습니다. 품사는 아래와 같이 표기했습니다.

n. 명사 │ a. 형용사 │ ad. 부사 │ v. 동사

conj. 접속사 │ prep. 전치사 │ int. 감탄사 │ idiom 숙어 및 관용구

Comprehension Quiz

간단한 퀴즈를 통해 읽은 내용에 대한 이해력을 점검해 볼 수 있습니다.

한국어 번역

영문과 비교할 수 있도록 최대한 직역에 가까운 번역을 담았습니다.

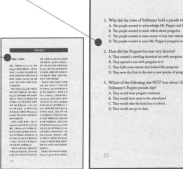

「뉴베리 컬렉션」 이렇게 읽어 보세요!

아래와 같이 프리뷰(Preview) → 리딩(Reading) → 리뷰(Review) 세 단계를 거치면서 읽으면, 더욱 효과적으로 영어실력을 향상할 수 있습니다!

1. 프리뷰(Preview) : 오늘 읽을 내용을 먼저 점검하자!

• 워크북을 통해 오늘 읽을 챕터에 나와 있는 단어들을 쭉 훑어봅니다. 어떤 단어들이 나오는지, 내가 아는 단어와 모르는 단어가 어떤 것들이 있는지 가벼운 마음으로 살펴봅니다.

• 평소처럼 하나하나 쓰면서 암기하려고 하지는 마세요! 익숙하지 않은 단어들을 주의 깊게 보되, 어차피 리딩을 하면서 점차 익숙해질 단어라는 것을 기억하며 빠르게 훑어봅니다.

• 뒤 챕터로 갈수록 '복습'이라고 표시된 단어들이 늘어나는 것을 알 수 있습니다. '복습' 단어인데도 여전히 익숙하지 않다면 더욱 신경을 써서 봐야겠죠? 매일매일 꾸준히 읽는다면, 익숙한 단어들이 점점 많아진다는 것을 몸으로 느낄 수 있습니다.

2. 리딩(Reading) : 내용에 집중하며 빠르게 읽어 나가자!

• 프리뷰를 마친 후 바로 리딩을 시작합니다. 방금 살펴봤던 어휘들을 문장 속에서 다시 만나게 되는데 이 과정에서 단어의 쓰임새와 어감을 자연스럽게 익히게 됩니다.

• 모르는 단어나 이해되지 않는 문장이 나오더라도 멈추지 말고 전체적인 맥락을 잡아가면서 속도감 있게 읽어 나가세요. 이해되지 않는 문장들은 따로 표시를 하되, 일단 넘어가고 계속 읽는 것이 좋습니다. 뒷부분을 읽다 보면 자연히 이해가 되는 경우도 있고, 정 이해가 되지 않는 부분은 리딩을 마친 이후에 따로 리뷰하는 시간을 가지면 됩니다. 문제집을 풀듯이 모든 문장을 분석하면서 원서를 읽는 것이 아니라, 리딩을 할 때는 리딩에만, 리뷰를 할 때는 리뷰에만 집중하는 것이 필요합니다.

• 볼드 처리된 단어의 의미가 궁금하더라도 워크북을 바로 펼치지 마세요. 정 궁금하다면 한 번씩 참고하는 것도 나쁘진 않지만, 워크북과 원서를 번갈아 보면서 읽는 것은 리딩의 흐름을 끊고 단어 하나하나에 집착하는 좋지 않은 리딩 습관을 심어 줄 수 있습니다.

• 같은 맥락에서 번역서를 구해 원서와 동시에 번갈아 보는 것도 좋은 방법이 아닙니다. 한글 번역을 가지고 있다고 해도 일단 영어로 읽을 때는 영어에만 집중하고 어느 정도 분량을 읽은 후에 번역서와 비교하도록 하세요. 모든 문장을

일일이 번역해서 완벽하게 이해하려는 것은 오히려 좋지 않은 리딩 습관을 심어 주어 장기적으로는 바람직하지 않은 결과를 얻을 수 있습니다. 처음부터 완벽하게 이해하려고 하는 것보다는 빠른 속도로 2~3회 반복해서 읽는 방식이 실력 향상에 더 도움이 됩니다. 만일 반복해서 읽어도 내용이 전혀 이해되지 않아 곤란하다면 책 선정에 문제가 있다고 할 수 있습니다. 그럴 때는 좀 더 쉬운 책을 골라 실력을 다진 뒤 다시 도전하는 것이 좋습니다.

• 초보자라면 분당 150단어의 리딩 속도를 목표로 잡고 리딩을 합니다. 분당 150단어는 원어민이 말하는 속도로, 영어 학습자들이 리스닝과 스피킹으로 넘어가기 위해 가장 기초적으로 달성해야 하는 단계입니다. 분당 50~80단어 정도의 낮은 리딩 속도를 가지고 있는 경우는 대부분 영어 실력이 부족해서라기보다 '잘못된 리딩 습관'을 가지고 있어서 그렇습니다. 이해력이 조금 떨어진다고 하더라도 분당 150단어까지는 속도에 대한 긴장감을 놓치지 말고 속도감 있게 읽어 나가도록 하세요.

3. 리뷰(Review) : 이해력을 점검하고 꼼꼼하게 다시 살펴보자!

• 해당 챕터의 Comprehension Quiz를 통해 이해력을 점검해 봅니다.

• 오늘 만난 어휘들을 다시 한번 복습합니다. 이때는 읽으면서 중요하다고 생각했던 단어를 연습장에 써 보면서 꼼꼼하게 외우는 것도 좋습니다.

• 이해가 되지 않는다고 표시해 두었던 부분도 주의 깊게 분석해 봅니다. 다시 한번 문장을 꼼꼼히 읽고, 어떤 이유에서 이해가 되지 않았는지 생각해 봅니다. 따로 메모를 남기거나 노트를 작성하는 것도 좋은 방법입니다.

• 사실 꼼꼼히 리뷰하는 것은 매우 고된 과정입니다. 원서를 읽고 리뷰하는 시간을 가지는 것이 영어 실력 향상에 많은 도움이 되기는 하지만, 이 과정을 철저히 지키려다가 원서 읽기의 재미를 반감시키는 것은 바람직하지 않습니다. 그럴 때는 차라리 리뷰를 가볍게 하는 것이 좋을 수 있습니다. '내용에 빠져서 재미있게', 문제집에서는 상상도 못할 '많은 양'을 읽으면서, 매일매일 조금씩 꾸준히 실력을 키워가는 것이 원서를 활용하는 기본적인 방법이며, 영어 공부의 왕도입니다. 문제집 풀듯이 원서 읽기를 시도하고 접근해서는 실패할 수밖에 없습니다.

• 이런 방식으로 원서를 끝까지 다 읽었다면, 다시 반복해서 읽거나 오디오북을 활용하는 등 다양한 방식으로 원서 읽기를 확장해 나갈 수 있습니다. 이에 대한 자세한 안내가 워크북 말미에 실려 있습니다.

Prologue

1. Why did the town of Stillwater hold a parade every year?
   A. The people wanted to acknowledge Mr. Popper and his penguins.
   B. The people wanted to teach others about penguins.
   C. The people wanted to raise money to buy new statues.
   D. The people wanted to meet Mr. Popper's penguins in person.

2. How did the Poppers become very famous?
   A. They created a traveling theatrical act with penguins.
   B. They opened a zoo with penguins in it.
   C. They built some statues that looked like penguins.
   D. They were the first to discover a new species of penguin.

3. Which of the following was NOT true about children on Stillwater's Popper parade day?
   A. They would wear penguin costumes.
   B. They would have races in the schoolyard.
   C. They would take the local bus to school.
   D. They would not go to class.

4. How did the adults in town dress on Stillwater's Popper parade day?
   A. They dressed like their favorite penguin.
   B. They dressed like people from the 1940s.
   C. They dressed like people in a famous marching band.
   D. They dressed like the Poppers or other people the Poppers were related to.

5. Why did news crews come from all over the country?
   A. They wanted to film some real penguins.
   B. They wanted to film joyful moments of the parade.
   C. They wanted to meet the Poppers and their children.
   D. They wanted to see some statues being made.

1분에 몇 단어를 읽는지 리딩 속도를 측정해보세요.

$$\frac{368 \text{ words}}{\text{reading time ( ) sec}} \times 60 = (\quad) \text{ WPM}$$

Build Your Vocabulary

parade*
[pəréid]

n. 퍼레이드, 가두 행진; v. 가두 행진을 하다; (과시하듯) 걸어 다니다
A parade is a procession of people or vehicles moving through a public place in order to celebrate an important day or event.

gather**
[gǽðər]

v. (사람들이) 모이다; (여기저기 있는 것을) 모으다; (수·양이) 서서히 많아지다
If people gather somewhere or if someone gathers people somewhere, they come together in a group.

acknowledge*
[æknálidʒ]

v. 인정하다; 알은 척하다, 안다는 표시를 보이다; 감사를 표하다, 사례하다
If you acknowledge someone or something, you accept that they have a particular authority or status.

resident*
[rézədnt]

n. 거주자, 주민; a. 거주하는
The residents of a house or area are the people who live there.

celebrate**
[séləbrèit]

v. 기념하다, 축하하다
If you celebrate an occasion or if you celebrate, you do something enjoyable because of a special occasion or to mark someone's success.

ordinary**
[ɔ́:rdənèri]

a. 평범한; 보통의, 일상적인
Ordinary people or things are normal and not special or different in any way.

explore*
[iksplɔ́:r]

v. 탐험하다, 탐사하다; 분석하다 (explorer n. 탐험가)
An explorer is someone who travels to places about which very little is known, in order to discover what is there.

Antarctic*
[æntá:rktik]

n. 남극; a. 남극의, 남극 지방의
The Antarctic is the area around the South Pole.

chick*
[ʧik]

n. 새끼 새; 병아리
A chick is a baby bird.

host*
[houst]

v. (손님을) 재워 주다, 주인 노릇을 하다; (행사를) 주최하다; n. 주인; 진행자
To host means an act of providing the place, meal and everything that is need for their guests.

theatrical*
[θiǽtrikəl]

a. 연극의, 공연의; 연극조의; 과장된
Theatrical means relating to the perfoming of plays.

local**
[lóukəl]

a. 지역의, 현지의; n. 주민, 현지인
Local means existing in or belonging to the area where you live, or to the area that you are talking about.

14

cluster*
[klʌ́stər]
v. (소규모로) 모이다, 무리를 이루다; n. 무리, 집단
If people cluster together, they gather together in a small group.

schoolyard
[skú:lja:rd]
n. (학교) 운동장
The schoolyard is the large open area with a hard surface just outside a school building, where the schoolchildren can play and do other activities.

don
[dan]
v. (옷 등을) 입다, 쓰다
If you don clothing, you put it on.

costume*
[kástju:m]
n. 의상, 복장; 분장
An actor's or performer's costume is the set of clothes they wear while they are performing.

accurate**
[ǽkjurət]
a. 정밀한; 정확한
You can use accurate to describe the results of someone's actions when they do or copy something correctly or exactly.

elegant*
[éligənt]
a. 품위 있는, 우아한, 고상한
If you describe a person or thing as elegant, you mean that they are pleasing and graceful in appearance or style.

march***
[ma:rʧ]
v. 행진하다; (단호한 태도로 급히) 걸어가다; n. 행군, 행진
When soldiers march somewhere, or when a commanding officer marches them somewhere, they walk there with very regular steps, as a group.

blare
[blɛər]
v. (소리를) 요란하게 울리다; 울려 퍼지다; n. 요란한 소리
If something such as a siren or radio blares or if you blare it, it makes a loud, unpleasant noise.

proceed*
[prəsí:d]
v. 나아가다, 이동하다; 진행하다; 계속해서 ~하다
If you proceed in a particular direction, you go in that direction.

impression*
[impréʃən]
n. 흉내; 인상, 느낌; 감명; 자국
An impression is an amusing imitation of someone's behavior or way of talking, usually someone well-known.

waddle
[wadl]
n. 뒤뚱거리는 걸음걸이; v. 뒤뚱뒤뚱 걷다
A waddle is a way of walking with short steps, moving the body from one side to the other.

trundle
[trʌndl]
v. 느릿느릿 걷다, 터덜터덜 걷다; 굴러가다
If you say that someone is trundling somewhere, you mean that they are walking slowly, often in a tired way or with heavy steps.

barber*
[bá:rbər]
n. 이발사 (barber shop n. 이발소)
A barber shop is a shop where a barber works.

procession*
[prəséʃən]
n. 행진, 행렬; 진행, 전진
A procession is a group of people who are walking, riding, or driving in a line as part of a public event.

merriment
[mérimənt]
n. 유쾌하게 떠들썩함
Merriment means laughter, fun, and enjoyment.

statue
[stǽʧuː]

n. 조각상
A statue is a large sculpture of a person or an animal, made of stone or metal.

highlight
[háilait]

n. 하이라이트, 가장 좋은 부분; v. 강조하다; 강조 표시를 하다
The highlights of an event, activity, or period of time are the most interesting or exciting parts of it.

Chapters 1 & 2

1. Why were the words Penguin Pavilion on the building not lit up?
    A. It was still bright outside.
    B. There were some lightbulbs missing.
    C. The electricity had been shut off.
    D. The building was closed.

2. Why did Joel think it might be better to not have penguins?
    A. Penguins take up too much space.
    B. Penguins are smelly and cranky.
    C. Penguins are very noisy.
    D. Penguins are dirty and annoying.

3. What did Mrs. Popper want to do when they first arrived?
    A. She wanted to unpack the truck.
    B. She wanted to explore the house.
    C. She wanted to paint some walls.
    D. She wanted to fix the door's lock.

4. Which of the following was NOT true about the house?
    A. It used to have penguins living there.
    B. It did not cost a lot to buy.
    C. It did not have running water.
    D. It was full of grime and dust.

5. Why didn't Joel want to tell his mother about the eggs?

   A. He thought she would be mad at him.

   B. He knew she did not like penguins.

   C. He did not want her to worry.

   D. He was afraid she would want to move.

6. Why did Joel and Nina to go the library?

   A. They wanted to know how to care for penguin eggs.

   B. They wanted to return some library books they had borrowed.

   C. They wanted to avoid helping their mother clean the house.

   D. They wanted to get some art books for their mother.

7. What did Joel tell his mother that he needed hot water for?

   A. He said that he wanted to make some tea.

   B. He said that he would fill some hot water bottles.

   C. He said that he planned to take a bath.

   D. He said that he would cook some soup.

Check Your Reading Speed

1분에 몇 단어를 읽는지 리딩 속도를 측정해보세요

$$\frac{1{,}365 \text{ words}}{\text{reading time ( ) sec}} \times 60 = (\quad) \text{ WPM}$$

Build Your Vocabulary

neat**
[ni:t]

a. 깔끔한; 정돈된, 단정한; 뛰어난, 훌륭한
A neat place, thing, or person is organized and clean, and has everything in the correct place.

boulevard
[búləvàːrd]

n. (도시의) 대로
A boulevard is a wide street in a city, usually with trees along each side.

rumble
[rʌmbl]

v. 덜커덩거리며 나아가다; 우르릉거리는 소리를 내다; n. 우르릉거리는 소리
If a vehicle rumbles somewhere, it moves slowly forward while making a low, continuous noise.

blink*
[bliŋk]

v. (불빛이) 깜박거리다; 눈을 깜박이다; n. 눈을 깜박거림
When a light blinks, it flashes on and off.

billboard
[bílbɔ̀ːrd]

n. 광고 게시판
A billboard is a very large board on which advertising is displayed.

attraction*
[ətrǽkʃən]

n. 명소, 명물; 매력
An attraction is something that people can go to for interest or enjoyment, for example a famous building.

pet**
[pet]

v. (동물·아이를 다정하게) 어루만지다; n. 반려동물
If you pet a person or animal, you touch them in an affectionate way.

slide*
[slaid]

n. 미끄럼틀; 떨어짐; 미끄러짐; v. 미끄러지다; 미끄러지듯 움직이다; 떨어지다
(waterslide n. 물 미끄럼틀)
A waterslide is a slide with water flowing down it, used for sliding down into a swimming pool.

sag
[sæg]

v. (가운데가) 축 처지다, 늘어지다; 약화되다, 줄어들다; n. 늘어짐, 처짐
When something sags, it hangs down loosely or sinks downward in the middle.

trace*
[treis]

v. (형체·윤곽을) 따라가다; 추적하다; n. 자취, 흔적; 조금
If you trace something such as a pattern or a shape, for example, with your finger or toe, you mark its outline on a surface.

pavilion
[pəvíljən]

n. 경기장, 공연장; (행사·전시회의) 임시 구조물
A pavilion is a very large building with big open areas used for sports and other public events.

broken-down
[bròukən-dáun]

a. 완전히 망가진, 부서진
A broken-down vehicle or machine no longer works or in good condition because it has something wrong with it.

20

board up

idiom 판자로 두르다, 판자로 막다
If you board up a door or window, you fix pieces of wood over it so that it is covered up.

rub**
[rʌb]

v. (손·손수건 등을 대고) 문지르다; (두 손 등을) 맞비비다; n. 문지르기, 비비기
If you rub an object or a surface, you move your hand or a cloth backward and forward over it in order to clean or dry it.

sleeve*
[sliːv]

n. (옷의) 소매, 소맷자락
The sleeves of a coat, shirt, or other item of clothing are the parts that cover your arms.

flexible**
[fléksəbl]

a. 융통성 있는; 잘 구부러지는, 유연한
Someone or something that is flexible is able to change easily and adapt to different conditions and circumstances as they occur.

fog**
[fɔːg]

v. 수증기가 서리다; 헷갈리게 하다; n. 안개; 혼미, 혼란
If a glass surface fogs or is fogged up, it becomes covered in steam or small drops of water so that you cannot see through.

wipe*
[waip]

v. (먼지·물기 등을) 닦다; 지우다; n. 닦기
If you wipe dirt or liquid from something, you remove it, for example by using a cloth or your hand.

immediate**
[imíːdiət]

a. 즉각적인; 당면한; 아주 가까이에 있는 (immediately ad. 즉시, 즉각)
If something happens immediately, it happens without any delay.

cutout
[kʌ́taut]

n. 오려낸 그림; 안전 장치, 차단기
A cutout is a shape of a person or object that has been cut out of wood or paper.

rummage
[rʌ́midʒ]

v. 뒤지다; n. 뒤지기
If you rummage through something, you search for something you want by moving things around in a careless or hurried way.

emerge*
[imɔ́ːrdʒ]

v. 나오다, 모습을 드러내다; (어려움 등을) 헤쳐 나오다
To emerge means to come out from an enclosed or dark space such as a room or a vehicle, or from a position where you could not be seen.

battered
[bǽtərd]

a. 오래 써서 낡은; 박살난
Something that is battered is old and in poor condition because it has been used a lot.

envelope*
[énvəlòup]

n. 봉투
An envelope is the rectangular paper cover in which you send a letter to someone through the post.

tarnish
[táːrniʃ]

v. (금속 등이) 변색되다; (평판을) 손상시키다; n. (금속의) 변색된 부분 (tarnished a. 변색된, 바랜)
If a metal tarnishes or if something tarnishes it, it no longer looks bright and shiny.

palm*
[paːm]

n. 손바닥; v. 손바닥으로 만지다
The palm of your hand is the inside part of your hand, between your fingers and your wrist.

grumble*
[grʌmbl]

v. 투덜거리다, 불평하다; n. 투덜댐; 불만 사항
If someone grumbles, they complain about something in a quiet but angry way.

cranky
[krǽŋki]

a. 성미가 까다로운, 짜증을 내는, 괴팍한
If someone is cranky, they get annoyed easily.

protest**
[próutest]

v. 항의하다, 이의를 제기하다; n. 항의; 시위
If you protest against something or about something, you say or show publicly that you object to it.

fade*
[feid]

v. (색깔이) 바래다; 서서히 사라지다
When a colored object fades or when the light fades it, it gradually becomes paler.

feed**
[fi:d]

n. (동물의) 먹이; v. 먹이를 주다; 공급하다
Animal feed is food given to animals, especially farm animal.

portrait*
[próutest]

n. 초상, 초상화
A portrait is a painting, drawing, or photograph of a particular person.

celebrate^{복습}
[séləbrèit]

v. 기념하다, 축하하다
If you celebrate an occasion or if you celebrate, you do something enjoyable because of a special occasion or to mark someone's success.

foreclose
[fɔ:rklóuz]

v. 담보권을 실행하다
If a bank forecloses, it takes away someone's property because they have failed to pay back the money that they borrowed from the bank to buy it.

afford**
[əfɔ́:rd]

v. (~을 살) 여유가 되다; 제공하다
If you can afford something, you have enough money to be able to pay for it.

distant**
[dístənt]

a. 먼 친척 관계인; 먼, (멀리) 떨어져 있는; 다정하지 않은
A distant relative is one who you are not closely related to.

relation**
[riléiʃən]

n. 친척; 관계
Your relations are the members of your family.

whisper*
[hwíspər]

v. 속삭이다, 소곤거리다; n. 속삭임, 소곤거리는 소리
When you whisper, you say something very quietly, using your breath rather than your throat, so that only one person can hear you.

creak
[kri:k]

v. 삐걱거리다; n. 삐걱거리는 소리
If something creaks, it makes a short, high-pitched sound when it moves.

race**
[reis]

v. 쏜살같이 가다; 경주하다; n. 경주; 경쟁; 인종, 종족
If you race somewhere, you go there as quickly as possible.

reverberate
[rivə́:rbərèit]

v. (소리가) 울리다; (사람들에게) 반향을 불러일으키다
When a loud sound reverberates through a place, it echoes through it.

hang back

idiom 뒤에 남다; 망설이다
If you hang back, you remain in a place after all the other people have left.

drawn* [drɔːn]
a. 핼쑥한; 찡그린, 일그러진
If someone or their face looks drawn, their face is thin and they look very tired, ill, worried, or unhappy.

mantelpiece [mǽntlpiːs]
n. 벽난로 위 선반
A mantelpiece is a wood or stone shelf which is the top part of a border around a fireplace.

pat* [pæt]
v. 쓰다듬다; 가볍게 두드리다; n. 쓰다듬기, 토닥거리기
If you pat something or someone, you tap them lightly, usually with your hand held flat.

spatter [spǽtər]
v. (액체 방울 등을) 튀기다; 후두두 떨어지다; n. (액체 등이) 튀는 것
If a liquid spatters a surface or you spatter a liquid over a surface, drops of the liquid fall on an area of the surface.

canvas* [kǽnvəs]
n. 유화; 캔버스 천; 화폭
A canvas is a painting that has been done on a piece of canvas, using oil paints.

settle on
idiom ~을 정하다
If you settle on a particular thing, you choose it after considering other possible choices.

explore^{복습} [iksplɔ́ːr]
v. 탐험하다, 탐사하다; 분석하다
If you explore a place, you travel around it to find out what it is like.

track down** [træk]
idiom. ~을 찾아내다
If you track down someone or something, you find them, or find information about them, after a difficult or long search.

bolt* [boult]
n. 빗장, 걸쇠; 볼트; v. 빗장을 지르다; 달아나다
A bolt on a door or window is a metal bar that you can slide across in order to fasten the door or window.

secure* [sikjúər]
a. (잠금장치 등이) 안전한; 안심하는; 안정감 있는; v. 얻어 내다
A secure place is tightly locked or well protected, so that people cannot enter it or leave it.

awesome [ɔ́ːsəm]
a. 기막히게 좋은, 굉장한; 어마어마한, 엄청난
An awesome person or thing is very impressive and often frightening.

housekeeping* [háuskìːpiŋ]
n. 살림, 집안 돌보는 일
Housekeeping is the work and organization involved in running a home, including the shopping and cleaning.

dim* [dim]
a. (빛이) 어둑한; (형체가) 흐릿한; v. 어둑해지다
Dim light is not bright.

reflect** [riflékt]
v. 반사하다; (상을) 비추다; 깊이 생각하다 (reflected a. 반사된)
If light reflects, or if something reflects light, the light shines back off that thing.

streetlamp [stríːtlæmp]
n. 가로등
A streetlamp is the same as a streetlight, a tall post with a light at the top, which stands by the side of a road to light it up, usually in a city.

grime
[graim]

n. 때, 먼지; v. 더럽히다, 때 묻게 하다
Grime is dirt which has collected on the surface of something.

wrap**
[ræp]

v. 포장하다; 둘러싸다; (무엇의 둘레를) 두르다; n. 포장지; 랩
(wrapper n. (식품) 포장지)
A wrapper is a piece of paper, plastic, or thin metal that covers and
protects something that you buy, especially food.

pile**
[pail]

v. (차곡차곡) 쌓다; 우르르 가다; n. 쌓아 놓은 것; 무더기, 더미
If you pile things somewhere, you put a large number of them on top
of each other.

cramped
[kræmpt]

a. (방 등이) 비좁은
A cramped room or building is not big enough for the people or things
in it.

faucet*
[fɔ́:sit]

n. 수도꼭지
A faucet is a device that controls the flow of a liquid or gas from a pipe
or container.

spray*
[sprei]

v. 뿌리다; 퍼붓다; n. 물보라; 분무기
If you spray a liquid somewhere or if it sprays somewhere, drops of the
liquid cover a place or shower someone.

in no time

idiom 당장에, 곧
If something happens in no time, it happens almost immediately or
very quickly.

nod**
[nad]

v. (고개를) 끄덕이다, 까딱하다; n. (고개를) 끄덕임
If you nod, you move your head up and down to show agreement,
understanding, or approval.

definite**
[défənit]

a. 분명한, 뚜렷한; 확실한, 확고한 (definitely ad. 분명히)
You use definitely to emphasize the strength of your intention or opinion.

yell*
[jel]

v. 소리치다, 소리 지르다, 외치다; n. 고함, 외침
If you yell, you shout loudly, usually because you are excited, angry, or
in pain.

sheet**
[ʃi:t]

n. (침대에 까는) 시트; (종이) 한 장; 넓게 퍼져 있는 것
A sheet is a large rectangular piece of cotton or other cloth that you
sleep on or cover yourself with in a bed.

bound*
[baund]

v. 껑충껑충 달리다; n. 껑충 뜀; a. ~할 가능성이 큰
If a person or animal bounds in a particular direction, they move quickly
with large steps or jumps.

basement**
[béismənt]

n. (건물의) 지하층, 지하실
The basement of a building is a floor built partly or completely below
ground level.

amaze*
[əméiz]

v. (대단히) 놀라게 하다 (amazing a. 놀라운)
You say that something is amazing when it is very surprising and makes
you feel pleasure, approval, or wonder.

clip*
[klip]

v. 핀으로 고정하다; 깎다, 자르다; n. 핀, 클립 (unclip v. (고정된 것을) 풀다)
To unclip something means to detach it from another by undoing a clip.

emergency**
[imə́:rdʒənsi]

n. 비상, 비상사태
An emergency is an unexpected and difficult or dangerous situation, especially an accident, which happens suddenly and which requires quick action to deal with it.

ceiling**
[síːliŋ]

n. 천장
A ceiling is the horizontal surface that forms the top part or roof inside a room.

bundle up

idiom 따뜻하게 입다, 따뜻이 둘러싸다
If you bundle up, you dress in a lot of warm clothes, usually because the weather is very cold.

dank
[dæŋk]

a. 눅눅한, 축축한, 몹시 습한
A dank place, especially an underground place such as a cave, is unpleasantly wet and cold.

ice cap
[áis kæp]

n. 빙원(氷原), 만년설
The ice caps are the thick layers of ice and snow that cover the North and South Poles.

glacier*
[gléiʃər]

n. 빙하
A glacier is an extremely large mass of ice which moves very slowly, often down a mountain valley.

representation*
[rèprizentéiʃən]

n. 그림; 묘사, 표현; 설명
You can describe a picture, model, or statue of a person or thing as a representation of them.

polar*
[póulər]

a. 북극의, 남극의, 극지의; 정반대되는
Polar means near the North and South Poles.

distance**
[dístəns]

n. 먼 곳; 거리; v. (~에) 관여하지 않다
If you can see something in the distance, you can see it, far away from you.

Arctic*
[áːrktik]

n. 북극; a. 북극의, 북극 지방의
The Arctic is the area of the world around the North Pole.

Antarctic^{복습}
[æntáːrktik]

n. 남극; a. 남극의, 남극 지방의
The Antarctic is the area around the South Pole.

pole**
[poul]

n. (지구의) 극; 막대, 기둥, 장대
The Earth's poles are the two opposite ends of its axis, its most northern and southern points.

silly**
[síli]

a. 우스꽝스러운; 어리석은, 바보 같은; n. 바보
If you say that someone or something is silly, you mean that they are foolish, childish, or ridiculous.

poke around

idiom (무엇을 찾으려고) 뒤지다, 캐다
If you poke around, you search for something by moving things around, usually not in a very careful or organized way.

edge**
[edʒ]

n. 끝, 가장자리, 모서리; 우위; v. 조금씩 움직이다
The edge of something is the place or line where it stops, or the part of it that is furthest from the middle.

sniff*
[snif]

v. 냄새를 맡다; 코를 훌쩍이다; n. 냄새 맡기; 콧방귀 뀌기
If you sniff something or sniff at it, you smell it by taking air in through your nose.

freeze**
[fríːz]

v. 얼리다; 얼다; (두려움 등으로 몸이) 얼어붙다; n. 동결; 한파
If a substance freezes, or if something freezes it, it becomes very cold and hard.

device*
[diváis]

n. 장치, 기구; 폭발물; 방법
A device is an object that has been invented for a particular purpose, for example for recording or measuring something.

crush**
[krʌʃ]

v. 으스러뜨리다; 밀어 넣다; n. 홀딱 반함
To crush something means to press it very hard so that its shape is destroyed or so that it breaks into pieces.

cast***
[kæst]

v. (그림자를) 드리우다; 던지다; n. 던지기; (연극 영화의) 출연신늘
If something casts a light or shadow somewhere, it causes it to appear there.

hold on

idiom 기다려, 멈춰; 견뎌 내다
If you ask someone to hold on, you are asking them to wait for a short time.

speechless
[spíːʧlis]

a. 말을 못 하는
If you are speechless, you are temporarily unable to speak, usually because something has shocked you.

instant*
[ínstənt]

n. 순간, 아주 짧은 동안; a. 즉각적인 (in an instant idiom 곧, 즉시)
An instant is an extremely short period of time.

cradle*
[kreidl]

v. 부드럽게 안다; n. 요람, 아기 침대; 발상지
If you cradle someone or something in your arms or hands, you hold them carefully and gently.

faint*
[feint]

a. 희미한, 약한; v. 실신하다, 기절하다; n. 실신, 기절 (faintly ad. 희미하게)
A faint sound, color, mark, feeling, or quality has very little strength or intensity.

speckle
[spekl]

n. 작은 반점 (speckled a. 작은 반점들이 있는, 얼룩덜룩한)
A speckled surface is covered with small marks, spots, or shapes.

Check Your Reading Speed

1분에 몇 단어를 읽는지 리딩 속도를 측정해보세요

$$\frac{1{,}322 \text{ words}}{\text{reading time ( ) sec}} \times 60 = (\quad) \text{ WPM}$$

Build Your Vocabulary

nest*
[nest]

n. 둥지; 보금자리; v. 둥지를 틀다
A bird's nest is the home that it makes to lay its eggs in.

basement복습
[béismənt]

n. (건물의) 지하층, 지하실
The basement of a building is a floor built partly or completely below ground level.

whisper복습
[hwíspər]

v. 속삭이다, 소곤거리다; n. 속삭임, 소곤거리는 소리
When you whisper, you say something very quietly, using your breath rather than your throat, so that only one person can hear you.

furious*
[fjúəriəs]

a. 몹시 화가 난; 맹렬한 (furiously ad. 몹시 화를 내며)
Someone who is furious is extremely angry.

protest복습
[próutest]

v. 항의하다, 이의를 제기하다; n. 항의; 시위
If you protest against something or about something, you say or show publicly that you object to it.

hatch*
[hæʧ]

v. 부화시키다, 부화하다; (계획 등을) 만들어 내다; n. (배·항공기의) 출입구
When an egg hatches or when a bird, insect, or other animal hatches an egg, the egg breaks open and a baby comes out.

kid
[kid]

v. 농담하다; 속이다; n. 아이
If you are kidding, you are saying something that is not really true, as a joke.

pavilion복습
[pəvíljən]

n. 경기장, 공연장; (행사·전시회의) 임시 구조물
A pavilion is a very large building with big open areas used for sports and other public events.

wind up

idiom (어떤 장소·상황에) 처하게 되다
If you wind up in something, you come to be in a particular situation or condition, especially a bad one.

sober*
[sóubər]

a. 침착한, 냉정한; 술에 취하지 않은 (soberly ad. 침착하게, 냉정하게)
A sober person is serious and thoughtful.

complicate*
[kámpləkèit]

v. 복잡하게 하다; 곤란하게 하다 (complication n. (복잡하게 만드는) 문제)
A complication is a problem or difficulty that makes a situation harder to deal with.

definite복습
[défənit]

a. 분명한, 뚜렷한; 확실한, 확고한 (definitely ad. 분명히)
You use definitely to emphasize the strength of your intention or opinion.

28

fate[*]
[feit]

n. 운명, 숙명
A person's or thing's fate is what happens to them.

debate^{**}
[dibéit]

v. 곰곰이 생각하다; 논의하다; n. 토론; 논쟁
If you debate whether to do something or what to do, you think carefully about something before making a decision.

come up with

idiom 제시하다, 제안하다; (돈을) 마련하다
If you come up with a plan or idea, you think of it and suggest it.

exaggerate[*]
[igzǽdʒərèit]

v. 과장하다 (exaggerated a. 과장된)
Something that is exaggerated is or seems larger, better, worse, or more important than it actually needs to be.

scrunch
[skrʌntʃ]

n. 찡그림; v. 찡그리다; 웅크리다; 더 작게 만들다
A scrunch is the act of squeezing a part of your body such as face or eyes into a different shape.

streetlight
[strí:tlàit]

n. 가로등
A streetlight is a tall post with a light at the top, which stands by the side of a road to light it up, usually in a city.

slat
[slæt]

n. 널, 조각 (slatted a. (가구 등이) 작은 나무 조각들로 된)
Slats are narrow pieces of wood, metal, or plastic, usually with spaces between them.

blind^{**}
[blaind]

n. (창문의) 블라인드; v. (잠시) 앞이 안 보이게 하다; 눈이 멀게 하다; a. 눈이 먼
A blind is a roll of cloth or paper which you can pull down over a window as a covering.

workable
[wɔ́:rkəbl]

a. 실행 가능한; 사용 가능한
A workable idea or system is realistic and practical, and likely to be effective.

lap[*]
[læp]

n. 무릎; (트랙의) 한 바퀴; v. 겹치게 하다; (물이) 찰랑거리다; 할짝할짝 핥다
If you have something on your lap when you are sitting down, it is on top of your legs and near to your body.

clog
[klag]

v. 막다; 움직임을 방해하다 (unclog v. (막힌 것을) 뚫다)
To unclog something, for example a pipe, means to clear it by removing something else that is blocking it.

grunt[*]
[grʌnt]

n. (사람이) 끙 하는 소리; (돼지가) 꿀꿀거리는 소리; v. 끙 앓는 소리를 내다; 꿀꿀거리다
A grunt is a short low sound made by a person or an animal.

gurgle
[gə́:rgl]

v. 쏴 하는 소리가 나다; (아기가) 까르륵거리는 소리를 내다; n. 쏴 하는 소리
If water is gurgling, it is making the sound that it makes when it flows quickly and unevenly through a narrow space.

dare[*]
[dɛər]

v. 감히 ~하다, ~할 엄두를 내다; 부추기다; n. 모험, 도전
If you do not dare to do something, you do not have enough courage to do it, or you do not want to do it because you fear the consequences.

peek
[pi:k]

v. (재빨리) 훔쳐보다; 살짝 보이다; n. 엿보기
If you peek at something or someone, you take a quick look at them, often secretly.

memorize[*]
[méməràiz]

v. 암기하다
If you memorize something, you learn it so that you can remember it exactly.

block[***]
[blak]

n. (도로로 나뉘는) 구역, 블록; (단단한) 사각형 덩어리; v. 막다, 차단하다
A block in a town is an area of land with streets on all its sides.

barely[*]
[béərli]

ad. 거의 ~아니게; 간신히, 가까스로
You use barely to say that something almost does not happen or exist, or is almost not possible.

absent[**]
[æbsənt]

a. 멍한; 결석한; 없는, 부재한; v. 결석하다, 불참하다 (absently ad. 멍하니, 무심코)
If someone appears absent, they are not paying attention because they are thinking about something else.

halfway[*]
[hǽfwèi]

ad. (거리·시간상으로) 중간에, 중간까지; 부분적으로, 불완전하게
Halfway means in the middle of a place or between two points, at an equal distance from each of them.

hop[*]
[hap]

v. 깡충깡충 뛰다; 급히 움직이다; n. 깡충깡충 뛰기
If you hop, you move along by jumping on one foot.

nod[복습]
[nad]

v. (고개를) 끄덕이다, 까딱하다; n. (고개를) 끄덕임
If you nod, you move your head up and down to show agreement, understanding, or approval.

reference[*]
[réfərəns]

n. 참고 문헌; 참고, 참조; 언급; v. 참고 표시를 하다
Reference books are ones that you look at when you need specific information or facts about a subject.

section[**]
[sékʃən]

n. 부분, 구획; 구역; (조직의) 부서; v. 구분하다, 구획하다
A section of something is one of the parts into which it is divided or from which it is formed.

gaze[*]
[geiz]

n. 응시, (눈여겨보는) 시선; v. (가만히) 응시하다, 바라보다
You can talk about someone's gaze as a way of describing how they are looking at something, especially when they are looking steadily at it.

decimal[*]
[désəməl]

a. 십진법의; n. 소수
A decimal system involves counting in units of ten.

stuff[*]
[stʌf]

n. 것, 물건, 물질; v. 채워 넣다; 쑤셔 넣다
You can use stuff to refer to things such as a substance, a collection of things, events, or ideas, or the contents of something in a general way without mentioning the thing itself by name.

incubate
[ínkjubèit]

v. (알을) 품다; (세균 등을) 배양하다 (incubation n. 알 품기)
When birds incubate their eggs, or when they incubate, they keep the eggs warm until the baby birds come out.

flip[*]
[flip]

v. 휙 젖히다, 홱 뒤집다; (기계의 버튼을) 탁 누르다; 톡 던지다; n. 톡 던지기
If you flip something, you turn it over into a different position with a sudden quick movement.

chick[복습]
[ʧik]

n. 새끼 새; 병아리
A chick is a baby bird.

snap[*]
[snæp]

v. 탁 소리 내다; 툭 하고 부러지다; (화난 목소리로) 딱딱거리다; n. 탁 하는 소리
If you snap your fingers, you make a sharp sound by moving your middle finger quickly across your thumb, for example, in order to accompany music or to order someone to do something.

adopt^{**}
[ədápt]

v. 입양하다; (특정 방식이나 자세를) 취하다; 채택하다
If you adopt someone else's child, you take it into your own family and make it legally your son or daughter.

artiste
[à:rtí:st]

n. (= artist) 예술가; 명인
An artiste is a professional entertainer, for example a singer or a dancer.

bother[*]
[báðər]

v. 신경 쓰다; 신경 쓰이게 하다; 귀찮게 하다; n. 성가심
If you do not bother to do something or if you do not bother with it, you do not do it, consider it, or use it because you think it is unnecessary or because you are too lazy.

shelve
[ʃelv]

v. (책 등을) 선반에 얹다; (계획을) 보류하다 (reshelve v. 다시 선반에 얹다)
To shelve something means to put it on a shelf, especially books.

pat^{복습}
[pæt]

v. 쓰다듬다; 가볍게 두드리다; n. 쓰다듬기, 토닥거리기
If you pat something or someone, you tap them lightly, usually with your hand held flat.

rush^{**}
[rʌʃ]

v. 급히 움직이다; 서두르다; 돌진하다; 재촉하다; n. (감정이 갑자기) 치밀어 오름; 혼잡
If you rush somewhere, you go there quickly.

rummage^{복습}
[rʌ́midʒ]

v. 뒤지다; n. 뒤지기
If you rummage through something, you search for something you want by moving things around in a careless or hurried way.

goldfish
[góuldfiʃ]

n. [동물] 금붕어
Goldfish are small gold or orange fish which are often kept as pets.

drain[*]
[drein]

n. 배수관; v. 빠지다; (액체가) 흘러 나가다; (힘·돈 등을) 빼내 가다
A drain is a pipe that carries water or sewage away from a place, or an opening in a surface that leads to the pipe.

duck
[dʌk]

v. 급히 움직이다; (머리나 몸을) 휙 수그리다; n. [동물] 오리
If you duck into a place, you go there quickly for a specific purpose.

wipe^{복습}
[waip]

v. (먼지·물기 등을) 닦다; 지우다; n. 닦기
If you wipe something, you rub its surface to remove dirt or liquid from it.

brow[*]
[brau]

n. 이마; (pl.) 눈썹
Your brow is your forehead.

confuse^{**}
[kənfjú:z]

v. (사람을) 혼란시키다; 혼동하다 (confused a. 혼란스러운)
If you are confused, you do not know exactly what is happening or what to do.

in no time^{복습}

idiom 당장에, 곧
If something happens in no time, it happens almost immediately or very quickly.

fiddle[*]
[fidl]

v. 만지작거리다; (세부 사항을) 조작하다; 바이올린을 켜다; n. 바이올린
If you fiddle with an object, you keep moving it or touching it with your fingers.

knob*
[nab]

n. (동그란) 손잡이; 혹, 마디
A knob is a round switch on a piece of machinery or equipment.

stove*
[stouv]

n. (요리용 가스·전기) 레인지; 스토브, 난로
A stove is a piece of equipment which provides heat, either for cooking or for heating a room.

click*
[klik]

v. 찰칵 하는 소리를 내다; 이해가 되다; n. 찰칵 (하는 소리)
If something clicks or if you click it, it makes a short, sharp sound.

distract*
[distrǽkt]

v. (주의를) 딴 데로 돌리다, 집중이 안 되게 하다
(distractedly ad. (주의가) 산만해져서)
If you are distracted, you are not concentrating on something because you are worried or are thinking about something else.

kettle*
[ketl]

n. 주전자
A kettle is a covered container that you use for boiling water. It has a handle, and a spout for the water to come out of.

sink***
[siŋk]

n. (부엌의) 개수대; v. 빠지다; 파다; 가라앉다; 낙담하다
A sink is a large fixed container in a kitchen or bathroom, with faucets to supply water.

scrub*
[skrʌb]

n. 문질러 씻기; v. 문질러 씻다; 취소하다
If you give something a scrub, you clean it by rubbing it hard, especially using a stiff brush, soap, and water.

stare*
[stɛər]

v. 빤히 쳐다보다, 응시하다; n. 빤히 쳐다보기, 응시
If you stare at someone or something, you look at them for a long time.

bead*
[biːd]

n. (구슬 같은) 방울; 구슬
A bead of liquid or moisture is a small drop of it.

comfort****
[kʌ́mfərt]

v. 위로하다; 편하게 하다; n. 위로, 위안; 안락, 편안 (comforting a. 위로가 되는)
If you say that something is comforting, you mean it makes you feel less worried or unhappy.

rubber****
[rʌ́bər]

n. 고무; a. 고무의
Rubber is a strong, waterproof, elastic substance made from the juice of a tropical tree or produced chemically.

narrow*****
[nǽrou]

v. (눈을) 찌푸리다; 좁히다; a. 좁은
If you narrow your eyes, you almost close them, for example because you are angry or because you are trying to concentrate on something.

hasty*
[héisti]

a. 서두른, 성급한; 경솔한 (hastily ad. 급히, 서둘러서)
A hasty movement, action, or statement is sudden, and often done in reaction to something that has just happened.

jitter
[dʒítər]

n. (pl.) 신경과민, 초조; v. 안달하다; 안절부절못하다
If you have the jitters, you feel extremely nervous, especially before an important event or before having to do something difficult.

rapid****
[rǽpid]

a. (행동이) 민첩한; (속도가) 빠른 (rapidly ad. 빠르게, 신속히)
A rapid movement is one that is very fast.

forehead*
[fɔ́ːrhèd]

n. 이마
Your forehead is the area at the front of your head between your eyebrows and your hair.

bound복습
[baund]

v. 껑충껑충 달리다; n. 껑충 뜀; a. ~할 가능성이 큰
If a person or animal bounds in a particular direction, they move quickly with large steps or jumps.

study hall
[stʌ́di hɔːl]

n. (학교에서의) 자습 시간; 자습실
A study hall is a period of time during the school day when students study quietly on their own, usually with a teacher present.

session*
[séʃən]

n. 모임, 회의; (어느 활동을 위한) 기간 (in session idiom 개최 중인)
A session is a meeting of a court, legislature, or other official group.

race복습
[reis]

v. 쏜살같이 가다; 경주하다; n. 경주; 경쟁; 인종, 종족
If you race somewhere, you go there as quickly as possible.

Chapters 3 & 4

1. Why did it take Joel and Nina a long time to get ready for school?
   A. They had to pack the penguin eggs in their backpacks.
   B. They wanted to check on the penguins in the basement.
   C. They did not want to start their first day of school.
   D. They could not find the right books for their classes.

2. Why did Joel ask to leave the classroom?
   A. He wanted to check the egg in his backpack.
   B. He wanted to look around the school.
   C. He wanted to wash his hands in the bathroom.
   D. He wanted to refill the hot-water bottle.

3. Why did Michael take the egg away from Joel?
   A. Michael wanted to have a penguin for a pet.
   B. Michael wanted to crush the egg.
   C. Michael wanted to give the egg to the teacher.
   D. Michael wanted to show the egg to everyone.

4. Why did Nina think the quiz was unfair?
   A. It was an important grade for the class.
   B. It had a lot of difficult math problems.
   C. She did not have enough time to finish it.
   D. She did not have time to study for it.

5. Why did Nina scratch her pencil hard on the paper?
   A. She was trying to cover the sounds coming from the egg.
   B. She was trying to make a hole in the paper.
   C. She got angry at her teacher, Mr. Prendergast.
   D. She got angry because she wrote the wrong answer.

6. Which of the following was NOT true about the bird in Nina's backpack?
   A. It started to toddle.
   B. It was very cute.
   C. It had gray eyes.
   D. It had a white belly.

7. Why did Joel go to Nina's classroom on the first day of school?
   A. He thought he should give her a penguin.
   B. He wanted to get her to go home.
   C. He brought her a note from their mother.
   D. He needed to ask her a question.

1분에 몇 단어를 읽는지 리딩 속도를 측정해보세요

$$\frac{1{,}137 \text{ words}}{\text{reading time ( ) sec}} \times 60 = (\quad) \text{ WPM}$$

Build Your Vocabulary

color-code
[kʌ́lər-kòud]

v. (알기 쉽게) 색칠하여 구분하다
If you color-code something, you mark things with different colors so that you can easily identify them.

doorway*
[dɔ́:rwèi]

n. 출입구
A doorway is a space in a wall where a door opens and closes.

gingerly
[dʒíndʒərli]

ad. 조심조심
If you do something gingerly, you do it in a careful manner, usually because you expect it to be dangerous, unpleasant, or painful.

strap*
[stræp]

n. 끈, 줄, 띠; v. 끈으로 묶다; 붕대를 감다
A strap is a narrow piece of leather, cloth, or other material.

tiptoe
[típtòu]

v. (발끝으로) 살금살금 걷다
If you tiptoe somewhere, you walk there very quietly without putting your heels on the floor when you walk.

concern**
[kənsə́:rn]

n. 우려, 걱정; 관심사; v. 걱정스럽게 하다; 관련되다
Concern is worry about a situation.

creep*
[kri:p]

v. (crept-crept) 살금살금 움직이다; 기다; n. 너무 싫은 사람
When people or animals creep somewhere, they move quietly and slowly.

jitter^{복습}
[dʒítər]

n. (pl.) 신경과민, 초조; v. 안달하다; 안절부절못하다
If you have the jitters, you feel extremely nervous, especially before an important event or before having to do something difficult.

in no time^{복습}

idiom 당장에, 곧
If something happens in no time, it happens almost immediately or very quickly.

block^{복습}
[blak]

n. (도로로 나뉘는) 구역, 블록; (단단한) 사각형 덩어리; v. 막다, 차단하다
A block in a town is an area of land with streets on all its sides.

wistful
[wístfəl]

a. 아쉬워하는; 생각에 잠기는
Someone who is wistful is rather sad because they want something and know that they cannot have it.

eyebrow*
[áibràu]

n. 눈썹
Your eyebrows are the lines of hair which grow above your eyes.

sidewalk* [sáidwɔk]
n. 보도, 인도
A sidewalk is a path with a hard surface by the side of a road.

nudge [nʌdʒ]
n. (살짝) 쿡 찌르기; v. (살짝) 쿡 찌르다; 살살 밀다, 몰고 가다
A nudge is a little push that you give to someone or something with a part of your body, especially your elbow.

separate* [sépərèit]
a. 별개의; 분리된; v. 분리하다, 나누다; 갈라지다
If you refer to separate things, you mean several different things, rather than just one thing.

hallway [hɔ́:lwèi]
n. 복도; 통로; 현관
A hallway in a building is a long passage with doors into rooms on both sides of it.

greet* [gri:t]
v. 맞다, 환영하다; 반응을 보이다
When you greet someone, you say hello to them or to welcome them.

beam* [bi:m]
v. 활짝 웃다; 비추다; n. 빛줄기; 기둥
If you say that someone is beaming, you mean that they have a big smile on their face because they are happy, pleased, or proud about something.

demonstrate* [démənstrèit]
v. 설명하다, 보여 주다; 입증하다; 시위하다
If you demonstrate something, you show and explain people how it works or how to do it.

multiply* [mʌ́ltəplài]
v. 곱하다; 크게 증가하다; 증식하다
If you multiply one number by another, you add the first number to itself as many times as is indicated by the second number.

decimal 복습 [désəməl]
n. 소수; a. 십진법의
A decimal is a number less than one that is written as one or more numbers after a point.

wander* [wándər]
v. (마음·생각이) 다른 데로 팔리다; (이리저리) 돌아다니다; n. (이리저리) 거닐기
If your mind wanders or your thoughts wander, you stop concentrating on something and start thinking about other things.

fare* [fɛər]
v. 지내다, 살아 가다; (일이) 되어 가다; n. 요금
If you say that someone or something fares well or badly, you are referring to the degree of success they achieve in a particular situation or activity.

assign* [əsáin]
v. (일·책임 등을) 맡기다; 선임하다; (사람을) 배치하다
If you assign a piece of work to someone, you give them the work to do.

fluorescent [fluərésnt]
a. 형광을 발하는, 형광성의; 산뜻한, 빛나는 (fluorescent bulb n. 형광등)
Fluorescent lights are very bright, tube-shaped electric lights, often used in offices.

grip* [grip]
v. 움켜잡다, 꽉 쥐다; (마음·흥미·시선을) 끌다, 사로잡다; n. 꽉 붙잡음, 움켜쥠
If you grip something, you take hold of it with your hand and continue to hold it firmly.

sharply*
[ʃáːrpli]

ad. 날카롭게, 신랄하게; 급격히; 재빨리
If someone says something sharply, they say it in a disapproving or unfriendly way.

weird*
[wiərd]

a. 기이한, 기묘한; 기괴한, 섬뜩한
If you describe something or someone as weird, you mean that they are strange.

cautious*
[kɔ́ːʃəs]

a. 조심스러운, 신중한 (cautiously a. 조심스럽게)
Someone who is cautious acts very carefully in order to avoid possible danger.

make one's way

idiom 나아가다, 가다
When you make your way somewhere, you walk or travel there.

dip*
[dip]

v. 뛰어 들다, 돌진하다; 잠기다; (아래로) 내려가다; (액체에) 살짝 담그다; n. 수영; 하락
If something or someone dips in a particular direction, especially into water, they fall, rush, or throw themselves in that direction.

stall*
[stɔːl]

n. (칸막이를 한) 화장실, 샤워실; 가판대, 좌판; 마구간; v. 시동이 꺼지다
A stall is a small enclosed area in a room, surrounded by glass or walls, that contains a shower or toilet.

nestle
[nesl]

v. (아늑한 곳에) 자리 잡다; (포근한 곳에) 따뜻이 안다; 따뜻이 앉다
If something such as a building nestles somewhere or if it is nestled somewhere, it is in that place and seems safe or sheltered.

indestructible
[ìndistrʌ́ktəbl]

a. (쉽게) 파괴할 수 없는
If something is indestructible, it is very strong and cannot be destroyed.

layer*
[léiər]

n. 층, 겹, 막; v. 층층이 놓다
A layer of a material or substance is a quantity or piece of it that covers a surface or that is between two other things.

Antarctica
[æntáːrktikə]

n. 남극 대륙
Antarctica is the continent which is the most southern area of land on the Earth and is mostly covered with ice.

amaze^{복습}
[əméiz]

v. (대단히) 놀라게 하다 (amazing a. 놀라운)
You say that something is amazing when it is very surprising and makes you feel pleasure, approval, or wonder.

flush*
[flʌʃ]

v. (변기의) 물을 내리다; (얼굴이) 붉어지다; n. 홍조
When someone flushes a toilet after using it, they fill the toilet bowl with water in order to clean it, usually by pressing a handle or pulling a chain.

no way*

idiom 절대 안 돼; 싫어
You can say 'no way' as an emphatic way of saying no.

snatch*
[snætʃ]

v. 잡아채다, 와락 붙잡다; 간신히 얻다; n. 잡아 뺏음, 강탈; 조각
If you snatch something or snatch at something, you take it or pull it away quickly.

38

lunge
[lʌndʒ]

v. 달려들다, 돌진하다; n. 돌진
If you lunge for someone or something, you make a powerful forward movement, especially in order to attack somebody or take hold of something.

awesome^{복습}
[ɔ́:səm]

a. 기막히게 좋은, 굉장한; 어마어마한, 엄청난
An awesome person or thing is very impressive and often frightening.

jostle
[dʒasl]

v. 거칠게 밀치다; n. 충돌
If people jostle you, they bump against you or push you in a way that annoys you, usually because you are in a crowd and they are trying to get past you.

defense[*]
[diféns]

n. 방어, 옹호; 수비; 방어 시설 (defenseless a. 무방비의)
Defenceless people, animals, places, or things are weak and unable to protect themselves from attack.

corridor[*]
[kɔ́:ridər]

n. 복도; 통로
A corridor is a long passage in a building or train, with doors and rooms on one or both sides.

startle[*]
[sta:rtl]

v. 깜짝 놀라게 하다; 움찔하다; n. 깜짝 놀람 (startled a. 깜짝 놀란)
If something sudden and unexpected startles you, it surprises and frightens you slightly.

peer[*]
[piər]

v. 유심히 보다, 눈여겨보다; n. 또래
If you peer at something, you look at it very hard, usually because it is difficult to see clearly.

confiscate
[kánfəskèit]

v. 몰수하다, 압수하다
If you confiscate something from someone, you take it away from them, usually as a punishment.

toss[*]
[tɔ:s]

v. (가볍게) 던지다; (고개를) 홱 쳐들다; n. 던지기
If you toss something somewhere, you throw it there lightly, often in a rather careless way.

taunt
[tɔ:nt]

n. 놀림, 비웃음, 조롱; v. 놀리다, 비웃다, 조롱하다
Taunts are unkind remarks made to intentionally annoy and upset someone.

yell^{복습}
[jel]

v. 소리치다, 소리 지르다, 외치다; n. 고함, 외침
If you yell, you shout loudly, usually because you are excited, angry, or in pain.

slam[*]
[slæm]

v. 세게 밀치다, 놓다; 쾅 닫다, 닫히다; n. 쾅 하고 닫기; 쾅 하는 소리
If one thing slams into or against another, it crashes into it with great force.

stretch^{**}
[stretʃ]

n. (길게) 뻗은 구간; v. 늘어나다; (팔 · 다리를) 뻗다; 뻗어 있다; 이어지다, 계속되다
A stretch of road, water, or land is a length or area of it.

hoop
[hu:p]

n. (농구의) 링; (금속 · 나무 · 플라스틱으로 만든 큰) 테
A basketball hoop is the ring that players try to throw the ball into in order to score points for their team.

roll call
[róul kɔ̀:l]

n. 출석 확인, 점호
If you take a roll call, you check which of the members of a group are present by reading their names out.

notice***
[nóutis]

v. 알아채다, 인지하다; 주의하다; n. 신경 씀, 주목, 알아챔
If you notice something or someone, you become aware of them.

barely^{복습}
[béərli]

ad. 간신히, 가까스로; 거의 ~아니게
You use barely to say that something is only just true or only just the case.

dive**
[daiv]

v. 급히 움직이다; (물속으로) 뛰어들다; 물속으로 더 깊이 들어가다; n. (물속으로) 뛰어들기
If you dive in a particular direction or into a particular place, you jump or move there quickly.

extend**
[iksténd]

v. (팔·다리를) 뻗다; 더 길게 만들다; 연장하다; 확장하다
If someone extends their hand, they stretch out their arm and hand to shake hands with someone.

rush^{복습}
[rʌʃ]

v. 급히 움직이다; 서두르다; 돌진하다; 재촉하다; n. (감정이 갑자기) 치밀어 오름; 혼잡
If you rush somewhere, you go there quickly.

beat**
[bi:t]

v. 이기다; 때리다, 두드리다; (심장이) 고동치다; n. 맥박; 리듬; 박자
If you beat someone in a competition or election, you defeat them.

stare^{복습}
[stɛər]

v. 빤히 쳐다보다, 응시하다; n. 빤히 쳐다보기, 응시
If you stare at someone or something, you look at them for a long time.

blind^{복습}
[blaind]

v. (잠시) 앞이 안 보이게 하다; 눈이 멀게 하다; a. 눈이 먼; n. (창문의) 블라인드
If something blinds you, it makes you unable to see, either for a short time or permanently.

knock**
[nak]

v. 치다, 부딪치다; (문 등을) 두드리다; n. 문 두드리는 소리; 부딪침
If you knock something, you touch or hit it roughly, especially so that it falls or moves.

flail
[fleil]

v. (팔다리를) 마구 흔들다, 마구 움직이다
If your arms or legs flail or if you flail them about, they wave about in an energetic but uncontrolled way.

crack**
[kræk]

n. 날카로운 소리; 금; (좁은) 틈; v. 날카로운 소리를 내다; 갈라지다; 깨지다
A crack is a sharp sound, like the sound of a piece of wood breaking.

furious^{복습}
[fjúəriəs]

a. 몹시 화가 난; 맹렬한
Someone who is furious is extremely angry.

shove*
[ʃʌv]

v. (거칠게) 밀치다; 아무렇게나 넣다; n. 힘껏 떠밀
If you shove someone or something, you push them with a quick, violent movement.

ruin**
[rú:in]

n. (pl.) 잔해, 폐허; 붕괴; 파멸; v. 엉망이 되게 하다; 폐허로 만들다
The ruins of something are the parts of it that remain after it has been severely damaged or weakened.

40

shell**
[ʃel]

n. 껍질; 포탄; 뼈대, 외부 구조; v. 껍질을 까다 (eggshell n. 달걀 껍질)
The shell of a nut or egg is the hard covering which surrounds it.

brilliant*
[bríljənt]

a. (색이) 아주 밝은, 눈부신; 훌륭한, 멋진; (재능이) 뛰어난
A brilliant color is extremely bright.

fist*
[fist]

n. 주먹
Your hand is referred to as your fist when you have bent your fingers in toward the palm in order to hit someone, to make an angry gesture, or to hold something.

flap*
[flæp]

v. 퍼덕거리다; 펄럭거리다; n. 덮개; 퍼덕거림
If a bird or insect flaps its wings or if its wings flap, the wings move quickly up and down.

miniscule
[mínəskjùːl]

a. 아주 작은
If you describe something as miniscule, you mean that it is very small.

beak*
[biːk]

n. (새의) 부리
A bird's beak is the hard curved or pointed part of its mouth.

Check Your Reading Speed

1분에 몇 단어를 읽는지 리딩 속도를 측정해보세요.

$$\frac{834 \text{ words}}{\text{reading time ( ) sec}} \times 60 = (\quad) \text{ WPM}$$

Build Your Vocabulary

be one's strong suit	idiom 잘 아는 주제이다, 강한 분야이다 If something is someone's strong suit, it is their most highly developed characteristic, talent, or skill.
unfortunately^{★★} [ʌnfɔ́:rʃənətli]	ad. 불행하게도, 유감스럽게도 You can use unfortunately to introduce or refer to a statement when you consider that it is sad or disappointing, or when you want to express regret.
count^{★★★} [kaunt]	v. 인정되다; 간주하다, 여기다; (수를) 세다; n. 셈, 계산 If something counts, it is officially accepted.
curse[★] [kə:rs]	v. 욕설을 하다; 저주를 내리다; n. 욕설, 악담; 저주 If you curse something, you complain angrily about it, especially using very impolite language.
absolute[★] [ǽbsəlù:t]	a. 완전한, 완벽한 Absolute means total and complete.
wrinkle[★] [riŋkl]	n. 주름; v. 주름이 생기다; 주름을 잡다, 찡그리다 A wrinkle is a line or small fold in your skin, especially on your face, that forms as you get older.
spare[★] [spɛər]	v. (시간·돈 등을) 할애하다; (불쾌한 일을) 겪지 않게 하다; a. 남는; 여분의 If you spare time or another resource for a particular purpose, you make it available for that purpose.
glance[★] [glæns]	v. 흘깃 보다; 대충 훑어보다; n. 흘깃 봄 If you glance at something or someone, you look at them very quickly and then look away again immediately.
nestle^{복습} [nesl]	v. (아늑한 곳에) 자리 잡다; (포근한 곳에) 따뜻이 안다; 따뜻이 앉다 If something such as a building nestles somewhere or if it is nestled somewhere, it is in that place and seems safe or sheltered.
snug [snʌg]	a. 포근한, 아늑한; 꼭 맞는 (snugly ad. 포근하게, 아늑하게) If you feel snug or are in a snug place, you are very warm and comfortable, especially because you are protected from cold weather.
radiate[★] [réidièit]	v. 뿜어져 나오다; (사방으로) 퍼지다; (어떤 감정·특질을) 내뿜다 If something radiates light or heat, or if light or heat radiates from something, the light or heat is sent out in all directions.

42

forehead^{복습}
[fɔ́ːrhèd]

n. 이마
Your forehead is the area at the front of your head between your eyebrows and your hair.

crack^{복습}
[kræk]

n. 금; (좁은) 틈; 날카로운 소리; v. 갈라지다; 깨지다; 날카로운 소리를 내다
A crack is a line that appears on the surface of something when it is slightly damaged.

flush^{복습}
[flʌʃ]

v. (얼굴이) 붉어지다; (변기의) 물을 내리다; n. 홍조
If you flush, your face gets red because you are hot or ill, or because you are feeling a strong emotion such as embarrassment or anger.

cheat**
[ʧiːt]

v. 부정행위를 하다; 속이다, 사기 치다; n. 속임수, 편법
When someone cheats, they do not obey a set of rules which they should be obeying, for example in a game or exam.

impression^{복습}
[impréʃən]

n. 인상, 느낌; 흉내; 감명; 자국
Your impression of a person or thing is what you think they are like, usually after having seen or heard them.

content*
[kəntént]

a. 만족하는; v. 만족시키다
If you are content, you are fairly happy or satisfied.

satisfied*
[sǽtisfàid]

a. 만족하는, 흡족해하는; 납득하는
If you are satisfied with something, you are happy because you have got what you wanted or needed.

sneak*
[sniːk]

v. 몰래 하다; 살금살금 가다; a. 기습적인
(sneak a glance at idiom. 슬그머니 쳐다보다)
If you sneak a glance at someone or something, you secretly have a quick look at them.

tap*
[tæp]

v. (가볍게) 톡톡 두드리다; n. (가볍게) 두드리기
If you tap something, you hit it with a quick light blow or a series of quick light blows.

scratch*
[skræʧ]

v. 긁다; 긁힌 자국을 내다; n. 긁는 소리; 긁힌 자국
If a sharp object scratches someone or something, it makes small shallow cuts on their skin or surface.

emerge^{복습}
[imɔ́ːrdʒ]

v. 나오다, 모습을 드러내다; (어려움 등을) 헤쳐 나오다
To emerge means to come out from an enclosed or dark space such as a room or a vehicle, or from a position where you could not be seen.

beak^{복습}
[biːk]

n. (새의) 부리
A bird's beak is the hard curved or pointed part of its mouth.

hook**
[huk]

n. (갈)고리; (낚시) 바늘; v. ~에 걸다; (낚싯바늘로) 낚다
A hook is a bent piece of metal or plastic that is used for catching or holding things, or for hanging things up.

call for

idiom ~을 필요로 하다; 요구하다
If something calls for a particular action or quality, it needs it or makes it necessary.

shell^{복습}
[ʃel]

n. 껍질; 포탄; 뼈대, 외부 구조; v. 껍질을 까다
The shell of a nut or egg is the hard covering which surrounds it.

confuse^{복습}
[kənfjúːz]

v. (사람을) 혼란시키다; 혼동하다 (confused a. 혼란스러운)
If you are confused, you do not know exactly what is happening or what to do.

get out of hand

idiom 감당할 수 없게 되다; 과도해지다
If a person or a situation gets out of hand, you are no longer able to control them.

toddle
[tadl]

v. (어린 아이가) 아장아장 걷다
When a child toddles, it walks unsteadily with short quick steps.

flipper
[flípər]

n. (바다표범·거북 등의) 지느러미발
The flippers of an animal that lives in water, for example a seal or a penguin, are the two or four flat limbs which it uses for swimming.

fuzz
[fʌz]

n. 솜털; 곱슬곱슬한 털
Fuzz is a mass of short, curly hairs.

belly*
[béli]

n. 배, 복부
The belly of an animal is the middle part of its body or near its stomach.

nectar
[néktər]

n. (꽃의) 꿀, (진한) 과일즙
Nectar is a sweet liquid produced by flowers, which bees and other insects collect.

experimental*
[ikspèrəméntl]

a. 실험적인, 시험적인; 경험에 바탕을 둔
An experimental action is done in order to see what it is like, or what effects it has.

peck*
[pek]

n. 쪼기; 가벼운 입맞춤; v. (새가) 쪼다, 쪼아 먹다
A peck is a quick movement of a bird's beak as it hits or eats something.

slink
[sliŋk]

v. (slunk-slunk) 살금살금 움직이다
If you slink somewhere, you move there quietly because you do not want to be seen.

slip*
[slip]

v. 슬며시 가다; 미끄러지다; (슬며시) 놓다; n. 미끄러짐; (작은) 실수
If you slip somewhere, you go there quickly and quietly.

knee**
[niː]

n. 무릎; v. 무릎으로 치다
Your knee is the place where your leg bends.

mouth***
[mauθ]

v. 입 모양으로만 말하다; (입으로만) 떠들다; n. 입; 입구
If you mouth something, you form words with your lips without making any sound.

fragile*
[frǽdʒəl]

a. 연약한; 부서지기 쉬운; 섬세한
Something that is fragile is easily broken or damaged.

ornament*
[ɔ́ːrnəmənt]

n. 장식품; 장신구; 장식; v. 꾸미다, 장식하다
An ornament is an attractive object that you display in your home or in your garden.

ease**
[iːz]

v. 조심조심 움직이다; 편해지다; n. 쉬움, 용이함; 편안함
If you ease your way somewhere or ease somewhere, you move there slowly, carefully, and gently.

cup*[kʌp]

v. (두 손을 동그랗게 모아 쥐고) 감싸다; n. 컵, 잔
If you cup something in your hands, you make your hands into a curved dish-like shape and support it or hold it gently.

palm복습
[pɑ:m]

n. 손바닥; v. 손바닥으로 만지다
The palm of your hand is the inside part of your hand, between your fingers and your wrist.

tickle*[tikl]

v. 간질이다; 재미있게 하다; n. (장난으로) 간지럽히기
If something tickles you or tickles, it causes an irritating feeling by lightly touching a part of your body.

emphatic
[imfǽtik]

a. 강한, 단호한; 강조하는 (emphatically ad. 힘차게, 단호히)
If you say something emphatically, you say it in a forceful way that shows you feel very strongly about what you are saying.

adapt*[ədǽpt]

v. 적응하다; 조정하다
If you adapt to a new situation or adapt yourself to it, you change your ideas or behavior in order to deal with it successfully.

delicate**[délikət]

a. 세심한; 섬세한; 우아한; 연약한, 여린 (delicately ad. 조심히, 부드럽게)
You use delicate to describe a situation, problem, matter, or discussion that needs to be dealt with carefully and sensitively in order to avoid upsetting things or offending people.

release*[rilí:s]

v. 놓아주다; 풀다; (감정을) 발산하다; n. 풀어 줌; 발표, 공개
If a person or animal is released from somewhere where they have been locked up or cared for, they are set free or allowed to go.

zip*[zip]

v. 지퍼를 잠그다; (어떤 방향으로) 쌩하고 가다; n. 지퍼
When you zip something, you fasten it using a zipper.

squeaky
[skwí:ki]

a. 찍 하는 소리가 나는
Something that is squeaky makes high-pitched sounds.

astonish*[əstániʃ]

v. 깜짝 놀라게 하다 (astonishment n. 깜짝 놀람)
Astonishment is a feeling of great surprise.

escalate*[éskəlèit]

v. 악화되다; 증가되다, 확대되다
If a bad situation escalates or if someone or something escalates it, it becomes greater in size, seriousness, or intensity.

that's it

idiom 바로 그것이다; 그것이 전부다
You use 'that's it' to express agreement with or approval of what has just been said or done.

out of breath

idiom 숨이 가쁜
If you are out of breath, you are breathing very quickly and with difficulty because you have been doing something energetic.

irritate*[írətèit]

v. 짜증나게 하다, 거슬리다; 자극하다 (irritated a. 짜증이 난)
If something irritates you, it keeps annoying you.

interrupt**[ìntərʌ́pt]

v. (말·행동을) 방해하다; 중단시키다; 차단하다 (interruption n. 방해)
If someone or something interrupts a process or activity, they stop it for a period of time.

Chapters 5 & 6

1. On the way home, why did Joel think the chicks were asleep?
   A. He waited for them to fall asleep before putting them in the backpacks.
   B. He knew they were tired after running around a lot.
   C. He thought he heard snoring coming from the backpacks.
   D. He could not hear them or see them moving.

2. Which of the following was NOT something that Nina's chick did in Nina's room?
   A. It made some oork sounds.
   B. It hopped out of Nina's hand.
   C. It looked for its mother.
   D. It wandered around the room.

3. Why did the penguins go under Joel's neck?
   A. They thought it was a good place to start building a nest.
   B. They thought they could find something to eat there.
   C. They wanted to feel like they were under an adult penguin's belly.
   D. They wanted to find a place to hide from Nina.

4. How did Joel and Nina get ideas for the penguins' names?
   A. They made names that sounded like the noises the penguins made.
   B. They named the penguins after the members of the Popper family.
   C. They used the names of famous travelers like the Popper Penguins had.
   D. They found some interesting names in books at the library.

5. Why did Joel choose boxes labeled BASEMENT when they were unloading the truck?
   A. He wanted to check on the penguins.
   B. He thought the boxes would not be heavy.
   C. He was looking for something in the boxes.
   D. He was trying to stay away from his mother.

6. What happened to the family's pet goldfish?
   A. Ernest and Mae ate them.
   B. Joel put them in his room.
   C. Mrs. Popper left them in the kitchen.
   D. Nina gave them to her friend.

7. How did Mae show that she was clever?
   A. She learned how to waddle more quickly than Ernest did.
   B. She listened when Nina told her to go up the stairs.
   C. She found some food that Nina had hidden in the basement.
   D. She took a surprise waddle to get around Nina and go up the stairs.

Check Your Reading Speed

1분에 몇 단어를 읽는지 리딩 속도를 측정해보세요.

$$\frac{1{,}031 \text{ words}}{\text{reading time ( ) sec}} \times 60 = (\quad) \text{ WPM}$$

Build Your Vocabulary

pointed*
[pɔ́intid]

a. (말 등이) 날카로운; (끝이) 뾰족한 (pointedly ad. 날카롭게)
Pointed comments or behavior express criticism in a clear and direct way.

chick^{복습}
[ʧik]

n. 새끼 새; 병아리
A chick is a baby bird.

overwhelm*
[òuvərhwélm]

v. (격한 감정이) 휩싸다, 압도하다; 어쩔 줄 모르게 하다 (overwhelmed a. 압도된)
If you are overwhelmed by a feeling or event, it affects you very strongly, and you do not know how to deal with it.

conscience*
[kánʃəns]

n. (양심의) 가책; 양심
Conscience is a feeling of guilt because you know you have done something that is wrong.

squeeze*
[skwiːz]

v. (꼭) 쥐다; 짜다; (좁은 곳에) 비집고 들어가다; n. (손으로 꼭) 쥐기
If you squeeze something, you press it firmly, usually with your hands.

ruffle
[rʌfl]

v. 헝클다; (마음을) 산란하게 하다; n. 주름 장식
If you ruffle someone's hair, you move your hand backward and forward through it as a way of showing your affection toward them.

get by

idiom 그럭저럭 살아가다; 지나가다; 통과하다
If you can get by with what you have, you can manage to live or do things in a satisfactory way.

income**
[ínkʌm]

n. 소득, 수입
A person's or organization's income is the money that they earn or receive, as opposed to the money that they have to spend or pay out.

bet*
[bet]

v. ~이 틀림없다, 분명하다; (내기 등에) 돈을 걸다; n. 내기; 짐작, 추측
You use expressions such as 'I bet,' 'I'll bet,' and 'you can bet' to indicate that you are sure something is true.

dash*
[dæʃ]

v. (급히) 서둘러 가다; n. 황급히 달려감, 질주
If you dash somewhere, you run or go there quickly and suddenly.

huddle*
[hʌdl]

v. 회의하기 위해 모이다; 떼지어 모이다; 옹송그리며 모이다;
n. 옹기종기 모여 서 있는 것
If people huddle in a group, they gather together to discuss something quietly or secretly.

zip^{복습}
[zip]

v. 지퍼를 잠그다; (어떤 방향으로) 쌩하고 가다; n. 지퍼 (unzip v. 지퍼를 열다)
When you unzip something which is fastened by a zipper or when it unzips, you open it by pulling open the zipper.

48

peer^{복습}
[piər]
v. 유심히 보다, 눈여겨보다; n. 또래
If you peer at something, you look at it very hard, usually because it is difficult to see clearly.

energetic**
[ènərdʒétik]
a. 활동적인, 활기에 찬; 강력한
An energetic person is very active and does not feel at all tired.

hop^{복습}
[hap]
v. 깡충깡충 뛰다; 급히 움직이다; n. 깡충깡충 뛰기
When birds and some small animals hop, they move along by jumping on both feet.

wander^{복습}
[wándər]
v. (이리저리) 돌아다니다; (마음 · 생각이) 다른 데로 팔리다; n. (이리저리) 거닐기
If you wander in a place, you walk around there in a casual way, often without intending to go in any particular direction.

sigh*
[sai]
v. 한숨을 쉬며 말하다; 한숨을 쉬다, 한숨짓다; n. 한숨
To sigh means to say something with a long, deep breath.

chase**
[tʃeis]
v. 뒤쫓다, 추적하다; 추구하다; n. 추적, 추격; 추구함
If you chase someone, or chase after them, you run after them or follow them quickly in order to catch or reach them.

catch up
idiom 따라잡다, 따라가다
If you catch up with someone who is in front of you, you reach them by walking faster than they are walking.

fuzzy
[fʌ́zi]
a. 솜털이 보송보송한; (모습 · 소리가) 흐릿한, 어렴풋한
If something is fuzzy, it has a covering that feels soft and like fur.

comfort^{복습}
[kʌ́mfərt]
n. 위로, 위안; 안락, 편안; v. 편하게 하다; 위로하다
Comfort is what you feel when worries or unhappiness stop.

kneel*
[ni:l]
v. 무릎을 꿇다
When you kneel, you bend your legs so that your knees are touching the ground.

leap*
[li:p]
v. (서둘러) ~하다; 뛰다, 뛰어오르다; n. 높이뛰기, 도약; 급증다
(leap to one's feet idiom 벌떡 일어서다)
If you leap somewhere, you move there suddenly and quickly.

in time
idiom 시간 맞춰; 마침 좋은 때에
If you are in time for a particular event, you are not too late for it.

hallway^{복습}
[hɔ́:lwèi]
n. 복도; 통로; 현관
A hallway in a building is a long passage with doors into rooms on both sides of it.

startle^{복습}
[sta:rtl]
v. 깜짝 놀라게 하다; 움찔하다; n. 깜짝 놀람 (startled a. 깜짝 놀란)
If something sudden and unexpected startles you, it surprises and frightens you slightly.

stomach**
[stʌ́mək]
n. 배, 복부, 위(胃)
You can refer to the front part of your body below your waist as your stomach.

waddle^{복습}
[wadl]
v. 뒤뚱뒤뚱 걷다; n. 뒤뚱거리는 걸음걸이
To waddle somewhere means to walk there with short, quick steps, swinging slightly from side to side.

awkward**
[ɔ́:kwərd]

a. 어색한; (처리하기) 곤란한; 불편한 (awkwardly ad. 어색하게)
An awkward movement or position is uncomfortable or clumsy.

wedge*
[wedʒ]

v. (좁은 틈 사이에) 끼워 넣다; 고정시키다; n. 쐐기
If you wedge something somewhere, you fit it there tightly.

belly^{복습}
[béli]

n. 배, 복부
The belly of an animal is the middle part of its body or near its stomach.

tickle^{복습}
[tikl]

v. 간질이다; 재미있게 하다; n. (장난으로) 간지럽히기
If something tickles you or tickles, it causes an irritating feeling by lightly touching a part of your body.

creak^{복습}
[kri:k]

v. 삐걱거리다; n. 삐걱거리는 소리
If something creaks, it makes a short, high-pitched sound when it moves.

disturb**
[distə́:rb]

v. 방해하다; 건드리다; 불안하게 하다
If you disturb someone, you interrupt what they are doing and upset them.

nest^{복습}
[nest]

v. 둥지를 틀다; n. 둥지; 보금자리
When a bird nests somewhere, it builds a nest and settles there to lay its eggs.

dare^{복습}
[dɛər]

v. 감히 ~하다, ~할 엄두를 내다; 부추기다; n. 모험, 도전
If you do not dare to do something, you do not have enough courage to do it, or you do not want to do it because you fear the consequences.

relieve*
[rilí:v]

v. 안도하게 하다; (불쾌감·고통 등을) 없애 주다 (relieved a. 안도하는)
If you are relieved, you feel happy because something unpleasant has not happened or is no longer happening.

distract^{복습}
[distrǽkt]

v. (주의를) 딴 데로 돌리다, 집중이 안 되게 하다 (distracted a. (주의가) 산만한)
If you are distracted, you are not concentrating on something because you are worried or are thinking about something else.

notice^{복습}
[nóutis]

v. 알아채다, 인지하다; 주의하다; n. 신경 씀, 주목, 알아챔
If you notice something or someone, you become aware of them.

wriggle
[rigl]

v. 꿈틀거리며 가다; (몸을) 꿈틀거리다; n. 꿈틀거리기
If you wriggle somewhere, for example through a small gap, you move there by twisting and turning your body.

expectant
[ikspéktənt]

a. 기대하는 (expectantly ad. 기대하여)
If someone is expectant, they are excited because they think something interesting is about to happen.

feed^{복습}
[fi:d]

v. (fed-fed) 먹이를 주다; 공급하다; n. (동물의) 먹이
If you feed a person or animal, you give them food to eat and sometimes actually put it in their mouths.

regurgitate
[rigə́:rdʒətèit]

v. (삼킨 음식을 입안으로) 역류시키다; (별 생각 없이) 반복하다
If a person or animal regurgitates food, they bring it back up from their stomach before it has been digested.

impression^{복습}
[impréʃən]

n. 흉내; 인상, 느낌; 감명; 자국
An impression is an amusing imitation of someone's behavior or way of talking, usually someone well-known.

50

vomit
[vámit]

v. 토하다, 게우다; n. 토함, 게움
If you vomit, food and drink comes back up from your stomach and out through your mouth.

gross*
[grous]

a. 역겨운; 아주 무례한; ad. 모두 (합해서)
If you describe something as gross, you think it is very unpleasant.

dangle
[dæŋgl]

v. (무엇을 들고) 달랑거리다; 매달리다
If something dangles from somewhere or if you dangle it somewhere, it hangs or swings loosely.

bounce*
[bauns]

v. 깡충깡충 뛰다; 흔들다; 튀기다; n. 튀어 오름; 탄력
If you bounce on a soft surface, you jump up and down on it repeatedly.

morsel
[mɔ́:rsəl]

n. 작은 양, 조각
A morsel is a very small amount of something, especially a very small piece of food.

gum
[gʌm]

v. 잇몸으로 깨물다; n. 잇몸; 껌
If someone gums something, they chew it with toothless areas of firm, pink flesh inside your mouth.

swallow**
[swálou]

v. (음식 등을) 삼키다; 마른침을 삼키다; n. (음식 등을) 삼키기; [동물] 제비
If you swallow something, you cause it to go from your mouth down into your stomach.

propose**
[prəpóuz]

v. 제안하다; 작정이다, 의도하다; 청혼하다
If you propose something such as a plan or an idea, you suggest it for people to think about and decide upon.

pole^{복습}
[poul]

n. (지구의) 극; 막대, 기둥, 장대
The Earth's poles are the two opposite ends of its axis, its most northern and southern points.

basement^{복습}
[béismənt]

n. (건물의) 지하층, 지하실
The basement of a building is a floor built partly or completely below ground level.

whisper^{복습}
[hwíspər]

v. 속삭이다, 소곤거리다; n. 속삭임, 소곤거리는 소리
When you whisper, you say something very quietly, using your breath rather than your throat, so that only one person can hear you.

scoop
[sku:p]

v. 재빨리 들어올리다; (큰 숟갈 같은 것으로) 뜨다; n. 한 숟갈(의 양)
If you scoop a person or thing somewhere, you put your hands or arms under or around them and quickly move them there.

hustle
[hʌsl]

v. 서둘러 가다; (거칠게) 떠밀다; n. 법석, 혼잡; 사기
If you hustle, you go somewhere or do something as quickly as you can.

squeak*
[skwi:k]

v. 찍 하는 소리를 내다; 간신히 해내다; n. 끼익 하는 소리
If something or someone squeaks, they make a short, high-pitched sound.

mess around

idiom 빈둥대다, 미적대다
If you mess around or mess about, you spend time doing things without any particular purpose or without achieving anything.

deposit* [dipázit]

v. (특정한 곳에) 두다; 예금하다; n. 보증금; 예금
To deposit someone or something somewhere means to put them or leave them there.

race^{복습} [reis]

v. 쏜살같이 가다; 경주하다 n. 경주; 경쟁; 인종, 종족
If you race somewhere, you go there as quickly as possible.

bewilder [biwíldər]

v. 어리둥절하게 하다, 혼란스럽게 하다 (bewildered a. 어리둥절한, 당황한)
If you are bewildered, you are very confused and cannot understand something or decide what you should do.

pull off

idiom (힘든 것을) 해내다, 성사시키다
If you pull off something very difficult, you succeed in doing or achieving it.

52

1분에 몇 단어를 읽는지 리딩 속도를 측정해보세요

$$\frac{469 \text{ words}}{\text{reading time ( ) sec}} \times 60 = (\quad) \text{ WPM}$$

Build Your Vocabulary

goldfish^{복습}
[góuldfiʃ]

n. [동물] 금붕어
Goldfish are small gold or orange fish which are often kept as pets.

load***
[loud]

v. (짐·사람 등을) 싣다; 가득 안겨 주다; n. (많은 양의) 짐 (unload v. (짐을) 내리다)
If you unload goods from a vehicle, or you unload a vehicle, you remove the goods from the vehicle.

label*
[léibəl]

v. 라벨을 붙이다, (표에 정보를) 적다; 꼬리표를 붙이다; n. 표, 라벨; 꼬리표
If something is labeled, a small piece of paper or other material is attached to it giving information about it.

check on

idiom (이상이 없는지를) 확인하다, 살펴보다
If you check on someone or something, you make sure they are in a safe or satisfactory condition.

play along

idiom 동의하다, 협조하다; 동의하는 척하다
If you play along with a person, with what they say, or with their plans, you appear to agree with them and do what they want, even though you are not sure whether they are right.

priority*
[praióːrəti]

n. 우선 사항; 우선, 우선권
If something is a priority, it is the most important thing you have to do or deal with, or must be done or dealt with before everything else you have to do.

stuff^{복습}
[stʌf]

n. 것, 물건, 물질; v. 채워 넣다; 쑤셔 넣다
You can use stuff to refer to things such as a substance, a collection of things, events, or ideas, or the contents of something in a general way without mentioning the thing itself by name.

under one's breath

idiom 작은 소리로, 소곤소곤
If you say something under your breath, you say it in a very quiet voice, often because you do not want other people to hear what you are saying.

drag*
[dræg]

v. 끌다, 끌고 가다; 질질 끌리다; 힘들게 움직이다; n. 끌기, 당기기; 장애물
If you drag something, you pull it along the ground, often with difficulty.

pavilion^{복습}
[pəvíljən]

n. 경기장, 공연장; (행사·전시회의) 임시 구조물
A pavilion is a very large building with big open areas used for sports and other public events.

hip*
[hip]

n. 둔부, 엉덩이
Your hips are the two areas at the sides of your body between the tops of your legs and your waist.

| **wind up**^{복습} | idiom (어떤 장소 · 상황에) 처하게 되다 |
| | If you wind up in something, you come to be in a particular situation or condition, especially a bad one. |

wipe^{복습}
[waip]

v. (먼지 · 물기 등을) 닦다; 지우다; n. 닦기
If you wipe something, you rub its surface to remove dirt or liquid from it.

brow^{복습}
[brau]

n. 이마; (pl.) 눈썹
Your brow is your forehead.

horrify
[hɔ́ːrəfài]

v. 몸서리치게 하다, 소름 끼치게 하다 (horrified a. 겁에 질린, 충격받은)
If someone is horrified, they feel shocked or disgusted, usually because of something that they have seen or heard.

in time^{복습}

idiom 시간 맞춰; 마침 좋은 때에
If you are in time for a particular event, you are not too late for it.

tail*
[teil]

n. (동물의) 꼬리; 끝부분; v. 미행하다
The tail of an animal, bird, or fish is the part extending beyond the end of its body.

slurp
[sləːrp]

n. 후루룩 마시는 소리; v. 후루룩 마시다; 후루룩 하는 소리를 내다
A slurp is a noise that you make with your mouth when you drink noisily, or a mouthful of liquid that you drink noisily.

openmouthed
[òupənmáuðd]

a. (놀람 · 충격으로) 입이 떡 벌어진
If someone is looking openmouthed, they are staring at something with their mouth wide open because it has shocked, frightened, or excited them.

embolden
[imbóuldən]

v. 대담하게 하다 (emboldened a. 대담해진)
If you are emboldened by something, it makes you feel confident enough to behave in a particular way.

wonderment
[wʌ́ndərmənt]

n. 경탄, 경이
Wonderment is a feeling of great surprise and pleasure.

astonish^{복습}
[əstániʃ]

v. 깜짝 놀라게 하다 (astonished a. 깜짝 놀란)
If you are astonished by something, you are very surprised about it.

rush^{복습}
[rʌʃ]

v. 서두르다; 급히 움직이다; 돌진하다; 재촉하다; n. (감정이 갑자기) 치밀어 오름; 혼잡
If people rush to do something, they do it as soon as they can, because they are very eager to do it.

cradle^{복습}
[kreidl]

v. 부드럽게 안다; n. 요람, 아기 침대; 발상지
If you cradle someone or something in your arms or hands, you hold them carefully and gently.

defense^{복습}
[diféns]

n. 수비; 방어, 옹호; 방어 시설
In games such as football or hockey, the defense is the group of players in a team who try to stop the opposing players scoring a goal or a point.

goalie
[góuli]

n. (축구 · 하키 등에서의) 골키퍼
A goalie is the same as a goalkeeper who is the player in a sports team whose job is to guard the goal.

block ^{복습}
[blɑk]

v. 막다, 차단하다; 방해하다; n. (도로로 나뉘는) 구역, 블록; (단단한) 사각형 덩어리
In some sports, if a player blocks a shot or kick, they stop the ball reaching its target.

skirt*
[skəːrt]

v. (가장자리를) 둘러 가다; 언급을 피하다; n. 치마; 교외, 변두리
If you skirt something, you go around the edge of it.

scramble*
[skrǽmbl]

v. (몸을 지탱하며) 재빨리 움직이다; 서로 밀치다; n. (힘들게) 기어가기; 서로 밀치기
If you scramble to a different place or position, you move there in a hurried, awkward way.

peck ^{복습}
[pek]

v. (새가) 쪼다, 쪼아 먹다; n. 쪼기; 가벼운 입맞춤
If a bird pecks at something or pecks something, it moves its beak forward quickly and bites at it.

catch up ^{복습}

idiom 따라잡다, 따라가다
If you catch up with someone who is in front of you, you reach them by walking faster than they are walking.

scoop ^{복습}
[skuːp]

v. 재빨리 들어올리다; (큰 숟갈 같은 것으로) 뜨다; n. 한 숟갈(의 양)
If you scoop a person or thing somewhere, you put your hands or arms under or around them and quickly move them there.

cuddle
[kʌdl]

n. 껴안기, 포옹; v. 껴안다 (cuddly a. 꼭 껴안고 싶은)
A cuddly person or animal makes you want to put your arms around them.

naughty*
[nɔ́ːti]

a. 장난꾸러기인; 버릇없는; 부적합한, 도리에 어긋난
If you say that a child is naughty, you mean that they behave badly or do not do what they are told.

gasp*
[gæsp]

n. 헉 하는 소리를 냄; v. 헉 하고 숨을 쉬다; 숨을 제대로 못 쉬다
A gasp is a short, quick breath of air that you take in through your mouth, especially when you are surprised, shocked, or in pain.

Chapters 7 & 8

1. Why did Mrs. Popper start feeling less angry about the penguins?
   A. The penguins were so cute that she could not stay angry.
   B. She learned that the penguins were easy to care for.
   C. Joel and Nina apologized about the penguins.
   D. Joel and Nina offered to clean up after the penguins.

2. What did Mrs. Popper think was the right thing to do with the penguins?
   A. She thought they should be on a nature show.
   B. She thought they should go to the zoo.
   C. She thought they should stay in the house.
   D. She thought they should be returned to the wild.

3. How did Nina feel about bringing the penguins to Popper Island?
   A. She was worried that it would be a long trip.
   B. She was confused about where to go.
   C. She was sad that the penguins were leaving.
   D. She was excited for the penguins to go there.

4. How did Mrs. Popper find out about the right temperatures for penguins?

A. She asked Joel and Nina about it.

B. She bought a book about penguins at the bookstore.

C. She researched the information at the library.

D. She called the Popper Foundation.

5. Why did Mrs. Popper put some ice in a shallow tub?

A. She was keeping some food cold in the ice.

B. She was trying to make the house colder.

C. She did not have enough room in the freezer for the ice.

D. She wanted the penguins to use it as much as they needed.

6. Why did the foundation representative think that the call would not go well?

A. No one had answered the calls for months.

B. There were some broken parts on the maritime radio.

C. The people on Popper Island were very busy.

D. The penguins were making too much noise.

7. Which of the following was NOT true about Yuka?

A. He helped to start the Popper Foundation.

B. He grew up near Popper Island.

C. He had been to Popper Island.

D. He had a boat.

Check Your Reading Speed

1분에 몇 단어를 읽는지 리딩 속도를 측정해보세요.

$$\frac{694 \text{ words}}{\text{reading time ( ) sec}} \times 60 = (\quad) \text{ WPM}$$

Build Your Vocabulary

ground***
[graund]

v. (벌로) 외출하지 못하게 하다; 좌초되다; n. 땅바닥, 지면
When parents ground a child, they forbid them to go out and enjoy themselves for a period of time, as a punishment.

somber
[sámbər]

a. 침울한, 암담한; 어두침침한
If someone is somber, they are serious or sad.

curiosity*
[kjùəriásəti]

n. 호기심; 진기한 것
Curiosity is a desire to know about something.

cuddle^{복습}
[kʌdl]

v. 껴안다; n. 껴안기, 포옹
If you cuddle someone, you put your arms around them and hold them close as a way of showing your affection.

break off

idiom 말을 멈추다, 일을 멈추다; 분리되다, 갈라지다
If you break off when you are doing or saying something, you suddenly stop doing it or saying it.

intense*
[inténs]

a. 강렬한, 극심한; 치열한; 열정적인, 진지한
If you describe the way someone looks at you as intense, you mean that they look at you very directly and seem to know what you are thinking or feeling.

stare^{복습}
[stɛər]

n. 빤히 쳐다보기, 응시; v. 빤히 쳐다보다, 응시하다
A stare is an act of looking at someone or something for a long time.

cradle^{복습}
[kreidl]

v. 부드럽게 안다; n. 요람, 아기 침대; 발상지
If you cradle someone or something in your arms or hands, you hold them carefully and gently.

crook
[kruk]

n. 팔꿈치 안쪽; 사기꾼, 도둑; 구부러진 곳; v. (손가락이나 팔을) 구부리다
The crook of your arm or leg is the soft inside part where you bend your elbow or knee.

elbow**
[élbou]

n. 팔꿈치; (옷의) 팔꿈치 부분; v. (팔꿈치로) 밀치다
Your elbow is the part of your arm where the upper and lower halves of the arm are joined.

melt**
[melt]

v. (감정 등이) 누그러지다; 녹다; 서서히 사라지다; n. 용해
If something such as your feelings melt, they suddenly disappear and you no longer feel them.

stock up

idiom (~을) 많이 사서 비축하다
If you stock up on something, you buy a lot of it, in case you cannot get it later.

58

struggle[★★]
[strʌgl]
v. 애쓰다; 몸부림치다; 힘겹게 나아가다; n. 몸부림; 투쟁, 분투
If you struggle to do something, you try hard to do it, even though other people or things may be making it difficult for you to succeed.

stern[★]
[stəːrn]
a. 엄중한, 근엄한; 심각한; n. (배의) 뒷부분, 선미
Someone who is stern is very serious and strict.

nod[복습]
[nad]
v. (고개를) 끄덕이다, 까딱하다; n. (고개를) 끄덕임
If you nod, you move your head up and down to show agreement, understanding, or approval.

solemn[★]
[sáləm]
a. 엄숙한, 근엄한 (solemnly ad. 진지하게)
Someone or something that is solemn is very serious rather than cheerful or humorous.

wail
[weil]
v. (큰소리로) 투덜거리다; 울부짖다, 통곡하다; (길고 높은) 소리를 내다; n. 울부짖음, 통곡
If you wail something, you say it in a loud, high-pitched voice that shows that you are unhappy or in pain.

clarify
[klǽrəfài]
v. 명확하게 하다, 분명히 말하다
To clarify something means to make it easier to understand, usually by explaining it in more detail.

negotiable[★]
[nigóuʃiəbl]
a. 협상의 여지가 있는, 절충 가능한
Something that is negotiable can be changed or agreed when people discuss it.

sigh[복습]
[sai]
v. 한숨을 쉬다, 한숨짓다; 한숨을 쉬며 말하다; n. 한숨
When you sigh, you let out a deep breath, as a way of expressing feelings such as disappointment, tiredness, or pleasure.

incline[★]
[inkláin]
v. (마음이) 기울다; 경사지다; n. 경사, 비탈 (inclined a. ~하고 싶은)
If you say that you are inclined to have a particular opinion, you mean that you hold this opinion but you are not expressing it strongly.

thrash
[θræʃ]
v. 몸부림치다; 마구 때리다; n. 때림, 패배시킴
If someone thrashes about, or thrashes their arms or legs about, they move in a wild or violent way, often hitting against something.

release[복습]
[rilíːs]
v. 놓아주다; 풀다; (감정을) 발산하다; n. 풀어 줌; 발표, 공개
If a person or animal is released from somewhere where they have been locked up or cared for, they are set free or allowed to go.

edge[복습]
[edʒ]
n. 끝, 가장자리, 모서리; 우위; v. 조금씩 움직이다
The edge of something is the place or line where it stops, or the part of it that is furthest from the middle.

sniff[복습]
[snif]
v. 냄새를 맡다; 코를 훌쩍이다; n. 냄새 맡기; 콧방귀 뀌기
If you sniff something or sniff at it, you smell it by taking air in through your nose.

beak[복습]
[biːk]
n. (새의) 부리
A bird's beak is the hard curved or pointed part of its mouth.

deposit[복습]
[dipázit]
v. (특정한 곳에) 두다; 예금하다; n. 보증금; 예금
To deposit someone or something somewhere means to put them or leave them there.

smear
[smiər]

n. 얼룩, 자국; v. 더럽히다; 마구 바르다, 문지르다
A smear is a dirty or oily mark.

poo
[pu:]

n. (= poop) [유아어] 똥, 응가
Poo is a child's word for feces, which is the solid waste substance that people and animals get rid of from their body.

no big deal

idiom 별일 아니다
If you say that something is 'no big deal,' you mean that it is not important or not a problem.

miss a beat

idiom 순간적으로 주저하다
If you miss a beat, you pause or show any uncertainty, usually when this is surprising.

handkerchief**
[hǽŋkərʧif]

n. 손수건
A handkerchief is a piece of cloth that you use for drying your nose or eyes.

wipe^{복습}
[waip]

v. (먼지 · 물기 등을) 닦다; 지우다; n. 닦기
If you wipe dirt or liquid from something, you remove it, for example by using a cloth or your hand.

confuse^{복습}
[kənfjú:z]

v. (사람을) 혼란시키다; 혼동하다 (confused a. 혼란스러운)
If you are confused, you do not know exactly what is happening or what to do.

confess**
[kənfés]

v. 고백하다, 인정하다; 자백하다
To confess means to admit something that you feel ashamed or embarrassed about.

local^{복습}
[lóukəl]

a. 지역의, 현지의; n. 주민, 현지인
Local means existing in or belonging to the area where you live, or to the area that you are talking about.

wilderness*
[wíldərnis]

n. 황야, 황무지; 버려진 땅
A wilderness is a desert or other area of natural land which is not used by people.

Arctic^{복습}
[á:rktik]

n. 북극; a. 북극의, 북극 지방의
The Arctic is the area of the world around the North Pole.

hoot
[hu:t]

v. 폭소를 터뜨리다; (경적을) 빵빵거리다; n. 비웃음, 콧방귀; (차량의) 경적 소리
If you hoot, you make a loud high-pitched noise when you are laughing or showing disapproval.

amaze^{복습}
[əméiz]

v. (대단히) 놀라게 하다 (amazing a. 놀라운)
You say that something is amazing when it is very surprising and makes you feel pleasure, approval, or wonder.

leave out

idiom ~을 빼다, 배제시키다
If you leave someone or something out, you do not include them.

nestle^{복습}
[nesl]

v. (아늑한 곳에) 자리 잡다; (포근한 곳에) 따뜻이 안다; 따뜻이 앉다
If something such as a building nestles somewhere or if it is nestled somewhere, it is in that place and seems safe or sheltered.

pet^{복습}
[pet]

v. (동물·아이를 다정하게) 어루만지다; n. 반려동물
If you pet a person or animal, you touch them in an affectionate way.

fuzzy^{복습}
[fʌzi]

a. 솜털이 보송보송한; (모습·소리가) 흐릿한, 어렴풋한
If something is fuzzy, it has a covering that feels soft and like fur.

advantage^{★★}
[ædvǽntidʒ]

n. 유리한 점, 이점, 장점; v. (~에게) 유리하게 하다
An advantage is something that puts you in a better position than other people.

drift[★]
[drift]

n. (글이나 말의) 취지; 이동; 표류; v. (물·공기에) 떠가다; (자기도 모르게) ~하게 되다
The drift of an argument or speech is the general point that is being made in it.

pantomime
[pǽntəmàim]

v. 몸짓으로 나타내다; 무언극을 하다; n. 몸짓, 손짓; 무언극, 팬터마임
If you pantomime something, you use the movement of your body and the expression of your face to communicate something or to tell a story.

rock[★]
[rak]

v. (앞뒤·좌우로) 흔들리다; (큰 충격 등으로) 뒤흔들다; n. 암석; 암벽
When something rocks or when you rock it, it moves slowly and regularly backward and forward or from side to side.

1분에 몇 단어를 읽는지 리딩 속도를 측정해보세요.

$$\frac{1{,}176 \text{ words}}{\text{reading time ( ) sec}} \times 60 = (\quad) \text{ WPM}$$

Build Your Vocabulary

foundation*
[faundéiʃən]
n. 재단; (건물의) 토대; 기반, 근거; 설립, 창립
A foundation is an organization which provides money for a special purpose such as research or charity.

accomplish*
[əkámpliʃ]
v. 완수하다, 성취하다, 해내다
If you accomplish something, you succeed in doing it.

hatch복습
[hæʧ]
v. 부화시키다, 부화하다; (계획 등을) 만들어 내다; n. (배 · 항공기의) 출입구
When an egg hatches or when a bird, insect, or other animal hatches an egg, the egg breaks open and a baby comes out.

chick복습
[ʧik]
n. 새끼 새; 병아리
A chick is a baby bird.

come up with복습
idiom 제시하다, 제안하다; (돈을) 마련하다
If you come up with a plan or idea, you think of it and suggest it.

disaster*
[dizǽstər]
n. 완전한 실패작; 엄청난 불행, 재앙; 참사, 재난
If you refer to something as a disaster, you are emphasizing that you think it is extremely bad or unacceptable.

watchful
[wáʧfəl]
a. 지켜보는, 신경 쓰는
Someone who is watchful notices everything that is happening.

nap*
[næp]
v. 잠깐 자다, 낮잠을 자다; n. 잠깐 잠, 낮잠
If you nap, you sleep for a short period of time, usually during the day.

temperate*
[témpərət]
a. (기후가) 온화한; (행동이) 차분한
Temperate is used to describe a climate or a place which is never extremely hot or extremely cold.

climate*
[kláimit]
n. 기후; 분위기, 풍조
The climate of a place is the general weather conditions that are typical of it.

insulate
[ínsəlèit]
v. 단열 처리를 하다; 보호하다
To insulate something such as a building means to protect it from cold, heat, or noise by placing a layer of other material around it or inside it.

dump*
[dʌmp]
v. (아무렇게나) 내려놓다; 버리다; ~을 떠넘기다; n. (쓰레기) 폐기장
If you dump something somewhere, you put it or unload it there quickly and carelessly.

shallow* [ʃǽlou]	a. 얕은; 피상적인; n. (pl.) (강·바다의) 얕은 곳 A shallow container, hole, or area of water measures only a short distance from the top to the bottom.
tub* [tʌb]	n. 통; (= bathtub) 목욕통, 욕조 A tub is a deep container of any size.
figure*** [fígjər]	v. 생각하다; 중요하다; n. 수치; (중요한) 인물; (멀리서 흐릿하게 보이는) 사람 If you figure that something is the case, you think or guess that it is the case.
hop^{복습} [hap]	v. 깡충깡충 뛰다; 급히 움직이다; n. 깡충깡충 뛰기 When birds and some small animals hop, they move along by jumping on both feet.
distinct*** [distíŋkt]	a. 확실한, 분명한; 별개의; 뚜렷한 (distinctly ad. 확실하게, 명백하게) If an idea, thought, or intention is distinct, it is clear and definite.
helpful** [hélpfəl]	a. 도움이 되는; 기꺼이 돕는 (unhelpful a. 도움이 안 되는) If you say that someone or something is unhelpful, you mean that they do not help you or improve a situation, and may even make things worse.
bound^{복습} [baund]	v. 껑충껑충 달리다; n. 껑충 뜀; a. ~할 가능성이 큰 If a person or animal bounds in a particular direction, they move quickly with large steps or jumps.
greet^{복습} [griːt]	v. 맞다, 환영하다; 반응을 보이다 When you greet someone, you say hello to them or to welcome them.
cheep [ʧiːp]	n. 짹짹 소리; v. 짹짹거리다, 삐악삐악 울다 A cheep is the short, weak, and high-pitched sound made by a young bird.
lap^{복습} [læp]	n. (트랙의) 한 바퀴; 무릎; v. 겹치게 하다; (물이) 찰랑거리다; 할짝할짝 핥다 In a race, a competitor completes a lap when they have gone around a course once.
belly^{복습} [béli]	n. 배, 복부 The belly of an animal is the middle part of its body or near its stomach.
burrow* [bə́ːrou]	v. (속으로) 파고들다; 굴을 파다; n. 굴, 은신처 If you burrow into something, you move underneath it or press against it, usually in order to feel warmer or safer.
nest^{복습} [nest]	v. 둥지를 틀다; n. 둥지; 보금자리 When a bird nests somewhere, it builds a nest and settles there to lay its eggs.
retrieve [ritríːv]	v. 되찾아 오다, 회수하다; 수습하다 If you retrieve something, you get it back from the place where you left it.
snuggle [snʌ́gl]	n. 달라붙기; v. 바싹 파고들다, 달라붙다, 끌어안다 A snuggle is the act of getting into a warm comfortable position, especially by moving closer to someone.

put into action

idiom ~을 실행에 옮기다
If you put an idea or policy into action, you begin to use it or cause it to operate.

to and fro

idiom 이리저리 움직이는, 앞뒤로 움직이는
If someone moves to and fro, they move repeatedly from one place to another and back again, or from side to side.

peer ^{복습}
[piər]

v. 유심히 보다, 눈여겨보다; n. 또래
If you peer at something, you look at it very hard, usually because it is difficult to see clearly.

seal*
[siːl]

n. [동물] 바다표범; 도장; v. 봉인하다; 확정 짓다; 봉쇄하다
A seal is a large animal with a rounded body and flat legs called flippers.

harbor*
[háːrbər]

n. 항구, 항만, 피난처, 은신처
A harbor is an area of the sea at the coast which is partly enclosed by land or strong walls, so that boats can be left there safely.

envelope ^{복습}
[énvəlòup]

n. 봉투
An envelope is the rectangular paper cover in which you send a letter to someone through the post.

knock ^{복습}
[nak]

v. (문 등을) 두드리다; 치다, 부딪치다; n. 부딪침; 문 두드리는 소리
If you knock on something such as a door or window, you hit it, usually several times, to attract someone's attention.

carve*
[kaːrv]

v. 새기다, 파다; 조각하다, 깎아서 만들다
If you carve writing or a design on an object, you cut it into the surface of the object.

regal
[ríːgəl]

a. 장엄한, 제왕에게 걸맞은
If you describe something as regal, you mean that it is suitable for a king or queen, because it is very impressive or beautiful.

buzz*
[bʌz]

v. 윙 하는 소리를 내다; 부산스럽다, 활기가 넘치다; n. 윙윙거리는 소리
If something buzzes or buzzes somewhere, it makes a long continuous sound, like the noise a bee makes when it is flying.

file*
[fail]

v. 줄지어 가다; (문서 등을) 보관하다; n. (늘어선) 줄; 파일, 서류철
When a group of people files somewhere, they walk one behind the other in a line.

representative**
[rèprizéntətiv]

n. 대표; (판매) 대리인; 국회 의원; a. 대표하는
A representative is a person who has been chosen to act or make decisions on behalf of another person or a group of people.

blustery
[blʌ́stəri]

a. 으스대는; 바람이 거센
If you describe someone as blustery, you mean that they behave or speak in a very serious way because they think they are more important than they really are.

bald*
[bɔːld]

a. 대머리의, 머리가 벗겨진; v. 머리가 벗어지다
Someone who is bald has little or no hair on the top of their head.

mustache*
[mʌ́stæʃ]

n. 콧수염
A mustache is the hair that grows on someone's upper lip.

64

outrage* [áutreidʒ]
n. 격분, 격노; v. 격분하게 하다, 격노하게 하다
Outrage is an intense feeling of anger and shock.

trifle* [tráifl]
n. 조금, 약간; 하찮은 것, 사소한 일
You can use a trifle to mean slightly or to a small extent, especially in order to make something you say seem less extreme.

distant복습 [dístənt]
a. 먼 친척 관계인; 먼, (멀리) 떨어져 있는; 다정하지 않은
A distant relative is one who you are not closely related to.

relation복습 [riléiʃən]
n. 친척; 관계
Your relations are the members of your family.

sight** [sait]
n. 보기, 봄; 시력; 광경, 모습; v. 갑자기 보다
The sight of something is the act of seeing it or an occasion on which you see it.

maritime [mǽrətàim]
a. 바다의, 해양의; 배의
Maritime is used to describe things relating to the sea and to ships.

supply** [səplái]
n. (pl.) 용품, 비품; 비축(량); 공급; v. 공급하다, 제공하다
You can use supplies to refer to food, equipment, and other essential things that people need, especially when these are provided in large quantities.

crack복습 [kræk]
v. 날카로운 소리를 내다; 갈라지다; 깨지다 n. 날카로운 소리; 금; (좁은) 틈
If something cracks, or if you crack it, it makes a sharp sound like the sound of a piece of wood breaking.

knuckle [nʌkl]
n. 손가락 관절; v. 주먹으로 치다
Your knuckles are the joints in your fingers, including the ones where your fingers join your hands.

count복습 [kaunt]
v. 간주하다, 여기다; 인정되다; (수를) 세다; n. 셈, 계산
If something counts or is counted as a particular thing, it is regarded as being that thing, especially in particular circumstances or under particular rules.

emergency복습 [imə́:rdʒənsi]
n. 비상, 비상사태
An emergency is an unexpected and difficult or dangerous situation, especially an accident, which happens suddenly and which requires quick action to deal with it.

decade* [dékeid]
n. 10년
A decade is a period of ten years.

caretaker [kéərtèikər]
n. 관리인; 돌보는 사람, 간호인
A caretaker is a person whose job it is to take care of a house or property when the owner is not there.

distress* [distrés]
n. 조난; 고통, 괴로움; 곤경; v. 괴롭히다, 고통스럽게 하다
Distress is the state of being in extreme danger and needing urgent help.

signal** [sígnəl]
n. 신호; 징조; v. (동작·소리로) 신호를 보내다; 암시하다
A signal is a gesture, sound, or action which is intended to give a particular message to the person who sees or hears it.

crisis*
[kráisis]

n. 위기; 최악의 고비
A crisis is a situation in which something or someone is affected by one or more very serious problems.

in one's book

idiom ~의 의견으로는, ~의 판단으로는
In my book means 'in my opinion' or 'according to my beliefs'.

investigate*
[invéstəgèit]

v. 살피다, 조사하다; 연구하다 (investigation n. 조사)
An investigation is the act or process of examining a crime, problem, or statement carefully, especially to discover the truth.

knead
[niːd]

v. (근육을 마사지하듯) 주무르다; (반죽을) 치대다
If you knead a part of someone's body, you press or squeeze it with your fingers.

elbow복습
[élbou]

n. (옷의) 팔꿈치 부분; 팔꿈치; v. (팔꿈치로) 밀치다
The elbow of a piece of clothing is the part of it that covers your elbow.

figure out

idiom 이해하다, 알아내다; 계산하다, 산출하다
If you figure out a problem or situation, you think about it until you find the answer or understand what has happened.

atlas*
[ǽtləs]

n. 지도책
An atlas is a collection of maps published as a printed book or as a digital product.

beckon
[békən]

v. (오라고) 손짓하다; 아주 매력적으로 보이다
If you beckon to someone, you signal to them to come to you.

blip
[blip]

n. (화면에 나타나는) 깜빡 신호; 일시적인 문제
A blip is a small spot of light, sometimes occurring with a short, high-pitched sound, which flashes on and off regularly on a piece of equipment.

gesture**
[dʒéstʃər]

v. (손 등으로) 가리키다, 몸짓을 하다; n. 몸짓; (특정한 감정의) 표시
If you gesture, you use movements of your hands or head in order to tell someone something or draw their attention to something.

nip*
[nip]

n. 물기, 꼬집기; v. (재빨리) 물다, 꼬집다; (추위·바람 등이) 할퀴고 가다
A nip is the act of biting something lightly or pressing something between two fingers, edges, or surfaces.

burly
[bə́ːrli]

a. 무뚝뚝한, 퉁명스러운; 건장한, 억센
If you describe a person or their behavior as burly, you mean that they deal with things, or say things, quickly and shortly, so that they seem to be rude.

trace복습
[treis]

v. (형체·윤곽을) 따라가다; 추적하다; n. 자취, 흔적; 조금
If you trace something such as a pattern or a shape, for example, with your finger or toe, you mark its outline on a surface.

one's face falls

idiom 실망하는 표정이 되다
If someone's face falls, they suddenly look very disappointed.

resolute*
[rézəlùːt]

a. 단호한, 굳게 결심한 (resolutely ad. 단호히, 결연히)
If you describe someone as resolute, you approve of them because they are very determined not to change their mind or not to give up a course of action.

66

scrawl
[skrɔːl]

v. 휘갈겨 쓰다, 낙서를 하다; n. 휘갈겨 쓰기
If you scrawl something, you write it in a careless and untidy way.

sturdy*
[stə́ːrdi]

a. 튼튼한, 견고한; 건장한; 확고한
Someone or something that is sturdy looks strong and is unlikely to be easily injured or damaged.

expedition*
[èkspədíʃən]

n. 탐험, 원정; 탐험대, 원정대
An expedition is an organized trip made for a particular purpose such as exploration.

triumphant
[traiʌ́mfənt]

a. 의기양양한; 크게 성공한, 큰 승리를 거둔 (triumphantly ad. 의기양양하게)
Someone who is triumphant has gained a victory or succeeded in something and feels very happy about it.

friendly**
[fréndli]

a. 상냥한, 다정한; 친절한; 우호적인
If someone is friendly, they behave in a pleasant, kind way, and like to be with other people.

Chapters 9 & 10

1. Why did Yuka leave the Arctic?
    A. He got a job at a zoo.
    B. He wanted to study at college.
    C. He did not like the cold weather.
    D. He bought a house in Stillwater.

2. Why wasn't Joel worried about the penguins falling into the water?
    A. They were being watched by Mrs. Popper.
    B. They were blocked by the deck's railing.
    C. They had practiced swimming in the bathtub.
    D. They had jumped in the ocean many times before.

3. Why did Ernest need extra help getting to where he wanted to go?
    A. He was a shy penguin.
    B. He was a small penguin.
    C. He did not know how to waddle.
    D. He had a broken flipper.

4. Why did Mrs. Popper think the penguins were sleeping so much on the boat?

   A. She thought they were scared of the boat.

   B. She thought they were sick.

   C. She thought they were just growing.

   D. She thought the weather was too hot for them to stay awake.

5. Why did Yuka get worried while on the boat?

   A. He thought a storm was headed toward the boat.

   B. He thought the penguins were making too much of a mess on the boat.

   C. He thought it was dangerous to have a problem with the navigation system.

   D. He thought they were sailing too close to some rock formations.

6. How did Ernest damage the central computer?

   A. He pulled out some microchips and threw them in the water.

   B. He got his feathers stuck in the transistors.

   C. He chewed on the wires inside the plastic box.

   D. He pecked a hole in the computer's screen.

7. Why did Joel hurry to the stern when Yuka was trying to avoid the rocks?

   A. He needed to warn his mother.

   B. He was trying to find Ernest.

   C. He wanted to hold onto the rail.

   D. He was getting something for Yuka.

Check Your Reading Speed

1분에 몇 단어를 읽는지 리딩 속도를 측정해보세요

$$\frac{804 \text{ words}}{\text{reading time ( ) sec}} \times 60 = (\quad) \text{ WPM}$$

Build Your Vocabulary

dip^{복습}
[dip]

v. 잠기다; (아래로) 내려가다; (액체에) 살짝 담그다; 뛰어 들다, 돌진하다;
n. 수영; 하락
If something dips, it makes a downward movement, usually quite quickly.

rock^{복습}
[rak]

v. (앞뒤·좌우로) 흔들리다; (큰 충격 등으로) 뒤흔들다; n. 암석; 암벽
When something rocks or when you rock it, it moves slowly and regularly backward and forward or from side to side.

dock*
[dak]

n. 부두; v. (배를) 부두에 대다
A dock is an enclosed area in a harbor where ships go to be loaded, unloaded, and repaired.

seaworthy
[síːwəːrði]

a. 항해하기 적합한
A ship or boat which is seaworthy is fit to travel at sea.

whisper^{복습}
[hwíspər]

v. 속삭이다, 소곤거리다; n. 속삭임, 소곤거리는 소리
When you whisper, you say something very quietly, using your breath rather than your throat, so that only one person can hear you.

aboard**
[əbóːrd]

ad. (배·비행기 등에) 탄, 탑승한
If you are aboard a ship or plane, you are on it or in it.

palm^{복습}
[paːm]

n. 손바닥; v. 손바닥으로 만지다
The palm of your hand is the inside part of your hand, between your fingers and your wrist.

deck*
[dek]

n. (배의) 갑판; 층; (카드) 한 벌; v. 꾸미다, 장식하다
The deck of a ship is the top part of it that forms a floor in the open air which you can walk on.

friendly^{복습}
[fréndli]

a. 상냥한, 다정한; 친절한; 우호적인
If someone is friendly, they behave in a pleasant, kind way, and like to be with other people.

switch*
[swiʧ]

v. 서로 바꾸다; 전환하다, 바꾸다; n. 스위치; 전환
If you switch two things, you replace one with the other.

awkward^{복습}
[óːkwərd]

a. 어색한; (처리하기) 곤란한; 불편한 (awkwardly ad. 어색하게)
An awkward movement or position is uncomfortable or clumsy.

juggle
[dʒʌgl]

v. 떨어뜨릴 뻔하다가 잡다; (공·접시 등으로) 곡예를 하다; (일을 동시에) 처리하다
If you juggle, you almost drop something like a ball and then catch hold of it again.

figure out^{복습} → **figure out**[복습]

idiom 이해하다, 알아내다; 계산하다, 산출하다
If you figure out a problem or situation, you think about it until you find the answer or understand what has happened.

ancestor[*]
[ǽnsestər]

n. 조상, 선조
Your ancestors are the people from whom you are descended.

doctorate
[dáktərət]

n. 박사 학위
A doctorate is the highest degree awarded by a university.

comparative[*]
[kəmpǽrətiv]

a. (연구가) 비교를 통한, 비교의; 상대적인; 비교급의; n. 비교급
A comparative study is a study that involves the comparison of two or more things of the same kind.

zoology
[zouálədʒi]

n. 동물학
Zoology is the scientific study of animals.

aquatic
[əkwǽtik]

a. 물속에서 자라는, 수생의; 물과 관련된
An aquatic animal or plant lives or grows on or in water.

migrate[*]
[máigreit]

v. (새·동물이) 이동하다; 이주하다 (migration n. (철새·동물의) 이동)
When birds, fish, or animals migrate, they move at a particular season from one part of the world or from one part of a country to another.

foundation^{복습}
[faundéiʃən]

n. 재단; (건물의) 토대; 기반, 근거; 설립, 창립
A foundation is an organization which provides money for a special purpose such as research or charity.

impress[*]
[imprés]

v. 깊은 인상을 주다, 감동을 주다 (impressed a. 감명을 받은)
If something impresses you, you feel great admiration for it.

suspicious[*]
[səspíʃəs]

a. 의심스러워하는, 못 미더워하는; 의혹을 갖는; 의심스러운
If you are suspicious of someone or something, you do not trust them, and are careful when dealing with them.

line[***]
[lain]

n. 혈통, 계통; 선, 줄; 경계; v. ~을 따라 늘어서다
A particular line of people or things is a series of them that has existed over a period of time, when they have all been similar in some way, or done similar things.

vessel[*]
[vésəl]

n. (대형) 선박, 배; 그릇, 용기
A vessel is a ship or large boat.

efficient[*]
[ifíʃənt]

a. 효율적인; 능률적인, 유능한
If something or someone is efficient, they are able to do tasks successfully, without wasting time or energy.

grateful[**]
[gréitfəl]

a. 고마워하는, 감사하는
If you are grateful for something that someone has given you or done for you, you have warm, friendly feelings toward them and wish to thank them.

honor[***]
[ánər]

n. 영광(스러운 것); 존경, 공경; v. ~에게 영광을 베풀다; 존경하다
If you describe doing or experiencing something as an honor, you mean you think it is something special and desirable.

duck^{복습}
[dʌk]

v. (머리나 몸을) 휙 수그리다; 급히 움직이다; n. [동물] 오리
If you duck, you move your head or the top half of your body quickly downward to avoid something that might hit you, to avoid being seen, or to hide the expression on your face.

stripe[*]
[straip]

n. 줄무늬; v. 줄무늬를 넣다
A stripe is a long line which is a different color from the areas next to it.

flipper^{복습}
[flípər]

n. (바다표범·거북 등의) 지느러미발
The flippers of an animal that lives in water, for example a seal or a penguin, are the two or four flat limbs which it uses for swimming.

vain[*]
[vein]

a. 자만심이 강한, 허영심이 많은; 헛된, 소용없는
If you describe someone as vain, you are critical of their extreme pride in their own beauty, intelligence, or other good qualities.

tilt[*]
[tilt]

v. 기울이다, (뒤로) 젖히다; 기울다; (의견·상황 등이) 기울어지다; n. 기울어짐
If you tilt part of your body, usually your head, you move it slightly upward or to one side.

settle on

idiom ~을 정하다
If you settle on a particular thing, you choose it after considering other possible choices.

waterproof[*]
[wɔ́:tərprù:f]

a. 방수의; n. 방수복
Something which is waterproof does not let water pass through it.

layer^{복습}
[léiər]

n. 층, 겹, 막; v. 층층이 놓다
A layer of a material or substance is a quantity or piece of it that covers a surface or that is between two other things.

back and forth

idiom 여기저기로, 왔다 갔다; 좌우로; 앞뒤로
If you move something back and forth, you repeatedly move it in one direction and then in the opposite direction.

quarter^{**}
[kwɔ́:rtər]

n. (pl.) 숙소; 4분의 1; 구역; v. 숙소를 제공하다; 4등분하다
Quarters are the rooms that are given to someone to live in as part of their job, especially servants or soldiers.

roomy
[rú:mi]

a. 널찍한
If you describe a place as roomy, you mean that you like it because it is large inside and you can move around freely and comfortably.

homey
[hóumi]

a. 제집 같은, 편안한
If you describe a room or house as homey, you like it because you feel comfortable and relaxed there.

peek^{복습}
[pi:k]

v. (재빨리) 훔쳐보다; 살짝 보이다; n. 엿보기
If you peek at something or someone, you take a quick look at them, often secretly.

cabin[*]
[kǽbin]

n. (항공기·배의) 선실; (나무로 된) 오두막집
A cabin is a small room in a ship or boat.

pleasant^{**}
[plézənt]

a. 쾌적한, 기분 좋은; 상냥한, 예의 바른
Something that is pleasant is nice, enjoyable, or attractive.

72

fridge[*]
[frɪdʒ]

n. (= refrigerator) 냉장고
A fridge is a large metal container which is kept cool, usually by electricity, so that food that is put in it stays fresh.

stove[복습]
[stouv]

n. (요리용 가스·전기) 레인지; 스토브, 난로
A stove is a piece of equipment which provides heat, either for cooking or for heating a room.

neat[복습]
[niːt]

a. 정돈된, 단정한; 깔끔한; 뛰어난, 훌륭한 (neatly ad. 깔끔하게)
A neat place, thing, or person is organized and clean, and has everything in the correct place.

bunk
[bʌŋk]

n. (배나 기차의) 침상; 이층 침대; v. 침대에서 자다
A bunk is a narrow bed that is usually attached to a wall, especially in a ship.

plaid
[plæd]

n. 격자무늬의 천; 격자무늬
Plaid is material with a check design on it.

sheet[복습]
[ʃiːt]

n. (침대에 까는) 시트; (종이) 한 장; 넓게 퍼져 있는 것
A sheet is a large rectangular piece of cotton or other cloth that you sleep on or cover yourself with in a bed.

lean[**]
[liːn]

v. (몸을) 숙이다, 기울이다; ~에 기대다 a. 군살이 없는
When you lean in a particular direction, you bend your body in that direction.

confide[*]
[kənfáid]

v. (비밀을) 털어놓다; 신임하다, 신뢰하다
If you confide in someone, you tell them a secret.

silly[복습]
[síli]

a. 우스꽝스러운; 어리석은, 바보 같은; n. 바보
If you say that someone or something is silly, you mean that they are foolish, childish, or ridiculous.

putter
[pátər]

v. (보트나 차량이) 부르릉거리다; 통통거리다; 빈둥거리다
If a boat or vehicle putters, it makes a short quiet low sound when it is moving slowly.

harbor[복습]
[háːrbər]

n. 항구, 항만; 피난처, 은신처
A harbor is an area of the sea at the coast which is partly enclosed by land or strong walls, so that boats can be left there safely.

waddle[복습]
[wadl]

v. 뒤뚱뒤뚱 걷다; n. 뒤뚱거리는 걸음걸이
To waddle somewhere means to walk there with short, quick steps, swinging slightly from side to side.

gaze[복습]
[geiz]

v. (가만히) 응시하다, 바라보다; n. 응시, (눈여겨보는) 시선
If you gaze at someone or something, you look steadily at them for a long time.

tub[복습]
[tʌb]

n. (= bathtub) 목욕통, 욕조; 통
A tub is the same as a bathtub which is a long, usually rectangular container that you fill with water and sit in to wash your body.

immense[*]
[iméns]

a. 엄청난, 어마어마한 (immensely ad. 엄청나게, 대단히)
You use immensely to emphasize the degree or extent of a quality, feeling, or process.

kneel복습
[ni:l]

v. 무릎을 꿇다
When you kneel, you bend your legs so that your knees are touching the ground.

toddle복습
[tadl]

v. (어린 아이가) 아장아장 걷다
When a child toddles, it walks unsteadily with short quick steps.

leave out복습

idiom ~을 빼다, 배제시키다
If you leave someone or something out, you do not include them.

pinch*
[pintʃ]

v. 꼬집다; 너무 꽉 끼다; n. 꼬집기
If you pinch a part of someone's body, you take a piece of their skin between your thumb and first finger and give it a short squeeze.

fabric*
[fǽbrik]

n. 직물, 천
Fabric is cloth or other material produced by weaving together cotton, nylon, wool, silk, or other threads.

snuggle복습
[snʌgl]

v. 바싹 파고들다, 달라붙다, 끌어안다; n. 달라붙기
If you snuggle somewhere, you settle yourself into a warm, comfortable position, especially by moving closer to another person.

let out

idiom (소리를) 내다; 풀어 주다, 해방시키다; (학교 · 극장 등이) 끝나다
If you let out a particular sound, you make that sound.

1분에 몇 단어를 읽는지 리딩 속도를 측정해보세요.

$$\frac{955 \text{ words}}{\text{reading time ( ) sec}} \times 60 = (\quad) \text{ WPM}$$

Build Your Vocabulary

helm
[helm]

n. [항해] (배의) 키, 조타 장치
The helm of a boat or ship is the part that is used to steer it.

instrument**
[ínstrəmənt]

n. (차량·기계에서) 계기; 기구; 악기; 수단
An instrument is a device that is used for making measurements of something such as speed, height, or sound, for example, on a ship or plane or in a car.

panel*
[pǽnl]

n. (자동차 등의) 계기판; 판; 패널, 자문단
A control panel or instrument panel is a board or surface that contains switches and controls to operate a machine or piece of equipment.

investigate복습
[invéstəgèit]

v. 살피다, 조사하다; 연구하다
If you investigate something such as a situation, an event, or a crime, you carefully examine the facts of it to find out the truth about it or how it happened.

keep an eye out

idiom 살펴보다, 지켜보다
If you keep an eye out for someone or something, you watch for them carefully.

overhear
[òuvərhír]

v. (overheard-overheard) (남의 대화 등을) 우연히 듣다
If you overhear someone, you hear what they are saying when they are not talking to you and they do not know that you are listening.

ridiculous**
[ridíkjuləs]

a. 웃기는, 말도 안 되는, 터무니없는
If you say that something or someone is ridiculous, you mean that they are very foolish.

switch복습
[swiʧ]

v. 서로 바꾸다; 전환하다, 바꾸다; n. 스위치; 전환
If you switch two things, you replace one with the other.

apparent*
[əpǽrənt]

a. 분명한; ~인 것처럼 보이는 (apparently ad. 분명히)
You use apparently when something seems clear or obvious, according to appearances.

stern복습
[stəːrn]

n. (배의) 뒷부분, 선미; a. 엄중한, 근엄한; 심각한
The back part of a ship or boat is called the stern.

poke around복습

idiom (무엇을 찾으려고) 뒤지다, 캐다
If you poke around, you search for something by moving things around, usually not in a very careful or organized way.

hum *
[hʌm]

v. 웅웅거리다; (노래를) 흥얼거리다; n. 웅성거리는 소리
If something hums, it makes a low continuous noise.

device 복습
[diváis]

n. 장치, 기구; 폭발물; 방법
A device is an object that has been invented for a particular purpose, for example for recording or measuring something.

stare 복습
[stɛər]

v. 빤히 쳐다보다, 응시하다; n. 빤히 쳐다보기, 응시
If you stare at someone or something, you look at them for a long time.

flap 복습
[flæp]

v. 퍼덕거리다; 펄럭거리다; n. 덮개; 퍼덕거림
If a bird or insect flaps its wings or if its wings flap, the wings move quickly up and down.

perch *
[pəːrʧ]

v. 앉아 있다; 걸터앉다; (무엇의 꼭대기나 끝에) 위치하다; n. 햇대; 높은 자리
If you perch on something, you sit down lightly on the very edge or tip of it.

bow
[bau]

① n. 뱃머리; (고개 숙여 하는) 인사; 절; v. (고개를) 숙이다; (허리를 굽혀) 절하다
② n. 활; (리본 등의) 나비매듭
The front part of a ship or boat is called the bow or the bows.

on duty

idiom 당번인, 일하고 있는
If someone such as a police officer or a nurse is on duty, they are working.

deck 복습
[dek]

n. (배의) 갑판; 층; (카드) 한 벌; v. 꾸미다, 장식하다
The deck of a ship is the top part of it that forms a floor in the open air which you can walk on.

overboard
[óuvərbɔːrd]

ad. 배 밖으로, (배 밖의) 물속으로
If you fall overboard, you fall over the side of a boat into the water.

diligent **
[dílədʒənt]

a. 근면한, 부지런한; 공들인 (diligently ad. 부지런히, 애써서)
Someone who is diligent works hard in a careful and thorough way.

elaborate *
[ilǽbərət]

a. 정교한; v. (더) 자세히 말하다; (계획·사상 등을) 정교하게 만들어 내다
You use elaborate to describe something that is very complex because it has a lot of different parts.

Arctic 복습
[áːrktik]

n. 북극; a. 북극의, 북극 지방의
The Arctic is the area of the world around the North Pole.

impersonate
[impəːrsənèit]

v. 흉내 내다; 가장하다 (impersonation n. 흉내 내기, 연기)
If someone impersonates a person, they pretend to be that person, either to deceive people or to make people laugh.

preoccupy
[priákjəpài]

v. (생각·걱정이) 뇌리를 사로잡다 (preoccupied a. (생각 등에) 정신이 팔린)
If you are preoccupied, you are thinking a lot about something or someone, and so you hardly notice other things.

atlas 복습
[ǽtləs]

n. 지도책
An atlas is a collection of maps published as a printed book or as a digital product.

anchor *
[ǽŋkər]

n. 닻; 정신적 지주; v. 닻을 내리다, 정박하다; 고정시키다
An anchor is a heavy hooked object that is dropped from a boat into the water at the end of a chain in order to make the boat stay in one place.

make sense	idiom 타당하다; 이해가 되다; 이해하기 쉽다 If something makes sense, you can understand it.
leave out^{복습}	idiom ~을 빼다, 배제시키다 If you leave someone or something out, you do not include them.
fuss[*] [fʌs]	n. 호들갑, 야단법석; 불평; v. 야단법석을 떨다; 안달하다 Fuss is anxious or excited behavior which serves no useful purpose.
instrumentation [ìnstrəmentéiʃən]	n. 기기 장치, 계기 장비 Instrumentation is a group or collection of instruments, usually ones that are part of the same machine.
spot^{**} [spat]	n. (특정한) 곳; (작은) 점; v. 발견하다, 찾다, 알아채다 You can refer to a particular place as a spot.
draw out	idiom (필요 이상으로) ~을 길게 끌다 If you draw out a sound or a word, you make it last longer than usual.
horizon^{**} [həráizn]	n. 지평선, 수평선 The horizon is the line in the far distance where the sky seems to meet the land or the sea.
yell^{복습} [jel]	v. 소리치다, 소리 지르다, 외치다; n. 고함, 외침 If you yell, you shout loudly, usually because you are excited, angry, or in pain.
scold[*] [skould]	v. 야단치다, 꾸짖다 If you scold someone, you speak angrily to them because they have done something wrong.
visor [váizər]	n. (모자의) 챙; (헬멧의) 얼굴 가리개; (자동차 유리창에 대는) 차양 The visor of a cap is the part at the front that sticks out over your eyes.
squint [skwint]	v. 눈을 가늘게 뜨고 보다; 사시이다; n. 잠깐 봄; 사시 If you squint at something, you look at it with your eyes partly closed.
windswept [wíndswept]	a. 강한 바람에 노출되어 있는; 강한 바람을 맞은 듯한 A windswept place has no shelter and is not protected against strong winds.
pile^{복습} [pail]	n. 무더기, 더미; 쌓아 놓은 것; v. (차곡차곡) 쌓다; 우르르 가다 A pile of things is a mass of them that is high in the middle and has sloping sides.
brutal[*] [bru:tl]	a. 혹독한; 잔혹한, 악랄한; 인정사정없는 If you refer to something as brutal, you mean that they are extremely harsh and unpleasant.
unforgiving [ʌ̀nfərgívin]	a. (장소 · 상황 등이) 힘든; (사람이) 용서를 잘 안 하는 If you describe a situation or activity as unforgiving, you mean that it causes a lot of people to experience great difficulty or failure, even people who deserve to succeed.

nod ^{복습}
[nad]

v. (고개를) 끄덕이다, 까딱하다; n. (고개를) 끄덕임
If you nod, you move your head up and down to show agreement, understanding, or approval.

definite ^{복습}
[défənit]

a. 확실한, 확고한; 분명한, 뚜렷한 (definitely int. 물론, 그럼)
You use definitely to emphasize that you mean 'yes.'

recognize**
[rékəgnàiz]

v. 알아보다; 인정하다
If you recognize someone or something, you know who that person is or what that thing is.

formation*
[fɔːrméiʃən]

n. 형성물; 형성 (과정); (특정한) 대형
A rock or cloud formation is rock or cloud of a particular shape or structure.

navigate*
[nǽvəgèit]

v. (바다·강 등을) 항해하다; 길을 찾다 (navigation n. 항해)
When a ship or boat navigates an area of water, it sails on or across it.

readout
[ríːdaut]

n. (정보의) 해독, 판독; v. 정보를 송신하다
If an electronic measuring device gives you a readout, it displays information about the level of something such as a speed, height, or sound.

obstacle*
[ábstəkl]

n. 장애물; 장애
An obstacle is an object that makes it difficult for you to go where you want to go, because it is in your way.

locate*
[lóukeit]

v. (특정 위치에) 두다; ~의 정확한 위치를 찾아내다 (located a. ~에 위치한)
If you locate something in a particular place, you put it there or build it there.

sink ^{복습}
[siŋk]

v. 낙담하다; 가라앉다; 빠지다; 파다; n. (부엌의) 개수대
If you have a sinking feeling, you suddenly become depressed or lose hope.

slip ^{복습}
[slip]

v. 슬며시 가다; 미끄러지다; (슬며시) 놓다; n. 미끄러짐; (작은) 실수
If you slip somewhere, you go there quickly and quietly.

chirp*
[tʃəːrp]

v. 짹짹거리다; 재잘거리다
When a bird or an insect such as a cricket or grasshopper chirps, it makes short, high-pitched sounds.

gaze ^{복습}
[geiz]

v. (가만히) 응시하다, 바라보다; n. 응시, (눈여겨보는) 시선
If you gaze at someone or something, you look steadily at them for a long time.

spy*
[spai]

v. 보다, 알아채다; 염탐하다; n. 스파이, 정보원
If you spy someone or something, you notice them.

bother ^{복습}
[báðər]

v. 신경 쓰다; 신경 쓰이게 하다; 귀찮게 하다; n. 성가심
If you do not bother to do something or if you do not bother with it, you do not do it, consider it, or use it because you think it is unnecessary or because you are too lazy.

bend**
[bend]

v. (bent-bent) 구부러지다; 구부리다; (몸이나 머리를) 굽히다;
n. (도로·강의) 굽은 곳
If you bend something that is flat or straight, you use force to make it curved or to put an angle in it.

78

drag^{복습}
[dræg]

v. 질질 끌리다; 끌다, 끌고 가다; 힘들게 움직이다; n. 끌기, 당기기; 장애물
If something drags on the ground, it touches the ground when someone or something is moving along, for example because it is too long or too heavy.

wire**
[waiər]

n. 전선, (전화기 등의) 선; 철사; v. 전선을 연결하다
A wire is a cable that carries power or signals from one place to another.

beak^{복습}
[biːk]

n. (새의) 부리
A bird's beak is the hard curved or pointed part of its mouth.

edge^{복습}
[edʒ]

n. 끝, 가장자리, 모서리; 우위; v. 조금씩 움직이다
The edge of something is the place or line where it stops, or the part of it that is furthest from the middle.

pitch*
[piʧ]

v. 내던지다; 고꾸라지다; n. (감정·활동의) 정도; 음의 높이
If you pitch something somewhere, you throw it with some force, usually aiming it carefully.

rush^{복습}
[rʌʃ]

v. 급히 움직이다; 서두르다; 돌진하다; 재촉하다; n. (감정이 갑자기) 치밀어 오름; 혼잡
If air or liquid rushes somewhere, it flows there suddenly and quickly.

meddle*
[medl]

v. 건드리다, 손을 대다; (남의 일에) 간섭하다
If you meddle with something, you touch something which you should not touch, especially in a careless way that might break it.

grip^{복습}
[grip]

v. 움켜잡다, 꽉 쥐다; (마음·흥미·시선을) 끌다, 사로잡다; n. 꽉 붙잡음, 움켜쥠
If you grip something, you take hold of it with your hand and continue to hold it firmly.

knuckle^{복습}
[nʌkl]

n. 손가락 관절; v. 주먹으로 치다
Your knuckles are the joints in your fingers, including the ones where your fingers join your hands.

prow
[prau]

n. 뱃머리
The prow of a ship or boat is the front part of it.

interrupt^{복습}
[intərʌ́pt]

v. (말·행동을) 방해하다; 중단시키다; 차단하다
If you interrupt someone who is speaking, you say or do something that causes them to stop.

grind*
[graind]

v. 삐걱거리다; (곡식 등을 잘게) 갈다; 문지르다; n. (기계의) 삐걱거리는 소리
If a machine or vehicle grinds, it moves or works slowly, noisily, and with difficulty.

hull
[hʌl]

n. (배의) 선체; v. (콩 등의) 껍질을 벗기다
The hull of a boat or tank is the main body of it.

vessel^{복습}
[vésəl]

n. (대형) 선박, 배; 그릇, 용기
A vessel is a ship or large boat.

dip^{복습}
[dip]

v. (아래로) 내려가다; 잠기다; (액체에) 살짝 담그다; 뛰어 들다, 돌진하다;
n. 수영; 하락
If something dips, it makes a downward movement, usually quite quickly.

barely^{복습}
[béərli]

ad. 간신히, 가까스로; 거의 ~아니게
You use barely to say that something is only just true or only just the case.

railing
[réiliŋ]

n. (= rail) 난간; 울타리
A fence made from metal bars is called a railing or railings.

pin**
[pin]

v. (잡거나 밀어붙여) 꼼짝 못하게 하다; (핀으로) 고정시키다; n. 핀
If someone pins you to something, they press you against a surface so that you cannot move.

tip over*
[tip]

idiom 뒤집히다, 뒤집다; 넘어지다, 넘어뜨리다
If you tip something over or if it tips over, it falls over or turns over.

cast^{복습}
[kæst]

v. 던지다; (그림자를) 드리우다; n. 던지기; (연극 · 영화의) 출연진들
To cast someone or something means to throw them somewhere, especially using force.

alarming*
[əláːrmiŋ]

a. 걱정스러운, 두려운 (alarmingly ad. 놀랄 만큼, 두려울 만큼)
Something that is alarming makes you feel afraid or anxious that something unpleasant or dangerous might happen.

crash**
[kræʃ]

v. 충돌하다; 부딪치다; 굉음을 내다; n. (자동차 · 항공기) 사고; 요란한 소리
If something crashes somewhere, it moves and hits something else violently, making a loud noise.

roar*
[rɔːr]

v. (크게) 울리다, 웅웅거리다; 고함치다; n. 으르렁거림; 함성
If something roars, it makes a very loud noise.

frantic*
[fræntik]

a. 정신없이 서두는; (두려움 · 걱정으로) 제정신이 아닌 (frantically ad. 정신없이)
If an activity is frantic, things are done quickly and in an energetic but disorganized way, because there is very little time.

man***
[mæn]

v. (기계를) 조작하다; 인원을 배치하다; n. 남자; 사람, 인간
If you man something such as a place or machine, you operate it or are in charge of it.

lever*
[lévər]

n. (기계 · 차량 조작용) 레버; 지레; 수단; v. 지렛대로 움직이다
A lever is a handle or bar that is attached to a piece of machinery and which you push or pull in order to operate the machinery.

tear**
[tɛər]

v. (tore-torn) 찢다, 뜯다; 구멍을 뚫다; 부리나케 가다; n. 찢어진 곳, 구멍
If you tear paper, cloth, or another material, or if it tears, you pull it into two pieces or you pull it so that a hole appears in it.

race^{복습}
[reis]

v. 쏜살같이 가다; 경주하다; n. 경주; 경쟁; 인종, 종족
If you race somewhere, you go there as quickly as possible.

blade*
[bleid]

n. (엔진 · 헬리콥터 등의) 날개깃; (칼 · 도구 등의) 날
The blades of a propeller are the long, flat parts that turn around.

scoop^{복습}
[skuːp]

v. 재빨리 들어올리다; (큰 숟갈 같은 것으로) 뜨다; n. 한 숟갈(의 양)
If you scoop a person or thing somewhere, you put your hands or arms under or around them and quickly move them there.

relieve^{복습}
[rilíːv]

v. 안도하게 하다; (불쾌감 · 고통 등을) 없애 주다; (relieved a. 안도하는)
If you are relieved, you feel happy because something unpleasant has not happened or is no longer happening.

80

list
[list]

v. (선박 등이) 기울다, 기울이다; n. 기울기, 경사
If a ship lists, it leans to one side, especially as a result of damage.

crate
[kreit]

n. (대형 나무) 상자; 한 상자 (분량)
A crate is a large box used for transporting or storing things.

supply^{복습}
[səplái]

n. (pl.) 용품, 비품; 비축(량); 공급; v. 공급하다, 제공하다
You can use supplies to refer to food, equipment, and other essential things that people need, especially when these are provided in large quantities.

tumble[*]
[tʌmbl]

v. 굴러 떨어지다; 폭삭 무너지다; n. (갑자기) 굴러 떨어짐; 폭락
If someone or something tumbles somewhere, they fall there with a rolling or bouncing movement.

run aground

idiom (배가) 좌초하다; (계획이) 좌절되다
If a boat or ship runs aground, it is unable to move because it is touching ground or in a place where there is very little water.

Chapters 11 & 12

1. Why didn't Yuka join the family to go to the caretaker's hut?
   A. He was too cold to walk in the Arctic.
   B. He had to fix the boat first.
   C. He wanted to take a trip back.
   D. He did not know how to find the hut.

2. Why did Ernest nip Joel's finger as they were walking along the rocks?
   A. Ernest did not want to be carried.
   B. Ernest did not want to carry a rock.
   C. Ernest wanted to be picked up.
   D. Ernest wanted to eat some food.

3. Which of the following was NOT true about the hut?
   A. It contained some cans of food.
   B. It had some ocean maps in it.
   C. It was built by Mr. Popper and Admiral Drake.
   D. It did not have anyone inside it.

4. Why had the caretaker left the island?
   A. He needed to get his tooth fixed.
   B. He did not want the job anymore.
   C. He found out one of his family members was sick.
   D. He went to buy more supplies.

5. Why did the Popper Penguins look around when they got to shore?

    A. They wanted to see what the other penguins were doing.

    B. They wanted to see what Joel and Nina were doing.

    C. They wanted to find a good place to leave their fish.

    D. They wanted to find the easiest path for walking.

6. What did Patch, the penguin that said *jook*, do when she came back out of the water?

    A. She started to follow Joel and Nina.

    B. She started to slide toward Joel and Nina.

    C. She gave a rock to Mrs. Popper.

    D. She gave a fish to Mrs. Popper.

7. Why did Mrs. Popper suggest starting a fire?

    A. She started to feel too cold.

    B. She thought they could cook some fish.

    C. She was worried that it was getting dark.

    D. She wanted to make a signal for Yuka.

Check Your Reading Speed

1분에 몇 단어를 읽는지 리딩 속도를 측정해보세요.

$$\frac{1,302 \text{ words}}{\text{reading time ( ) sec}} \times 60 = (\quad) \text{ WPM}$$

Build Your Vocabulary

run aground^{복습}

idiom (배가) 좌초하다; (계획이) 좌절되다
If a boat or ship runs aground, it is unable to move because it is touching ground or in a place where there is very little water.

crouch[*]
[krauʧ]

v. (몸을) 쭈그리다, 쭈그리고 앉다; n. 쭈그리고 앉기
If you are crouching, your legs are bent under you so that you are close to the ground and leaning forward slightly.

tilt^{복습}
[tilt]

v. 기울다; 기울이다; (뒤로) 젖히다; (의견·상황 등이) 기울어지다; n. 기울어짐
If you tilt an object or if it tilts, it moves into a sloping position with one end or side higher than the other.

turbulent
[tə́ːrbjulənt]

a. (물이) 사나운, (공기가) 난기류의; 격동의, 격변의
Turbulent water or air contains strong currents which change direction suddenly.

huddle^{복습}
[hʌdl]

v. 옹송그리며 모이다; 떼지어 모이다; 회의하기 위해 모이다;
n. 옹기종기 모여 서 있는 것
If people huddle together or huddle round something, they stand, sit, or lie close to each other, usually because they all feel cold or frightened.

shiver[*]
[ʃívər]

v. (몸을) 떨다; n. 전율; 몸서리; 오한
When you shiver, your body shakes slightly because you are cold or frightened.

fiber[*]
[fáibər]

n. 섬유; (식품의) 섬유질
A fiber is a thin thread of a natural or artificial substance, especially one that is used to make cloth or rope.

rip[*]
[rip]

v. (거칠게) 떼어 내다, 뜯어 내다; (갑자기) 찢다, 찢어지다; n. (길게) 찢어진 곳
If you rip something away, you remove it quickly and forcefully.

prospect^{**}
[práspekt]

n. (어떤 일이 있을) 가망, 가능성; 예상
If there is some prospect of something happening, there is a possibility that it will happen.

appeal^{**}
[əpíːl]

v. 매력적이다, 관심을 끌다; 항소하다; n. 매력; 간청, 애원 (appealing a. 매력적인)
Someone or something that is appealing is pleasing and attractive.

slant[*]
[slænt]

v. 기울어지다, 비스듬해지다; n. 비스듬함
Something that slants is sloping, rather than horizontal or vertical.

84

slippery*
[slípəri]

a. 미끄러운, 미끈거리는; 약삭빠른
Something that is slippery is smooth, wet, or oily and is therefore difficult to walk on or to hold.

nestle^{복습}
[nesl]

v. (포근한 곳에) 따뜻이 안다; 따뜻이 앉다; (아늑한 곳에) 자리 잡다
If you nestle or are nestled somewhere, you move into a comfortable position, usually by pressing against someone or against something soft.

mitten
[mitn]

n. 손모아장갑
Mittens are gloves which have one section that covers your thumb and another section that covers your four fingers together.

leap^{복습}
[liːp]

v. 뛰다, 뛰어오르다; (서둘러) ~하다; n. 높이뛰기, 도약; 급증
If you leap, you jump high in the air or jump a long distance.

transform*
[trænsfɔ́ːrm]

v. 바뀌다, 달라지다; 완전히 바꿔 놓다; 변형시키다
To transform means to completely change in appearance, form, or character.

awkward^{복습}
[ɔ́ːkwərd]

a. 어색한; (처리하기) 곤란한; 불편한
An awkward movement or position is uncomfortable or clumsy.

sleek
[sliːk]

a. (모양이) 매끈한, 날렵한; 윤이 나는
A vehicle or other object that is sleek has a smooth attractive shape.

arrow*
[ǽrou]

v. (화살처럼) 날아가다, 돌진하다; n. 화살; 화살표
To arrow means to move fast and straight like an arrow in flight.

capable
[kéipəbl]

a. 유능한, 역량 있는; ~을 할 수 있는 (capably ad. 유능하게)
Someone who is capable has the skill or qualities necessary to do a particular thing well, or is able to do most things well.

unfortunately^{복습}
[ʌnfɔ́ːrtʃənətli]

ad. 불행하게도, 유감스럽게도
You can use unfortunately to introduce or refer to a statement when you consider that it is sad or disappointing, or when you want to express regret.

spot^{복습}
[spat]

n. (특정한) 곳; (작은) 점; v. 발견하다, 찾다, 알아채다
You can refer to a particular place as a spot.

bowl over

idiom ~에게 달려들어 쓰러뜨리다; ~에게 강한 인상을 주다
If you bowl over someone or something, you run into them and knock them down.

tumble^{복습}
[tʌmbl]

v. 굴러 떨어지다; 폭삭 무너지다; n. (갑자기) 굴러 떨어짐; 폭락
If someone or something tumbles somewhere, they fall there with a rolling or bouncing movement.

squawk
[skwɔːk]

v. (새가 크게) 꽥꽥 울다; 시끄럽게 떠들다; n. (새 등이) 꽥꽥 우는 소리
When a bird squawks, it makes a loud, harsh noise.

companion**
[kəmpǽnjən]

n. 동행; 친구; 동지
A companion is someone who you spend time with or who you are traveling with.

expectant^{복습}
[ikspéktənt]

a. 기대하는 (expectantly ad. 기대하여)
If someone is expectant, they are excited because they think something interesting is about to happen.

turn the tables

idiom 형세를 역전시키다, 판도가 뒤바뀌다
If you turn the tables on someone, you change the situation completely, so that instead of them causing problems for you, you are causing problems for them.

element**
[éləmənt]

n. (동물 본래의) 환경, 서식지; 요소, 성분; 원소
(be one's element idiom 자신의 진가를 발휘할 수 있는 처지에 있다)
If you say that someone is in their element, you mean that they are in a situation they know well and enjoy.

make it

idiom (간신히) 가다; 성공하다; (힘든 경험 등을) 버텨 내다
If you make it, you succeed in reaching a place.

stagger*
[stǽgər]

v. 비틀거리다, 휘청거리다; 큰 충격을 주다
If you stagger, you walk with weak unsteady steps, as if you are about to fall.

outstretch
[àutstréʧ]

v. 펴다, 뻗다; 확장하다 (outstretched a. 쪽 뻗은)
If a part of the body of a person or animal is outstretched, it is stretched out as far as possible.

steady**
[stédi]

v. 균형을 잡다; 진정시키다; 다시 안정되다; a. 흔들림 없는, 안정된; 꾸준한
If you steady yourself, you get your balance again so that you do not fall.

weld
[weld]

v. 용접하다, 용접해 붙이다; 결합시키다 (welding n. 용접)
To weld one piece of metal to another means to join them by heating the edges and putting them together so that they cool and harden into one piece.

spark*
[spa:rk]

v. 불꽃을 일으키다; 촉발시키다; n. 불꽃, 불똥; 활기, 생기
If something sparks, sparks of fire or light come from it.

caretaker^{복습}
[kéərtèikər]

n. 관리인; 돌보는 사람, 간호인
A caretaker is a person whose job it is to take care of a house or property when the owner is not there.

hut*
[hʌt]

n. 오두막
A hut is a small house with only one or two rooms, especially one which is made of wood, mud, grass, or stones.

zany
[zéini]

a. (재미있게) 엉뚱한, 괴짜 같은
Zany humor or a zany person is strange or unusual in an amusing way.

outlook*
[áutluk]

n. 관점, 세계관; 전망
Your outlook is your general attitude toward life.

gizmo
[gízmou]

n. (새롭고 쓸모 있는) 간단한 장치
A gizmo is a device or small machine that performs a particular task, usually in a new and efficient way.

gadget
[gǽdʒit]

n. (작고 유용한) 기계 장치, 도구
A gadget is a small machine or device which does something useful.

anchor^{복습}
[ǽŋkər]

v. 닻을 내리다, 정박하다; 고정시키다; n. 닻; 정신적 지주
When a boat anchors or when you anchor it, its anchor is dropped into the water in order to make it stay in one place.

leak*
[li:k]

v. (액체·기체가) 새다; (비밀을) 누설하다; n. (액체·기체가) 새는 곳; 누출
If a container leaks, there is a hole or crack in it which lets a substance such as liquid or gas escape.

crisis^{복습}
[kráisis]

n. 위기; 최악의 고비
A crisis is a situation in which something or someone is affected by one or more very serious problems.

on one's hands

idiom 책임이 되어, 관리하게 되어
If you have a problem or responsibility on your hands, you have to deal with it.

dedicate*
[dédikèit]

v. (시간·노력을) 바치다, 헌신하다; (건물·기념물 등을) 봉헌하다
(dedicated a. 헌신적인)
Someone who is dedicated works very hard at what they do because they care a lot about it.

skip*
[skip]

v. 깡충깡충 뛰다; (일을) 거르다; 생략하다; 갑자기 떠나다; n. 깡충깡충 뛰기
If you skip along, you move almost as if you are dancing, with a series of little jumps from one foot to the other.

rub^{복습}
[rʌb]

v. (손·손수건 등을 대고) 문지르다; (두 손 등을) 맞비비다; n. 문지르기, 비비기
If you rub a part of your body, you move your hand or fingers backward and forward over it while pressing firmly.

nibble
[nibl]

v. 조금씩 물어뜯다, 갉아먹다; (제안 등에) 약간 관심을 보이다; n. 한 입 분량
If you nibble something, you bite it very gently.

comfort^{복습}
[kʌ́mfərt]

v. 위로하다; 편하게 하다; n. 위로, 위안; 안락, 편안
If you comfort someone, you make them feel less worried, unhappy, or upset, for example by saying kind things to them.

barren*
[bǽrən]

a. (땅·토양이) 척박한, 황량한; (식물·나무가) 열매가 안 열리는
A barren landscape is dry and bare, and has very few plants and no trees.

charge*
[ʧɑ:rdʒ]

n. 돌격, 진격; 요금; 책임, 담당; v. (요금·값을) 청구하다; 돌격하다; 급히 가다
(lead the charge idiom 앞장서서 이끌다)
If you lead the charge, you move quickly and aggressively toward someone or something, leading others to do the same.

scramble^{복습}
[skræmbl]

v. (몸을 지탱하며) 재빨리 움직이다; 서로 밀치다; n. (힘들게) 기어가기; 서로 밀치기
If you scramble to a different place or position, you move there in a hurried, awkward way.

catch up^{복습}

idiom 따라잡다, 따라가다
If you catch up with someone who is in front of you, you reach them by walking faster than they are walking.

chick^{복습}
[ʧik]

n. 새끼 새; 병아리
A chick is a baby bird.

out of breath	idiom 숨이 가쁜 If you are out of breath, you are breathing very quickly and with difficulty because you have been doing something energetic.
crest[*] [krest]	v. 꼭대기에 이르다; n. 꼭대기; (조류 머리 위의) 볏 When someone crests a hill, they reach the top of it.
take in	idiom ~을 눈여겨보다; 이해하다 If you take something in, you see all of it at the same time or with just one look.
frigid [frídʒid]	a. 몹시 추운; 냉랭한 Frigid means extremely cold.
boulder [bóuldər]	n. 바위 A boulder is a large rounded rock.
formation^{복습} [fɔːrméiʃən]	n. 형성물; 형성 (과정); (특정한) 대형 A rock or cloud formation is rock or cloud of a particular shape or structure.
impassable [impǽsəbl]	a. 통행할 수 없는, 폐쇄된 If a road, path, or route is impassable, it is impossible to travel over because it is blocked or in bad condition.
streak[*] [striːk]	v. 줄무늬를 넣다; 전속력으로 가다; n. 줄무늬 If something streaks a surface, it makes long stripes or marks on the surface.
poo^{복습} [puː]	n. (= poop) [유아어] 똥, 응가 Poo is a child's word for feces, which is the solid waste substance that people and animals get rid of from their body.
gash [gæʃ]	v. 깊이 베이다; n. 깊은 상처 If you gash something, you accidentally make a long and deep cut in it.
sober^{복습} [sóubər]	a. 침착한, 냉정한; 술에 취하지 않은 (soberly ad. 침착하게, 냉정하게) A sober person is serious and thoughtful.
outrage^{복습} [áutreidʒ]	n. 격분, 격노; v. 격분하게 하다, 격노하게 하다 Outrage is an intense feeling of anger and shock.
nip^{복습} [nip]	v. (재빨리) 물다, 꼬집다; (추위 · 바람 등이) 할퀴고 가다; n. 물기, 꼬집기 If an animal or person nips you, they bite you lightly or squeeze a piece of your skin between their finger and thumb.
apparent^{복습} [əpǽrənt]	a. ~인 것처럼 보이는; 분명한 (apparently ad. 보아 하니) You use apparently when something seems clear or obvious, according to appearances.
make one's way^{복습}	idiom 나아가다, 가다 When you make your way somewhere, you walk or travel there.
outcropping [áutkràpiŋ]	n. (광맥 · 암석 등의) 노출부 An outcropping is a large area of rock sticking out of the ground.

88

teeter
[tíːtər]

v. 불안정하게 서다; 시소를 타다; n. 시소
If someone or something teeters, they shake in an unsteady way, and seem to be about to lose their balance and fall over.

shack
[ʃæk]

n. 판잣집, 오두막집
A shack is a simple hut built from tin, wood, or other materials.

plank＊
[plæŋk]

n. (한 장의) 널빤지, 판자
A plank is a long, flat, rectangular piece of wood.

warp
[wɔːrp]

v. (원래의 모습을 잃고) 휘다, 틀어지다; 비뚤어지게 만들다
If something warps or is warped, it becomes damaged by bending or curving, often because of the effect of heat or water.

shingle
[ʃíngl]

n. 지붕널; 작은 간판; 조약돌
Shingles are thin pieces of wood or another material which are fixed in rows to cover a roof or wall.

clap＊
[klæp]

v. 철썩 소리를 내다; (재빨리) 놓다; 박수를 치다; n. 박수; 쿵 하는 소리
If something claps, it makes an abrupt, sharp sound, as of flat surfaces striking against one another.

platform＊
[plǽtfɔːrm]

n. (장비를 올려놓는) 대(臺); 연단, 강단; (기차역의) 플랫폼
A platform is a flat raised structure or area, usually one which something can stand on or land on.

explore복습
[iksplɔ́ːr]

v. 탐험하다, 탐사하다; 분석하다 (explorer n. 탐험가)
An explorer is someone who travels to places about which very little is known, in order to discover what is there.

indignant＊
[indígnənt]

a. 분개한, 분해 하는 (indignantly ad. 분개하여)
If you are indignant, you are shocked and angry, because you think that something is unjust or unfair.

latch
[lætʃ]

v. 걸쇠를 걸다; n. 걸쇠, 빗장
If you latch a door or gate, you fasten it with a metal bar which you lift in order to open it.

rummage복습
[rʌ́midʒ]

v. 뒤지다; n. 뒤지기
If you rummage through something, you search for something you want by moving things around in a careless or hurried way.

inventory
[ínvəntɔ̀ːri]

n. 재고 조사; 재고품; 재고; (특정 건물 내의) 물품 목록
If you do an inventory, you make a list of supplies or goods that a company or a person has at a particular time.

thrust＊
[θrʌst]

v. (거칠게) 밀치다, 쑤셔 넣다; (무기 등으로) 찌르다; n. 찌르기
If you thrust something or someone somewhere, you push or move them there quickly with a lot of force.

clear one's throat

idiom 목을 가다듬다, 헛기침을 하다
If you clear your throat, you cough once in order to make it easier to speak or to attract people's attention.

concern복습
[kənsɔ́ːrn]

v. 관련되다; 걱정스럽게 하다; n. 우려, 걱정; 관심사
If a situation, event, or activity concerns you, it affects or involves you.

post[asterisk][asterisk]
[poust]

n. (근무) 구역; 우편; 기둥; v. (우편물을) 발송하다; 배치하다; 게시하다
You can use post to refer to the place where a soldier, guard, or other person has been told to remain and to do his or her job.

monitor[asterisk]
[mánətər]

v. 추적 관찰하다; 감시하다; n. (텔레비전 · 컴퓨터의) 화면; 감시 장치
If you monitor something, you regularly check its development or progress, and sometimes comment on it.

that's it[복습]

idiom 그것이 전부다; 바로 그것이다
You use 'that's it' to say that something is finished, or that no more can be done.

trail off

idiom (목소리가) 차츰 잦아들다
If someone's speech trails off, it gradually becomes quieter and then stops.

clutch[asterisk]
[klʌʧ]

v. (꽉) 움켜잡다; n. 움켜쥠
If you clutch at something or clutch something, you hold it tightly, usually because you are afraid or anxious.

sigh[복습]
[sai]

v. 한숨을 쉬다, 한숨짓다; 한숨을 쉬며 말하다; n. 한숨
When you sigh, you let out a deep breath, as a way of expressing feelings such as disappointment, tiredness, or pleasure.

bury[asterisk][asterisk]
[béri]

v. (보이지 않게) 묻다; 땅에 묻다; (감정 · 실수를) 감추다
If you bury your head or face in something, you press your head or face against it, often because you are unhappy.

precise[asterisk]
[prisáis]

a. 정확한, 정밀한; 엄밀한, 꼼꼼한 (precisely ad. 바로, 꼭, 정확히)
Precisely means accurately and exactly.

chorus[asterisk]
[kɔ́:rəs]

n. 이구동성; 합창; v. 이구동성으로 말하다
When there is a chorus of criticism, disapproval, or praise, that attitude is expressed by a lot of people at the same time.

Check Your Reading Speed

1분에 몇 단어를 읽는지 리딩 속도를 측정해보세요

$$\frac{720 \text{ words}}{\text{reading time ( ) sec}} \times 60 = (\quad) \text{ WPM}$$

Build Your Vocabulary

hut^{복습}
[hʌt]

n. 오두막
A hut is a small house with only one or two rooms, especially one which is made of wood, mud, grass, or stones.

mill*
[mil]

v. (가축·사람이) 떼 지어 빙빙 돌다; 맷돌로 갈다, 빻다; n. 제분소; 공장; 맷돌
When a crowd of people mill around or mill about, they move around a place in different directions without any particular purpose.

sway*
[swei]

v. (전후·좌우로) 흔들리다; (마음을) 동요시키다; n. (전후·좌우로) 흔들림
When people or things sway, they lean or swing slowly from one side to the other.

back and forth^{복습}

idiom 여기저기로, 왔다 갔다; 좌우로; 앞뒤로
If you move something back and forth, you repeatedly move it in one direction and then in the opposite direction.

raucous
[rɔ́:kəs]

a. 요란하고 거친, 시끌벅적한
A raucous sound is loud, harsh, and rather unpleasant.

chorus^{복습}
[kɔ́:rəs]

n. 이구동성; 합창; v. 이구동성으로 말하다
When there is a chorus of criticism, disapproval, or praise, that attitude is expressed by a lot of people at the same time.

statue^{복습}
[stǽtʃu:]

n. 조각상
A statue is a large sculpture of a person or an animal, made of stone or metal.

exclaim*
[ikskléim]

v. 소리치다, 외치다
If you exclaim, you cry out suddenly in surprise, strong emotion, or pain.

emerge^{복습}
[imɔ́:rdʒ]

v. 나오다, 모습을 드러내다; (어려움 등을) 헤쳐 나오다
To emerge means to come out from an enclosed or dark space such as a room or a vehicle, or from a position where you could not be seen.

confident**
[kánfədənt]

a. 자신 있는, 대담한, 배짱 있는; 확신하는
If a person or their manner is confident, they feel sure about their own abilities, qualities, or ideas.

hesitant
[hézətənt]

a. 주저하는, 망설이는, 머뭇거리는
If you are hesitant about doing something, you do not do it quickly or immediately, usually because you are uncertain, embarrassed, or worried.

scan*
[skæn]

v. (유심히) 살피다; 훑어보다; 정밀 촬영하다; 스캔하다; n. 정밀 검사
When you scan a place or group of people, you look at it carefully, usually because you are looking for something or someone.

commit**
[kəmít]

v. 전념하다; (범죄를) 저지르다; 약속하다
To commit to someone or something means to be completely loyal to one person or organization or give all your time and effort to your work or an activity.

turnabout
[tə́:rnəbàut]

n. 방향 전환
A turnabout is the act of turning so as to face a different direction.

crane*
[krein]

v. (몸이나 목을) 길게 빼다; n. [동물] 학, 두루미
If you crane, you stretch your neck in a particular direction in order to see or hear something better.

greet복습
[gri:t]

v. 맞다, 환영하다; 반응을 보이다
When you greet someone, you say hello to them or to welcome them.

bump*
[bʌmp]

v. 부딪치다; 덜컹거리며 가다; n. 쿵, 탁 (하는 소리)
If you bump into something or someone, you accidentally hit them while you are moving.

pitch복습
[pitʃ]

v. 고꾸라지다; 내던지다; n. (감정 · 활동의) 정도; 음의 높이
To pitch somewhere means to fall forward suddenly and with a lot of force.

scatter**
[skǽtər]

v. 흩어지다, 흩어지게 만들다; 흩뿌리다; n. 흩뿌리기; 소수, 소량
If a group of people scatter or if you scatter them, they suddenly separate and move in different directions.

alert*
[əlɔ́:rt]

a. 경계하는; 기민한; n. 경계 태세; v. (위험 등을) 알리다 (alertly ad. 경계하며)
If you are alert, you are paying full attention to things around you and are able to deal with anything that might happen.

relieve복습
[rilí:v]

v. 안도하게 하다; (불쾌감 · 고통 등을) 없애 주다; 완화하다 (relief n. 안도, 안심)
If you feel a sense of relief, you feel happy because something unpleasant has not happened or is no longer happening.

kneel복습
[ni:l]

v. 무릎을 꿇다
When you kneel, you bend your legs so that your knees are touching the ground.

skittish
[skítiʃ]

a. (말이) 겁 많은, 잘 놀라는; (사람이) 경박한, 변덕스러운
If you describe a person or animal as skittish, you mean they are easily made frightened or excited.

toddle복습
[tadl]

v. (어린 아이가) 아장아장 걷다
When a child toddles, it walks unsteadily with short quick steps.

tilt복습
[tilt]

v. 기울이다; (뒤로) 젖히다; 기울다; (의견 · 상황 등이) 기울어지다; n. 기울어짐
If you tilt part of your body, usually your head, you move it slightly upward or to one side.

inquiring
[inkwáiəriŋ]

a. 호기심에 찬, 물어보는 듯한; 탐구적인 (inquiringly ad. 궁금한 듯이)
If someone has an inquiring expression on their face, they are showing that they want to know something.

feed ^{복습}
[fiːd]

v. 먹이를 주다; 공급하다; n. (동물의) 먹이
If you feed a person or animal, you give them food to eat and sometimes actually put it in their mouths.

sharply ^{복습}
[ʃáːrpli]

ad. 재빨리; 날카롭게, 신랄하게; 급격히
When you do something sharply, you do it quickly and suddenly.

race ^{복습}
[reis]

v. 쏜살같이 가다; 경주하다; n. 경주; 경쟁; 인종, 종족
If you race somewhere, you go there as quickly as possible.

belly ^{복습}
[béli]

n. 배, 복부
The belly of an animal is the middle part of its body or near its stomach.

slide ^{복습}
[slaid]

v. 미끄러지듯 움직이다; 미끄러지다; 떨어지다; n. 떨어짐; 미끄러짐; 미끄럼틀
When something slides somewhere or when you slide it there, it moves there smoothly over or against something.

wriggle ^{복습}
[rigl]

v. (몸을) 꿈틀거리다; 꿈틀거리며 가다; n. 꿈틀거리기
If you wriggle or wriggle part of your body, you twist and turn with quick movements, for example, because you are uncomfortable.

whisper ^{복습}
[hwíspər]

v. 속삭이다, 소곤거리다; n. 속삭임, 소곤거리는 소리
When you whisper, you say something very quietly, using your breath rather than your throat, so that only one person can hear you.

nudge ^{복습}
[nʌdʒ]

v. (살짝) 쿡 찌르다; 살살 밀다; 몰고 가다; n. (살짝) 쿡 찌르기
If you nudge someone, you push them gently, usually with your elbow, in order to draw their attention to something.

grit
[grit]

v. 이를 갈다; 잔모래를 뿌리다; n. 투지, 기개; 모래
If you grit your teeth, you press your upper and lower teeth tightly together, usually because you are angry about something.

peck ^{복습}
[pek]

n. 쪼기; 가벼운 입맞춤; v. (새가) 쪼다, 쪼아 먹다
A peck is a quick movement of a bird's beak as it hits or eats something.

expectant ^{복습}
[ikspéktənt]

a. 기대하는 (expectantly ad. 기대하여)
If someone is expectant, they are excited because they think something interesting is about to happen.

patch *
[pæʧ]

n. 부분; (덧대는 용도의) 조각; 안대; v. 덧대다, 때우다
A patch on a surface is a part of it which is different in appearance from the area around it.

lean ^{복습}
[liːn]

v. (몸을) 숙이다, 기울이다; ~에 기대다; a. 군살이 없는
When you lean in a particular direction, you bend your body in that direction.

mitten ^{복습}
[mitn]

n. 손모아장갑
Mittens are gloves which have one section that covers your thumb and another section that covers your four fingers together.

bulge
[bʌldʒ]

v. 툭 불거져 나오다; 가득 차다; n. 툭 튀어 나온 것, 불룩한 것 (bulging a. 튀어 나온)
If someone's eyes or veins are bulging, they seem to stick out a lot, often because the person is making a strong physical effort or is experiencing a strong emotion.

gill
[gil]
n. (pl.) 아가미
Gills are the organs on the sides of fish and other water creatures through which they breathe.

flare
[flɛər]
v. (코를) 벌름거리다; 확 타오르다; 버럭 화를 내다; n. 확 타오르는 불길; 신호탄
If a person or animal flares their nostrils, or if their nostrils flare, their nostrils become wider because they are angry.

offend*
[əfénd]
v. 기분 상하게 하다; 불쾌하게 여겨지다; 범죄를 저지르다
If you offend someone, you say or do something rude which upsets or embarrasses them.

friendly^{복습}
[fréndli]
a. 상냥한, 다정한; 친절한; 우호적인
If someone is friendly, they behave in a pleasant, kind way, and like to be with other people.

pat^{복습}
[pæt]
n. 쓰다듬기, 토닥거리기; v. 쓰다듬다; 가볍게 두드리다
If you give someone a pat, you tap them lightly, usually with your hand held flat.

acknowledge^{복습}
[æknálidʒ]
v. 감사하다, 사례하다; 인정하다; 알은 척하다, 안다는 표시를 보이다
(acknowledgment n. 감사, 사례, 인사)
An acknowledgment is an act or a statement expressing thank to someone.

triumphant^{복습}
[traiΛmfənt]
a. 의기양양한; 크게 성공한, 큰 승리를 거둔
Someone who is triumphant has gained a victory or succeeded in something and feels very happy about it.

squawk^{복습}
[skwɔːk]
n. (새 등이) 꽥꽥 우는 소리; v. (새가 크게) 꽥꽥 울다; 시끄럽게 떠들다
A loud, harsh noise made by a bird is called a squawk.

waddle^{복습}
[wadl]
v. 뒤뚱뒤뚱 걷다; n. 뒤뚱거리는 걸음걸이
To waddle somewhere means to walk there with short, quick steps, swinging slightly from side to side.

negotiate*
[nigóuʃièit]
v. 협상하다; 성사시키다, 타결하다 (negotiation n. 협상)
Negotiations are formal discussions between people who have different aims or intentions, especially in business or politics, during which they try to reach an agreement.

toss^{복습}
[tɔːs]
v. (가볍게) 던지다; (고개를) 홱 쳐들다; n. 던지기
If you toss something somewhere, you throw it there lightly, often in a rather careless way.

startle^{복습}
[staːrtl]
v. 깜짝 놀라게 하다; 움찔하다; n. 깜짝 놀람 (startled a. 깜짝 놀란)
If something sudden and unexpected startles you, it surprises and frightens you slightly.

smooth**
[smuːð]
v. 매끈하게 하다, 매만지다; a. 매끈한; 부드러운; (소리가) 감미로운
If you smooth something such as cloth or hair, you make it flat by moving your hands across it.

fluster
[flΛstər]
v. 허둥지둥하게 만들다, 어리둥절하게 만들다;
n. 허둥거림 (flustered a. 허둥대는)
If you fluster someone, you make them feel nervous and confused by rushing them and preventing them from concentrating on what they are doing.

retrieve ^{복습}
[ritríːv]

v. 되찾아오다, 회수하다; 수습하다
If you retrieve something, you get it back from the place where you left it.

Chapters 13 & 14

1. Why didn't Mrs. Popper cook one of the fish?
   A. She had too many fish already.
   B. She did not have time to cook it.
   C. She was planning to give it to the chicks.
   D. She thought Yuka would want it.

2. Why was Nina suddenly worried?
   A. She thought they would not have enough food.
   B. She thought they might run out of fuel.
   C. She thought Yuka could not fix the boat.
   D. She thought the chicks would get lost.

3. What did Nina find out when she woke up in the morning?
   A. That the penguin chicks got too hot under the human bodies
   B. That the hut was warmed up under the sun
   C. That Yuka was back to the hut after fixing the boat
   D. That the penguin chicks snored while they were sleeping

4. Why wouldn't Nina and Joel let the chicks back into the hut?
   A. They thought the chicks were getting too warm.
   B. They thought the chicks were making too much noise.
   C. They wanted the chicks to get used to other penguins.
   D. They wanted the chicks to try to find Yuka.

5. Why did Joel and Nina keep near the chicks while they were walking?
   A. They wanted to show the other penguins they were friendly.
   B. They thought it was fun to watch them walk.
   C. They did not want the chicks to get hurt.
   D. They were worried that the chicks would run away.

6. Which of the following was NOT true about the puffins?
   A. They were smaller than the penguins.
   B. They had bright red feathers.
   C. They were nesting near a sharp cliff.
   D. They were able to fly.

7. Why was the puffin colony suffering?
   A. The weather was much colder than usual.
   B. The penguins were breaking the puffins' nests.
   C. The rocks were too sharp for building nests.
   D. The penguins were eating all of the good fish.

Check Your Reading Speed

1분에 몇 단어를 읽는지 리딩 속도를 측정해보세요.

$$\frac{1{,}180 \text{ words}}{\text{reading time ( ) sec}} \times 60 = (\quad) \text{ WPM}$$

Build Your Vocabulary

bleak*
[bliːk]

a. (상황이) 암울한; (날씨가) 으스스한; (장소가) 황량한
If a situation is bleak, it is bad, and seems unlikely to improve.

prospect복습
[práspekt]

n. (어떤 일이 있을) 가망, 가능성; 예상
If there is some prospect of something happening, there is a possibility that it will happen.

doorway복습
[dɔ́ːrwèi]

n. 출입구
A doorway is a space in a wall where a door opens and closes.

goad
[goud]

v. 자극하다; 못살게 굴다; n. 자극
If you goad someone, you make them do something by annoying or encouraging them until they do it.

investigate복습
[invéstəgèit]

v. 살피다, 조사하다; 연구하다
To investigate something, for example a person's behavior or character, means to try to get detailed facts and information about it.

take the plunge*

idiom ~을 단행하기로 하다, 결단을 내리다
If you take the plunge, you decide to do something that you consider difficult or risky.

occasional*
[əkéiʒənəl]

a. 가끔의, 때때로의 (occasionally ad. 가끔, 때때로)
Occasional means happening sometimes, but not regularly or often.

spy복습
[spai]

v. 보다, 알아채다; 염탐하다; n. 스파이, 정보원
If you spy someone or something, you notice them.

lumpy
[lʌ́mpi]

a. 울퉁불퉁한, 혹투성이의, 덩어리가 많은
Something that is lumpy contains or is covered with small solid pieces.

keep up

idiom ~을 계속하다; (수준 등이) 내려가지 않게 하다; 따라가다
If you keep something up, you continue to do it or provide it.

silly복습
[síli]

a. 어리석은, 바보 같은, 우스꽝스러운; n. 바보
If you say that someone or something is silly, you mean that they are foolish, childish, or ridiculous.

peek복습
[piːk]

v. (재빨리) 훔쳐보다; 살짝 보이다; n. 엿보기
If you peek at something or someone, you take a quick look at them, often secretly.

98

dive^{복습}
[daiv]

v. 급히 움직이다; (물속으로) 뛰어들다; 물속으로 더 깊이 들어가다;
n. (물속으로) 뛰어들기
If you dive in a particular direction or into a particular place, you jump or move there quickly.

splay
[splei]

v. (손가락 · 다리 등을) 벌리다, 벌어지다
If things splay or are splayed, their ends are spread out away from each other.

windowsill
[wíndousìl]

n. 창턱
A windowsill is a shelf along the bottom of a window, either inside or outside a building.

courageous*
[kəréidʒəs]

a. 용감한
Someone who is courageous is very brave and determined.

shelter*
[ʃéltər]

v. 막아 주다, 보호하다; 피하다; n. 피신; 대피처, 피신처 (sheltered a. 보호를 받는)
If you say that someone has led a sheltered life, you mean that they have been protected from difficult or unpleasant experiences.

adjust**
[ədʒʌst]

v. 적응하다; 조정하다; (매무새 등을) 바로잡다
When you adjust to a new situation, you become more familiar with the situation and get used to it.

sidle
[saidl]

v. (주저주저하듯) 옆 걸음질치다
If you sidle somewhere, you walk there in a quiet or cautious way, as if you do not want anyone to notice you.

stove^{복습}
[stouv]

n. 스토브, 난로; (요리용 가스 · 전기) 레인지
A stove is a piece of equipment which provides heat, either for cooking or for heating a room.

raw**
[rɔː]

a. 익히지 않은, 날것의; 가공되지 않은; 다듬어지지 않은
Raw food is food that is eaten uncooked, that has not yet been cooked, or that has not been cooked enough.

definite^{복습}
[défənit]

a. 분명한, 뚜렷한; 확실한, 확고한 (definitely ad. 분명히)
You use definitely to emphasize the strength of your intention or opinion.

run out

idiom (공급품이) 없어지다, 다 떨어지다
If you run out of something, you have no more of it left.

neat^{복습}
[niːt]

a. 정돈된, 단정한; 깔끔한; 뛰어난, 훌륭한
A neat place, thing, or person is organized and clean, and has everything in the correct place.

pile^{복습}
[pail]

n. 무더기, 더미; 쌓아 놓은 것; v. (차곡차곡) 쌓다; 우르르 가다
A pile of things is a mass of them that is high in the middle and has sloping sides.

accumulate*
[əkjúːmjulèit]

v. (서서히) 모으다, 축적하다
When you accumulate things or when they accumulate, they collect or are gathered over a period of time.

excursion*
[ikskə́ːrʒən]

n. (짧은) 여행; 소풍, 수학여행
You can refer to a short trip as an excursion, especially if it is taken for pleasure or enjoyment.

trick[star][star]
[trik]

n. 재주, 묘기; 속임수; 장난; v. 속이다
A trick is a clever way of doing something.

fuel[star]
[fjúːəl]

n. 연료; (감정을) 돋우는 것; v. 연료를 공급하다; 부채질하다
Fuel is a substance such as coal, oil, or petrol that is burned to provide heat or power.

rap[star]
[ræp]

v. 톡톡 두드리다; (빠르게) 지껄이다, 떠들다; n. 톡톡 두드리기
If you rap on something or rap it, you hit it with a series of quick blows.

knuckle복습
[nʌkl]

n. 손가락 관절; v. 주먹으로 치다
Your knuckles are the joints in your fingers, including the ones where your fingers join your hands.

hollow[star][star]
[hálou]

a. (속이) 빈; 공허한; n. 움푹 꺼진 곳; v. 우묵하게 만들다 (hollowly ad. 텅 비게)
Something that is hollow has a space inside it, as opposed to being solid all the way through.

wobble
[wabl]

v. (불안정하게) 흔들리다, 떨리다; 뒤뚱거리며 가다; n. 흔들림, 떨림; (마음의) 동요
If something or someone wobbles, they make small movements from side to side, for example because they are unsteady.

restore[star]
[ristɔ́ːr]

v. 복원하다, 복구하다; 회복시키다; 돌려주다
When someone restores something such as an old building, painting, or piece of furniture, they repair and clean it, so that it is in its original condition.

kneel복습
[niːl]

v. 무릎을 꿇다
When you kneel, you bend your legs so that your knees are touching the ground.

stroke[star]
[strouk]

v. 쓰다듬다, 어루만지다; n. 쓰다듬기; 치기, 때리기
If you stroke someone or something, you move your hand slowly and gently over them.

fuzzy복습
[fʌ́zi]

a. 솜털이 보송보송한; (모습·소리가) 흐릿한, 어렴풋한
If something is fuzzy, it has a covering that feels soft and like fur.

lap복습
[læp]

n. 무릎; (트랙의) 한 바퀴; v. 겹치게 하다; (물이) 찰랑거리다; 할짝할짝 핥다
If you have something on your lap when you are sitting down, it is on top of your legs and near to your body.

pet복습
[pet]

v. (동물·아이를 다정하게) 어루만지다; n. 반려동물
If you pet a person or animal, you touch them in an affectionate way.

rush복습
[rʌʃ]

v. 재촉하다; 서두르다; 급히 움직이다; 돌진하다; n. (감정이 갑자기) 치밀어 오름, 혼잡
If you rush someone, you try to make them do something more quickly than they want to.

scratchy
[skrǽtʃi]

a. (몸에 닿으면) 가려운, 따끔거리는; 긁는 듯한 소리가 나는
Scratchy clothes or fabrics are rough and uncomfortable to wear next to your skin.

tuck[star]
[tʌk]

v. 집어넣다, 끼워 넣다; 밀어 넣다; (따뜻하게) 덮어 주다; n. 주름, 단
If you tuck something somewhere, you put it there so that it is safe, comfortable, or neat.

howl*
[haul]
v. 윙윙거리다; 울다, 울부짖다; 크게 웃다; n. (개·늑대 등의) 길게 짖는 소리
When the wind howls, it blows hard and makes a loud noise.

gust
[gʌst]
n. 세찬 바람, 돌풍; v. (갑자기) 몰아치다
A gust is a short, strong, sudden rush of wind.

shudder*
[ʃʌdər]
v. 마구 흔들리다; (공포·추위 등으로) 몸을 떨다; n. 크게 흔들림; 몸이 떨림, 전율
If something such as a machine or vehicle shudders, it shakes suddenly and violently.

drift복습
[drift]
v. (자기도 모르게) ~하게 되다; (물·공기에) 떠가다; n. 이동; 표류; (글이나 말의) 취지
If someone or something drifts into a situation, they get into that situation in a way that is not planned or controlled.

hurl*
[həːrl]
v. (거칠게) 던지다; (욕·비난·모욕 등을) 퍼붓다
If you hurl something, you throw it violently and with a lot of force.

tentacle
[téntəkl]
n. (오징어·문어 등의) 촉수, 더듬이
The tentacles of an animal such as an octopus are the long thin parts that are used for feeling and holding things, for getting food, and for moving.

burrow복습
[bə́ːrou]
v. (속으로) 파고들다; 굴을 파다; n. 굴, 은신처
If you burrow into something, you move underneath it or press against it, usually in order to feel warmer or safer.

tip복습
[tip]
n. (뾰족한) 끝; 조언; v. 기울어지다, 젖혀지다; (내용물을) 따르다
The tip of something long and narrow is the end of it.

snore*
[snɔːr]
v. 코를 골다; n. 코 고는 소리
When someone who is asleep snores, they make a loud noise each time they breathe.

beak복습
[biːk]
n. (새의) 부리
A bird's beak is the hard curved or pointed part of its mouth.

wheezy
[hwíːzi]
a. 쌕쌕거리는
A wheezy cough or laugh comes from someone who has difficulty breathing, so it makes a whistling sound.

rapid복습
[rǽpid]
a. (속도가) 빠른; (행동이) 민첩한 (rapidly ad. 빠르게, 신속히)
A rapid movement is one that is very fast.

lid*
[lid]
n. (= eyelid) 눈꺼풀; 뚜껑
Your lid is a piece of skin that covers your eye when it is closed.

sigh복습
[sai]
v. 한숨을 쉬다, 한숨짓다; 한숨을 쉬며 말하다; n. 한숨
When you sigh, you let out a deep breath, as a way of expressing feelings such as disappointment, tiredness, or pleasure.

creep복습
[kriːp]
v. (crept-crept) 살금살금 움직이다; 기다; n. 너무 싫은 사람
When people or animals creep somewhere, they move quietly and slowly.

layer복습
[léiər]
n. 층, 겹, 막; v. 층층이 놓다
A layer of a material or substance is a quantity or piece of it that covers a surface or that is between two other things.

crackly
[krǽkli]
a. 금이 간, 파삭파삭한; 딱딱거리는
Something that is crackly is thin and easily cracked.

pebble*
[pebl]
n. 조약돌, 자갈
A pebble is a small, smooth, round stone which is found on beaches and at the bottom of rivers.

toss^{복습}
[tɔ:s]
v. (고개를) 홱 쳐들다; (가볍게) 던지다; n. 던지기
If you toss your head or toss your hair, you move your head backward, quickly and suddenly.

expose*
[ikspóuz]
v. 드러내다; 폭로하다; 노출시키다
To expose something that is usually hidden means to uncover it so that it can be seen.

lean^{복습}
[li:n]
v. (몸을) 숙이다, 기울이다; ~에 기대다; a. 군살이 없는
When you lean in a particular direction, you bend your body in that direction.

release^{복습}
[rilíːs]
v. 놓아주다; 풀다; (감정을) 발산하다; n. 풀어 줌; 발표, 공개
If a person or animal is released from somewhere where they have been locked up or cared for, they are set free or allowed to go.

panic*
[pǽnik]
v. (panicked-panicked) 어쩔 줄 모르다, 공황 상태에 빠지다;
n. 극심한 공포, 공황; 허둥지둥함
If you panic or if someone panics you, you suddenly feel anxious or afraid, and act quickly and without thinking carefully.

retreat*
[ritríːt]
v. 도피하다, 빠져나가다; 멀어져 가다, 물러가다; 후퇴하다; n. 후퇴, 철수; 휴양지
If you retreat, you avoid a dangerous, unpleasant, or embarrassing situation, especially by moving away from it.

protest^{복습}
[próutest]
n. 항의; 시위; v. 항의하다, 이의를 제기하다
A protest is the act of saying or showing publicly that you object to something.

frighten**
[fraitn]
v. 겁먹게 하다, 놀라게 하다 (frightened a. 겁먹은, 무서워하는)
If you are frightened, you are anxious or afraid, often because of something that has just happened or that you think may happen.

clack
[klæk]
v. (맞부딪쳐) 딱딱 소리를 내다; n. 딱딱하는 소리
If things clack or if you clack them, they make a short loud noise, especially when they hit each other.

embolden^{복습}
[imbóuldən]
v. 대담하게 하다 (emboldened a. 대담해진)
If you are emboldened by something, it makes you feel confident enough to behave in a particular way.

delight*
[diláit]
n. 기쁨; 즐거움; v. 많은 기쁨을 주다, 아주 즐겁게 하다
Delight is a feeling of very great pleasure.

approval**
[əprúːvəl]
n. 승인, 허가; 찬성, 지지
If you win someone's approval for something that you ask for or suggest, they agree to it.

explore^{복습}
[ikspló:r]
v. 탐험하다, 탐사하다; 분석하다
If you explore a place, you travel around it to find out what it is like.

wander ^{복습}
[wándər]

v. (이리저리) 돌아다니다; (마음 · 생각이) 다른 데로 팔리다; n. (이리저리) 거닐기
If you wander in a place, you walk around there in a casual way, often without intending to go in any particular direction.

Arctic ^{복습}
[á:rktik]

a. 북극의, 북극 지방의; n. 북극
Arctic means relating to the most northern part of the world.

crunch
[krʌnʧ]

v. 으드득거리다; 아작아작 씹다; n. 으드득거리는 소리
If something crunches or if you crunch it, it makes a breaking or crushing noise, for example, when you step on it.

huff
[hʌf]

v. 크게 숨쉬다, 헐떡이다; (화가 나서) 씩씩거리다; n. 발끈 화를 냄
To huff means to breathe loudly, especially after physical exercise.

tinkle
[tiŋkl]

v. 쨍그랑 소리를 내다, 딸랑 소리를 내다; n. 쨍그랑하는 소리
If something tinkles, it makes a clear, high-pitched, ringing noise, especially as small parts of it strike a surface.

Check Your Reading Speed

1분에 몇 단어를 읽는지 리딩 속도를 측정해보세요

$$\frac{685 \text{ words}}{\text{reading time ( ) sec}} \times 60 = (\quad) \text{ WPM}$$

Build Your Vocabulary

freeze^{복습}
[fri:z]

v. 얼리다; 얼다; (두려움 등으로 몸이) 얼어붙다; n. 동결; 한파 (frozen a. 얼어붙은)
If the ground is frozen it has become very hard because the weather is very cold.

chick^{복습}
[ʧik]

n. 새끼 새; 병아리
A chick is a baby bird.

motionless
[móuʃənlis]

a. 움직이지 않는, 가만히 있는
Someone or something that is motionless is not moving at all.

summon[*]
[sʌ́mən]

v. (용기 등을 어렵게) 내다; (오라고) 부르다
If you summon a quality, you make a great effort to have it.

let out^{복습}

idiom (소리를) 내다; 풀어 주다, 해방시키다; (학교·극장 등이) 끝나다
If you let out a particular sound, you make that sound.

procession^{복습}
[prəséʃən]

n. 행진, 행렬; 진행, 전진
A procession is a group of people who are walking, riding, or driving in a line as part of a public event.

sleek^{복습}
[sli:k]

a. (모양이) 매끈한, 날렵한; 윤이 나는
A vehicle or other object that is sleek has a smooth attractive shape.

ungainly
[ʌ̀ngéinli]

a. 어색한, 볼품없는
If you describe a person, animal, or vehicle as ungainly, you mean that they look awkward or clumsy, often because they are big.

tip over^{복습}

idiom 넘어지다, 넘어뜨리다; 뒤집히다, 뒤집다
If you tip something over or if it tips over, it falls over or turns over.

slippery^{복습}
[slípəri]

a. 미끄러운, 미끈거리는; 약삭빠른
Something that is slippery is smooth, wet, or oily and is therefore difficult to walk on or to hold.

patch^{복습}
[pæʧ]

n. 부분; (덧대는 용도의) 조각; 안대; v. 덧대다, 때우다
A patch on a surface is a part of it which is different in appearance from the area around it.

knock^{복습}
[nak]

v. 치다, 부딪치다; (문 등을) 두드리다; n. 문 두드리는 소리; 부딪침
(knock over idiom 쓰러뜨리다)
If you knock someone over, you hit or push them, so that they fall to the ground or the floor.

104

inadvertent
[ìnədvə́:rtnt]

a. 고의가 아닌, 우연의; 의도하지 않은 (inadvertently ad. 무심코, 우연히)
An inadvertent action is one that you do without realizing what you are doing.

squish
[skwiʃ]

v. 찌부러뜨리다, 으깨다
If something soft squishes or is squished, it is crushed out of shape when it is pressed.

flexible^{복습}
[fléksəbl]

a. 잘 구부러지는, 유연한; 융통성 있는
A flexible object or material can be bent easily without breaking.

give up

idiom 포기하다, 그만두다; 단념하다
If you give up something, you stop doing it or having it.

dramatic*
[drəmǽtik]

a. 과장된, 호들갑스러운; 극적인; 감격적인, 인상적인
You describe someone as dramatic, you mean their behavior is theatrical.

outrage^{복습}
[áutreidʒ]

n. 격분, 격노; v. 격분하게 하다, 격노하게 하다
Outrage is an intense feeling of anger and shock.

retreat^{복습}
[ritríːt]

v. 멀어져 가다, 물러가다; 후퇴하다; 도피하다, 빠져나가다; n. 후퇴, 철수; 휴양지
If you retreat, you move away from something or someone.

courageous^{복습}
[kəréidʒəs]

a. 용감한 (courageously ad. 용감하게)
Someone who is courageous is very brave and determined.

leap^{복습}
[liːp]

n. 높이뛰기, 도약; 급증; v. 뛰다, 뛰어오르다; (서둘러) ~하다
A leap is a jump, especially one that is long or high.

bonk
[baːŋk]

v. 머리를 툭 부딪치다; n. 머리를 치기
To bonk means to hit someone gently on the head, or to accidentally hit your head on something.

protrude
[proutrúːd]

v. 튀어나오다, 돌출되다
If something protrudes from somewhere, it sticks out.

glare*
[glɛər]

v. 노려보다; 환하다, 눈부시다; n. 노려봄; 환한 빛, 눈부심
If you glare at someone, you look at them with an angry expression on your face.

stern^{복습}
[stəːrn]

a. 엄중한, 근엄한; 심각한; n. (배의) 뒷부분, 선미 (sternly ad. 엄격하게)
Someone who is stern is very serious and strict.

clamber
[klǽmbər]

v. 기어오르다, 기어가다
If you clamber somewhere, you climb there with difficulty, usually using your hands as well as your feet.

windswept^{복습}
[wíndswept]

a. 강한 바람에 노출되어 있는; 강한 바람을 맞은 듯한
A windswept place has no shelter and is not protected against strong winds.

plateau*
[plætóu]

n. 고원; 높고 편평한 땅
A plateau is a large area of high and fairly flat land.

spray^{복습}
[sprei]

n. 물보라; 분무기; v. 뿌리다; 퍼붓다
Spray is a lot of small drops of water which are being thrown into the air.

sting[*]
[stiŋ]

v. (stung-stung) 따갑게 하다; 쏘다, 찌르다; 화나게 하다; n. (곤충의) 침; 따가움
If a part of your body stings, or if a substance stings it, you feel a sharp pain there.

release^{복습}
[rilíːs]

v. 놓아주다; 풀다; (감정을) 발산하다; n. 풀어 줌; 발표, 공개
If a person or animal is released from somewhere where they have been locked up or cared for, they are set free or allowed to go.

seize up

idiom (신체 부위가) 잘 움직이지 않다; (기계 등이) 멈추다
If a part of your body seizes up, it suddenly stops working, because you have strained it or because you are getting old.

scrunch^{복습}
[skrʌnʃ]

v. 찡그리다; 웅크리다; 더 작게 만들다; n. 찡그림
If you scrunch your face or part of your face, you make it into a tight shape.

tuck^{복습}
[tʌk]

v. 집어넣다, 끼워 넣다; 밀어 넣다; (따뜻하게) 덮어 주다; n. 주름, 단
If you tuck something somewhere, you put it there so that it is safe, comfortable, or neat.

edge^{복습}
[edʒ]

n. 끝, 가장자리, 모서리; 우위; v. 조금씩 움직이다
The edge of something is the place or line where it stops, or the part of it that is furthest from the middle.

precipice
[présəpis]

n. 벼랑
A precipice is a very steep cliff on a mountain.

gesture^{복습}
[dʒéstʃər]

v. (손 등으로) 가리키다, 몸짓을 하다; n. 몸짓; (특정한 감정의) 표시
If you gesture, you use movements of your hands or head in order to tell someone something or draw their attention to something.

flipper^{복습}
[flípər]

n. (바다표범·거북 등의) 지느러미발
The flippers of an animal that lives in water, for example a seal or a penguin, are the two or four flat limbs which it uses for swimming.

cliff^{**}
[klif]

n. 절벽, 낭떠러지
A cliff is a high area of land with a very steep side, especially one next to the sea.

nest^{복습}
[nest]

v. 둥지를 틀다; n. 둥지; 보금자리
When a bird nests somewhere, it builds a nest and settles there to lay its eggs.

vertical[*]
[vɔ́ːrtikəl]

a. 수직의, 세로의; 종적(縱的)인; n. 수직
Something that is vertical stands or points straight up.

bill[*]
[bil]

n. (새의) 부리; 고지서, 청구서; 계산서; 지폐; v. 청구서를 보내다
A bird's bill is its beak which is the hard curved or pointed part of its mouth.

inferior[*]
[infíəriər]

a. 열등한; 하위의; n. 못난 사람; (지위 등에서) 아래 사람
Something that is inferior is not as good as something else.

spread^{***}
[spred]

v. (spread-spread) 펼치다, 펴다; 벌리다; 퍼지다, 확산되다; n. 확산, 전파
If you spread something somewhere, you open it out or arrange it over a place or surface, so that all of it can be seen or used easily.

106

swoop
[swu:p]

v. 급강하하다, 위에서 덮치다; 급습하다; n. 급강하; 급습
When a bird or airplane swoops, it suddenly moves downward through the air in a smooth curving movement.

definite^{복습}
[défənit]

a. 확실한, 확고한; 분명한, 뚜렷한 (definitely ad. 확실히)
You use definitely to emphasize that something is the case.

nook
[nuk]

n. (아늑하고 조용한) 곳, 구석
A nook is a small quiet place or corner that is sheltered or hidden from other people.

gasp^{복습}
[gæsp]

n. 헉 하는 소리를 냄; v. 헉 하고 숨을 쉬다; 숨을 제대로 못 쉬다
A gasp is a short, quick breath of air that you take in through your mouth, especially when you are surprised, shocked, or in pain.

notice^{복습}
[nóutis]

v. 알아채다, 인지하다; 주의하다; n. 신경 씀, 주목, 알아챔
If you notice something or someone, you become aware of them.

tuft
[tʌft]

n. (머리칼·깃털·실 등의) 타래, 한 움큼
A tuft of something such as hair or grass is a small amount of it which is growing together in one place or is held together at the bottom.

shell^{복습}
[ʃel]

n. 껍질; 포탄; 뼈대, 외부 구조; v. 껍질을 까다 (eggshell n. 달걀 껍질)
The shell of a nut or egg is the hard covering which surrounds it.

odd^{★★}
[ad]

a. 이상한, 특이한; 홀수의
If you describe someone or something as odd, you think that they are strange or unusual.

shelter^{복습}
[ʃéltər]

n. 피신; 대피처, 피신처; v. 막아 주다, 보호하다; 피하다
If a place provides shelter, it provides you with a place to stay or live, especially when you need protection from bad weather or danger.

belly^{복습}
[béli]

n. 배, 복부
The belly of an animal is the middle part of its body or near its stomach.

patient^{★★}
[péiʃənt]

a. 참을성 있는, 인내심 있는; n. 환자 (patiently ad. 참을성 있게)
If you are patient, you stay calm and do not get annoyed, for example, when something takes a long time, or when someone is not doing what you want them to do.

colony[★]
[káləni]

n. (동·식물의) 군집; 거주지; 식민지
A colony of birds, insects, or animals is a group of them that live together.

local^{복습}
[lóukəl]

a. 지역의, 현지의; n. 주민, 현지인
Local means existing in or belonging to the area where you live, or to the area that you are talking about.

satisfied^{복습}
[sǽtisfàid]

a. 만족하는, 흡족해하는; 납득하는
If you are satisfied with something, you are happy because you have got what you wanted or needed.

dense[★]
[dens]

a. 우둔한; 빽빽한, 밀집한; (앞이 안 보이게) 짙은, 자욱한
Someone who is dense is not able to understand things easily.

figure out^{복습}

idiom 이해하다, 알아내다; 계산하다, 산출하다
If you figure out a problem or situation, you think about it until you find the answer or understand what has happened.

Chapters 15 & 16

1. Why did Yuka and the Poppers have to wait to sail out?
    A. They thought they should wait for the caretaker.
    B. They did not want to leave the penguins.
    C. A big Arctic storm was coming their way.
    D. The boat needed more parts for repairs.

2. Why did Joel and Nina go to the boat with Yuka?
    A. They needed to help him get some supplies.
    B. They needed to find a map.
    C. They were planning to sleep on the boat.
    D. They had to check the instruments.

3. Why wasn't Mrs. Popper worried about the Popper Penguins?
    A. She could check on them regularly.
    B. She was planning to bring them into the hut.
    C. They had survived many winters before.
    D. They would swim to another place.

4. How did Yuka think the Popper Foundation would know there might be a problem?

    A. He would use the ship's radio to send the Popper Foundation a message.

    B. He would send a new itinerary to the Popper Foundation.

    C. They planned to have another captain visit the island soon anyway.

    D. They would notice if Yuka and the Poppers were missing for too long.

5. How did Nina know there was a problem with the heater?

    A. Its lights suddenly turned off.

    B. It felt cold when she touched it.

    C. It started making a strange sound.

    D. It stopped making noises.

6. Why did Joel wake up?

    A. He heard Nina shouting at him.

    B. He heard the penguins coming inside.

    C. He heard Patch push the door closed.

    D. He heard Patch making an ork sound.

7. Why did Yuka like being surrounded by the penguins?

    A. He thought they were keeping him warm.

    B. He wanted to use them as pillows.

    C. He was glad the penguins were safe.

    D. He liked the smell of the penguins.

1분에 몇 단어를 읽는지 리딩 속도를 측정해보세요.

$$\frac{853 \text{ words}}{\text{reading time ( ) sec}} \times 60 = (\quad) \text{ WPM}$$

Build Your Vocabulary

gather^{복습}
[gǽðər]

v. (수·양이) 서서히 많아지다; (사람들이) 모이다; (여기저기 있는 것을) 모으다
If clouds gather, they start to appear and cover part of the sky.

caretaker^{복습}
[kέərtèikər]

n. 관리인; 돌보는 사람, 간호인
A caretaker is a person whose job it is to take care of a house or property when the owner is not there.

hut^{복습}
[hʌt]

n. 오두막
A hut is a small house with only one or two rooms, especially one which is made of wood, mud, grass, or stones.

stare^{복습}
[stɛər]

v. 빤히 쳐다보다, 응시하다; n. 빤히 쳐다보기, 응시
If you stare at someone or something, you look at them for a long time.

shade**
[ʃeid]

v. 그늘지게 하다; n. 그늘; 약간, 기미
If you shade your eyes, you put your hand or an object partly in front of your face in order to prevent a bright light from shining into your eyes.

concern^{복습}
[kənsə́rn]

v. 걱정스럽게 하다; 관련되다; n. 우려, 걱정; 관심사
If you concern yourself about something, you pay attention to it because it is important or it worries you.

confuse^{복습}
[kənfjúz]

v. (사람을) 혼란시키다; 혼동하다 (confused a. 혼란스러운)
If you are confused, you do not know exactly what is happening or what to do.

nod^{복습}
[nad]

v. (고개를) 끄덕이다, 까딱하다; n. (고개를) 끄덕임
If you nod, you move your head up and down to show agreement, understanding, or approval.

instrument^{복습}
[ínstrəmənt]

n. (차량·기계에서) 계기; 기구; 악기; 수단
An instrument is a device that is used for making measurements of something such as speed, height, or sound, for example, on a ship or plane or in a car.

mainland*
[méinlænd]

n. 본토
You can refer to the largest part of a country or continent as the mainland when contrasting it with the islands around it.

mournful*
[mɔ́rnfəl]

a. 슬픔에 잠긴, 슬퍼하는; 애처로운
A mournful sound seems very sad.

sabotage
[sǽbətàʒ]

n. (기계·장비에 대한 고의적인) 파괴 행위; (고의적인) 방해 행위
If a machine, railroad line, or bridge is sabotaged, it is deliberately damaged or destroyed, for example, in a war or as a protest.

rage* [reidʒ]
v. 맹렬히 계속되다; 몹시 화를 내다; n. 격렬한 분노
You say that something powerful or unpleasant rages when it continues with great force or violence.

retrieve^{복습} [ritríːv]
v. 되찾아오다, 회수하다; 수습하다
If you retrieve something, you get it back from the place where you left it.

supply^{복습} [səplái]
n. (pl.) 용품, 비품; 비축(량); 공급; v. 공급하다, 제공하다
You can use supplies to refer to food, equipment, and other essential things that people need, especially when these are provided in large quantities.

somber^{복습} [sámbər]
a. 침울한, 암담한; 어두침침한 (somberly ad. 침울하게)
If someone is somber, they are serious or sad.

overboard^{복습} [óuvərbɔːrd]
ad. 배 밖으로, (배 밖의) 물속으로
If you fall overboard, you fall over the side of a boat into the water.

wreck* [rek]
n. 난파; 충돌 (사고); 사고 잔해; v. 망가뜨리다, 파괴하다
A wreck is something such as a ship, car, plane, or building which has been destroyed, usually in an accident.

crate^{복습} [kreit]
n. (대형 나무) 상자; 한 상자 (분량)
A crate is a large box used for transporting or storing things.

hop^{복습} [hap]
v. 깡충깡충 뛰다; 급히 움직이다; n. 깡충깡충 뛰기
When birds and some small animals hop, they move along by jumping on both feet.

windowsill^{복습} [wíndousil]
n. 창턱
A windowsill is a shelf along the bottom of a window, either inside or outside a building.

keep tabs on
idiom 감시하다, 망보다; 주의하다; 확인하다
If you keep tabs on someone or something, you watch them carefully to check what they are doing.

huddle^{복습} [hʌdl]
v. 옹송그리며 모이다; 떼지어 모이다; 회의하기 위해 모이다; n. 모여 서 있는 것; 혼잡
If people huddle together or huddle round something, they stand, sit, or lie close to each other, usually because they all feel cold or frightened.

comfort^{복습} [kʌmfərt]
n. 안락, 편안; 위로, 위안; v. 편하게 하다; 위로하다
If you are doing something in comfort, you are physically relaxed and contented, and are not feeling any pain or other unpleasant sensations.

ankle* [æŋkl]
n. 발목
Your ankle is the joint where your foot joins your leg.

howl^{복습} [haul]
v. 윙윙거리다; 울다, 울부짖다; 크게 웃다; n. (개·늑대 등의) 길게 짖는 소리
When the wind howls, it blows hard and makes a loud noise.

grim* [grim]
a. 암울한; 엄숙한, 단호한; 음침한
If a person or their behavior is grim, they are very serious, usually because they are worried about something.

trap[*] [træp]	v. (위험한 장소·궁지에) 가두다; 끌어모으다; 덫으로 잡다; n. 덫; 함정 If you are trapped somewhere, something falls onto you or blocks your way and prevents you from moving or escaping.
brisk[*] [brisk]	a. 빠른, 바쁜; 딱딱한, 사무적인; 상쾌한 (briskly ad. 재빨리) A brisk activity or action is done quickly and in an energetic way.
stuck [stʌk]	a. 갇힌; 움직일 수 없는, 꼼짝 못하는; 떨쳐 버리지 못하는 If you are stuck in a place, you want to get away from it, but are unable to.
grave^{**} [greiv]	a. 심각한; 근엄한; n. 무덤, 묘 (gravely ad. 심각하게) A grave person is quiet and serious in their appearance or behavior.
spare^{복습} [spɛər]	a. 여분의; 남는; v. (시간·돈 등을) 할애하다; (불쾌한 일을) 겪지 않게 하다 You use spare to describe something that is not being used by anyone, and is therefore available for someone to use.
coverlet [kʌ́vərlit]	n. 침대보, 침대 (맨 위의) 덮개 A coverlet is a decorative cover that is put over a bed, on top of the sheets and blankets.
drape [dreip]	v. (느슨하게) 걸치다, 씌우다; 가리다; 장식하다 If you drape a piece of cloth somewhere, you place it there so that it hangs down in a casual and graceful way.
makeshift [méikʃift]	a. 임시변통의, 일시적인; n. 임시 수단, 미봉책 Makeshift things are temporary and usually of poor quality, but they are used because there is nothing better available.
announce^{**} [ənáuns]	v. 선언하다; 발표하다, 알리다 If you announce a piece of news or an intention, you say it loudly and clearly, so that everyone you are with can hear it.
pat^{복습} [pæt]	v. 쓰다듬다; 가볍게 두드리다; n. 쓰다듬기, 토닥거리기 If you pat something or someone, you tap them lightly, usually with your hand held flat.
raw^{복습} [rɔː]	a. 익히지 않은, 날것의; 가공되지 않은; 다듬어지지 않은 Raw food is food that is eaten uncooked, that has not yet been cooked, or that has not been cooked enough.
peer^{복습} [piər]	v. 유심히 보다, 눈여겨보다; n. 또래 If you peer at something, you look at it very hard, usually because it is difficult to see clearly.
squeeze^{복습} [skwiːz]	v. (꼭) 쥐다, 짜다; (좁은 곳에) 비집고 들어가다; n. (손으로 꼭) 쥐기 If you squeeze something, you press it firmly, usually with your hands.
icicle [áisikl]	n. 고드름 An icicle is a long pointed piece of ice hanging down from a surface. It forms when water comes slowly off the surface, and freezes as it falls.

112

stubble
[stʌbl]

n. 까칠하게 자란 수염; 그루터기
The very short hairs on someone's skin when they have not shaved recently, especially the hairs on a man's face, are referred to as stubble.

chin**
[ʧin]

n. 턱
Your chin is the part of your face that is below your mouth and above your neck.

glitter*
[glítər]

v. 반짝반짝 빛나다; (눈이) 번득이다; n. 반짝반짝 하는 빛; (눈의) 번득임
If something glitters, light comes from or is reflected off different parts of it.

frost*
[frɔːst]

n. 서리; v. 서리로 덮다, 서리가 앉다; (케이크에) 설탕을 입히다
When there is frost or a frost, the temperature outside falls below freezing point and the ground becomes covered in ice crystals.

roar복습
[rɔːr]

v. (크게) 울리다, 웅웅거리다; 고함치다; n. 으르렁거림; 함성
If something roars, it makes a very loud noise.

scatter복습
[skǽtər]

v. 흩어지게 만들다, 흩어지다; 흩뿌리다; n. 흩뿌리기; 소수, 소량
If you scatter things over an area, you throw or drop them so that they spread all over the area.

slam복습
[slæm]

v. 쾅 닫다, 닫히다; 세게 치다, 놓다; n. 쾅 하고 닫기; 쾅 하는 소리
If you slam a door or window or if it slams, it shuts noisily and with great force.

stamp**
[stæmp]

v. (발을) 쿵쿵 구르다; (도장·스탬프 등을) 찍다; n. (발을) 쿵쾅거리기; 도장
If you stamp or stamp your foot, you lift your foot and put it down very hard on the ground, for example because you are angry or because your feet are cold.

authority**
[əθɔ́ːrəti]

n. (pl.) 당국, 관계자; 지휘권; 권한; 권위자
An authority is an official organization or government department that has the power to make decisions.

foundation복습
[faundéiʃən]

n. 재단; (건물의) 토대; 기반, 근거; 설립, 창립
A foundation is an organization which provides money for a special purpose such as research or charity.

itinerary
[aitínərèri]

n. 여행 일정표
An itinerary is a plan of a trip, including the route and the places that you will visit.

shudder복습
[ʃʌ́dər]

v. 마구 흔들리다; (공포·추위 등으로) 몸을 떨다; n. 크게 흔들림; 몸이 떨림, 전율
If something such as a machine or vehicle shudders, it shakes suddenly and violently.

panic복습
[pǽnik]

n. 극심한 공포, 공황; 허둥지둥함; v. 어쩔 줄 모르다, 공황 상태에 빠지다
Panic is a very strong feeling of anxiety or fear that makes you act without thinking carefully.

zip복습
[zip]

v. 지퍼를 잠그다; (어떤 방향으로) 쌩하고 가다; n. 지퍼
When you zip something, you fasten it using a zipper.

1분에 몇 단어를 읽는지 리딩 속도를 측정해보세요

$$\frac{844 \text{ words}}{\text{reading time ( ) sec}} \times 60 = (\quad) \text{ WPM}$$

Build Your Vocabulary

bedfellow
[bédfelou]

n. (예상 밖의) 관계를 지닌 것, (뜻밖의) 연관성을 가진 사람
You refer to two things or people as bedfellows when they have become associated or related in some way.

blur
[blə:r]

n. 흐릿한 형체; (기억이) 희미한 것; v. 흐릿해지다; 모호해지다
A blur is a shape that is difficult to see clearly, for example because it is moving very fast.

Arctic 복습
[á:rktik]

a. 북극의, 북극 지방의; n. 북극
Arctic means relating to the most northern part of the world.

tempest
[témpist]

n. (거센) 폭풍; 대소동
A tempest is a very violent storm.

tremble*
[trembl]

v. (가볍게) 흔들리다; (몸을) 떨다; n. 떨림, 전율
If something trembles, it shakes slightly.

pane*
[pein]

v. 창유리를 끼우다; n. (한 장의) 판유리 (double-paned a. 이중 유리의)
A pane of glass is a flat sheet of glass in a window or door.

defense 복습
[diféns]

n. 방어, 옹호; 수비; 방어 시설
Defense is action that is taken to protect someone or something against attack.

comforter
[kʌ́mfərtər]

n. 이불; 위로가 되는 사람, 위안을 주는 것
A comforter is a large cover filled with feathers or similar material that you use like a blanket.

string*
[striŋ]

n. 끈, 줄; 일련; (악기의) 현; v. 묶다, 매달다; (실 등에) 꿰다
String is thin rope made of twisted threads, used for tying things together or tying uppackages.

expose 복습
[ikspóuz]

v. 드러내다; 폭로하다; 노출시키다
To expose something that is usually hidden means to uncover it so that it can be seen.

tingle
[tiŋgl]

v. 따끔거리다, 얼얼하다; (어떤 감정이) 마구 일다; n. 따끔거림, 얼얼함; 흥분
When a part of your body tingles, you have a slight stinging feeling there.

tuck 복습
[tʌk]

v. 집어넣다, 끼워 넣다; 밀어 넣다; (따뜻하게) 덮어 주다; n. 주름, 단
If you tuck something somewhere, you put it there so that it is safe, comfortable, or neat.

run out 복습

idiom (공급품이) 없어지다, 다 떨어지다
If you run out of something, you have no more of it left.

stove 복습
[stouv]

n. 스토브, 난로; (요리용 가스 · 전기) 레인지
A stove is a piece of equipment which provides heat, either for cooking or for heating a room.

gasp 복습
[gæsp]

v. 헉 하고 숨을 쉬다; 숨을 제대로 못 쉬다; n. 헉 하는 소리를 냄
When you gasp, you take a short quick breath through your mouth, especially when you are surprised, shocked, or in pain.

pile 복습
[pail]

n. 무더기, 더미; 쌓아 놓은 것; v. (차곡차곡) 쌓다; 우르르 가다
A pile of things is a mass of them that is high in the middle and has sloping sides.

shiver 복습
[ʃívər]

n. 전율; 몸서리; 오한; v. (몸을) 떨다
When you feel a shiver, your body shakes slightly because you are cold or frightened.

snuggle 복습
[snʌgl]

v. 바싹 파고들다, 달라붙다, 끌어안다; n. 달라붙기
If you snuggle somewhere, you settle yourself into a warm, comfortable position, especially by moving closer to another person.

circumstance**
[sɔ́:rkəmstæns]

n. 환경, 상황; 형편
The circumstances of a particular situation are the conditions which affect what happens.

scatter 복습
[skǽtər]

v. 흩어지다, 흩어지게 만들다; 흩뿌리다; n. 흩뿌리기; 소수, 소량
If you scatter things over an area, you throw or drop them so that they spread all over the area.

aware**
[əwéər]

a. 알고 있는, 자각하고 있는; 눈치 채고 있는
If you are aware of something, you know about it.

urgent*
[ɔ́:rdʒənt]

a. 다급한; 긴급한, 시급한 (urgently ad. 다급하게)
If you speak in an urgent way, you show that you are anxious for people to notice something or to do something.

snore 복습
[snɔ:r]

v. 코를 골다; n. 코 고는 소리
When someone who is asleep snores, they make a loud noise each time they breathe.

intruder
[intrú:dər]

n. 불법 침입자; 불청객
An intruder is a person who goes into a place where they are not supposed to be.

dozen**
[dʌzn]

n. 12개; (pl.) 다수, 여러 개; 십여 개
If you have a dozen things, you have twelve of them.

doorway 복습
[dɔ́:rwèi]

n. 출입구
A doorway is a space in a wall where a door opens and closes.

nudge 복습
[nʌdʒ]

v. (살짝) 쿡 찌르다; 살살 밀다; 몰고 가다; n. (살짝) 쿡 찌르기
If you nudge someone, you push them gently, usually with your elbow, in order to draw their attention to something.

grunt^{복습}
[grʌnt]

n. (사람이) 끙 하는 소리; (돼지가) 꿀꿀거리는 소리; v. 끙 앓는 소리를 내다; 꿀꿀거리다
If you grunt, you make a low sound, especially to show that you are in pain, annoyed, or not interested.

waddle^{복습}
[wadl]

v. 뒤뚱뒤뚱 걷다; n. 뒤뚱거리는 걸음걸이
To waddle somewhere means to walk there with short, quick steps, swinging slightly from side to side.

cautious^{복습}
[kɔ́ːʃəs]

a. 조심스러운, 신중한 (cautiously ad. 조심스럽게)
Someone who is cautious acts very carefully in order to avoid possible danger.

investigate^{복습}
[invéstəgèit]

v. 살피다, 조사하다; 연구하다
To investigate something, for example a person's behavior or character, means to try to get detailed facts and information about it.

peck^{복습}
[pek]

n. 쪼기; 가벼운 입맞춤; v. (새가) 쪼다, 쪼아 먹다
A peck is a quick movement of a bird's beak as it hits or eats something.

file^{복습}
[fail]

v. 줄지어 가다; (문서 등을) 보관하다; n. (늘어선) 줄; 파일, 서류철
When a group of people files somewhere, they walk one behind the other in a line.

frost^{복습}
[frɔːst]

n. 서리; v. 서리로 덮다, 서리가 앉다; (케이크에) 설탕을 입히다
When there is frost or a frost, the temperature outside falls below freezing point and the ground becomes covered in ice crystals.

eyebrow^{복습}
[áibràu]

n. 눈썹
Your eyebrows are the lines of hair which grow above your eyes.

beak^{복습}
[biːk]

n. (새의) 부리
A bird's beak is the hard curved or pointed part of its mouth.

tip^{복습}
[tip]

n. (뾰족한) 끝; 조언; v. 기울어지다, 젖혀지다; (내용물을) 따르다
The tip of something long and narrow is the end of it.

whistle^{**}
[hwisl]

v. 쌩 지나가다; 휘파람을 불다; n. 휘파람 (소리); 호루라기
If something such as the wind or a bullet whistles somewhere, it moves there, making a loud, high sound.

shelter^{복습}
[ʃéltər]

n. 대피처, 피신처; 피신; v. 막아 주다, 보호하다; 피하다
If a place provides shelter, it provides you with a place to stay or live, especially when you need protection from bad weather or danger.

clamor
[klǽmər]

n. 시끄러운 외침, 떠들썩함; v. 와글와글 떠들다, 시끄럽게 굴다
A clamor is a loud noise, especially one that is made by a lot of people or animals.

panic^{복습}
[pǽnik]

v. (panicked-panicked) 어쩔 줄 모르다, 공황 상태에 빠지다;
n. 극심한 공포, 공황; 허둥지둥함
If you panic or if someone panics you, you suddenly feel anxious or afraid, and act quickly and without thinking carefully.

tumble^{복습}
[tʌmbl]

v. 굴러 떨어지다; 폭삭 무너지다; n. (갑자기) 굴러 떨어짐; 폭락
If someone or something tumbles somewhere, they fall there with a rolling or bouncing movement.

bump ^{복습}
[bʌmp]

v. 부딪치다; 덜컹거리며 가다; n. 쿵, 탁 (하는 소리)
If you bump into something or someone, you accidentally hit them while you are moving.

heap[*]
[hi:p]

v. (아무렇게나) 쌓다; 수북이 담다; n. 더미, 무더기; 많음
If you heap things in a pile, you arrange them in a large pile.

squawk ^{복습}
[skwɔ:k]

v. (새가 크게) 꽥꽥 울다; 시끄럽게 떠들다; n. (새 등이) 꽥꽥 우는 소리
When a bird squawks, it makes a loud, harsh noise.

trap ^{복습}
[træp]

v. (위험한 장소 · 궁지에) 가두다; 끌어모으다; 덫으로 잡다; n. 덫; 함정
If you are trapped somewhere, something falls onto you or blocks your way and prevents you from moving or escaping.

bolt upright

idiom 똑바로, 꼿꼿하게
If someone is sitting or standing bolt upright, they are sitting or standing very straight.

stuck ^{복습}
[stʌk]

a. 갇힌; 움직일 수 없는, 꼼짝 못하는; 떨쳐 버리지 못하는
If you are stuck in a place, you want to get away from it, but are unable to.

tug[*]
[tʌg]

v. (세게) 잡아당기다; 끌어당기다; n. (갑자기 세게) 잡아당김
If you tug something or tug at it, you give it a quick and usually strong pull.

furry
[fə́:ri]

a. 털로 덮인; 털 같은
If you describe something as furry, you mean that it has a soft rough texture like fur.

cozy[*]
[kóuzi]

a. 아늑한, 편안한; 친밀한
If you are cozy, you are comfortable and warm.

insulator
[ínsəlèitər]

n. 절연체; 절연 장치
An insulator is a substance that reduces the amount of heat, cold, noise, or electricity that can pass through something.

scramble ^{복습}
[skrǽmbl]

v. (몸을 지탱하며) 재빨리 움직이다; 서로 밀치다; n. (힘들게) 기어가기; 서로 밀치기
If you scramble to a different place or position, you move there in a hurried, awkward way.

bowl over ^{복습}

idiom ~에게 달려들어 쓰러뜨리다; ~에게 강한 인상을 주다
If you bowl over someone or something, you run into them and knock them down.

amaze ^{복습}
[əméiz]

v. (대단히) 놀라게 하다 (amazing a. 놀라운)
You say that something is amazing when it is very surprising and makes you feel pleasure, approval, or wonder.

smooth ^{복습}
[smu:ð]

a. 매끈한; 부드러운; (소리가) 감미로운; v. 매끈하게 하다
A smooth surface has no roughness, lumps, or holes.

jaw^{**}
[dʒɔ:]

n. 턱
Your jaw is the lower part of your face below your mouth.

Chapters 17 & 18

1. What did Joel think about the penguins and the hut?
   A. He thought they needed a bigger hut.
   B. He thought they were surprised to find the hut.
   C. He thought they were scared of the hut.
   D. He thought they had slept in the hut before.

2. Why were Joel and Nina glad that the chicks ate the fish from Patch?
   A. They did not want to go fishing for fish for Mae and Ernest.
   B. They thought it was disgusting and did not want to eat it themselves.
   C. They wanted Mae and Ernest to learn how to get help from the penguins.
   D. They worried that other foods were making Mae and Ernest sick.

3. Why did Yuka go back to the boat?
   A. He needed to look for something that was lost.
   B. He needed to finish the repair job.
   C. He needed to bring back more supplies.
   D. He needed to check for another storm.

4. Why were Joel and Nina worried about the chicks?

    A. They were not eating enough food.

    B. They had some trouble swimming in the water.

    C. They hadn't made any penguin friends yet.

    D. They were starting to get cold.

5. Why was it a problem to bring the Popper Penguins to the Arctic?

    A. They were unhappy living far away from Stillwater.

    B. They were making it hard for the puffins to survive.

    C. They could not find the right kind of fish to eat.

    D. They only wanted to stay in the caretaker's hut.

6. What did Joel and Nina think should be done with the Popper Penguins?

    A. They thought they should find a new home in Hillport.

    B. They thought they should be taken back to Stillwater.

    C. They thought they should be brought to the Antarctic.

    D. They thought they should be left in the Arctic.

7. Why didn't Joel and Nina think about how to get the penguins on the boat?

    A. They were too busy taking care of Ernest and Mae.

    B. They already had a plan for getting the penguins on the boat.

    C. They were worrying about convincing their mother instead.

    D. They assumed the penguins would want to go on the boat.

Check Your Reading Speed

1분에 몇 단어를 읽는지 리딩 속도를 측정해보세요

$$\frac{652 \text{ words}}{\text{reading time ( ) sec}} \times 60 = (\quad) \text{ WPM}$$

Build Your Vocabulary

huddle^{복습}
[hʌdl]

n. 옹기종기 모여 서 있는 것;
v. 옹송그리며 모이다; 떼지어 모이다; 회의하기 위해 모이다
If people huddle together or huddle round something, they stand, sit, or lie close to each other, usually because they all feel cold or frightened.

ride out

idiom (강풍이나 곤경 등을) 이겨 내다, 잘 참고 견디다
If someone rides out a storm or a crisis, they manage to survive a difficult period without suffering serious harm.

fearsome
[fíərsəm]

a. 무시무시한, 오싹한
Fearsome is used to describe things that are frightening, for example because of their large size or extreme nature.

run out^{복습}

idiom (공급품이) 없어지다, 다 떨어지다
If you run out of something, you have no more of it left.

howl^{복습}
[haul]

v. 윙윙거리다; 울다, 울부짖다; 크게 웃다; n. (개·늑대 등의) 길게 짖는 소리
When the wind howls, it blows hard and makes a loud noise.

stream**
[stri:m]

n. 연속; 개울, 시내; (액체·기체의) 줄기; v. 줄을 지어 이어지다; 줄줄 흐르다
A stream of things is a large number of them occurring one after another.

chatter*
[ʧǽtər]

n. (동물의) 깍깍거리는 소리; 수다; 딱딱거리는 소리; v. 수다를 떨다, 재잘거리다
A series of short high sounds made by some birds or monkeys is called the chatter.

distract^{복습}
[distrǽkt]

v. (주의를) 딴 데로 돌리다, 집중이 안 되게 하다 (distraction n. 집중을 방해하는 것)
A distraction is something that turns your attention away from something you want to concentrate on.

eavesdrop
[í:vzdràp]

v. 엿듣다, 도청하다
If you eavesdrop on someone, you listen secretly to what they are saying.

stuck^{복습}
[stʌk]

a. 갇힌; 움직일 수 없는, 꼼짝 못하는; 떨쳐 버리지 못하는
If you are stuck in a place, you want to get away from it, but are unable to.

starve*
[sta:rv]

v. 굶주리다, 굶어 죽다
If people starve, they suffer greatly from lack of food which sometimes leads to their death.

ruckus
[rʌ́kəs]

n. 야단법석, 대소동
If someone or something causes a ruckus, they cause a great deal of noise, argument, or confusion.

chorus ^{복습}
[kɔ́:rəs]

n. 이구동성; 합창; v. 이구동성으로 말하다
When there is a chorus of criticism, disapproval, or praise, that attitude is expressed by a lot of people at the same time.

dawn*
[dɔ:n]

n. 새벽, 여명; v. 밝다; 분명해지다
Dawn is the time of day when light first appears in the sky, just before the sun rises.

stretch ^{복습}
[streʧ]

v. (팔·다리를) 뻗다; 뻗어 있다; 늘어나다; 이어지다, 계속되다; n. (길게) 뻗은 구간
When you stretch, you put your arms or legs out straight and tighten your muscles.

circulate*
[sɔ́:rkjulèit]

v. 순환하다; (소문 등이) 유포되다; ~을 알리다
When something circulates, it moves easily and freely within a closed place or system.

tolerate*
[tálərèit]

v. 견디다; 참다; 용인하다
If you can tolerate something unpleasant or painful, you are able to bear it.

swoop ^{복습}
[swu:p]

v. 급강하하다, 위에서 덮치다; 급습하다; n. 급강하; 급습
When a bird or airplane swoops, it suddenly moves downward through the air in a smooth curving movement.

astonish ^{복습}
[əstániʃ]

v. 깜짝 놀라게 하다 (astonished a. 깜짝 놀란)
If you are astonished by something, you are very surprised about it.

debate ^{복습}
[dibéit]

v. 곰곰이 생각하다; 논의하다; n. 토론; 논쟁
If you debate whether to do something or what to do, you think or talk about possible courses of action before deciding exactly what you are going to do.

plop
[plap]

n. 풍당 (하는 소리); v. 풍당 하고 떨어지다; 풍당 떨어뜨리다; 털썩 주저앉다
A plop is a soft, gentle sound, like the sound made by something dropping into water without disturbing the surface much.

layer ^{복습}
[léiər]

n. 층, 겹, 막; v. 층층이 놓다
A layer of a material or substance is a quantity or piece of it that covers a surface or that is between two other things.

sparkle*
[spa:rkl]

v. 반짝이다; 생기 넘치다; n. 반짝거림, 광채
If something sparkles, it is clear and bright and shines with a lot of very small points of light.

emerge ^{복습}
[imɔ́:rdʒ]

v. 나오다, 모습을 드러내다; (어려움 등을) 헤쳐 나오다
To emerge means to come out from an enclosed or dark space such as a room or a vehicle, or from a position where you could not be seen.

regurgitate ^{복습}
[rigɔ́:rdʒətèit]

v. (삼킨 음식을 입안으로) 역류시키다; (별 생각 없이) 반복하다
If a person or animal regurgitates food, they bring it back up from their stomach before it has been digested.

terrific*
[tərífik]

a. 엄청난; 아주 좋은, 멋진
Terrific means very great in amount, degree, or intensity.

hack
[hæk]

v. 헛기침하다; 자르다, 난도질하다; (컴퓨터) 해킹하다
If you hack, you cough harshly in a loud unpleasant way.

heave*
[hi:v]

v. 속이 뒤틀리다; 들어올리다; (크게 한숨 등을) 내쉬다; n. 들어올리기; 들썩거림
If you heave, or if your stomach heaves, you vomit or feel as if you are about to vomit.

shriek*
[ʃri:k]

v. (날카로운) 소리를 내다; 악을 쓰며 말하다; n. (날카로운) 비명
If something shrieks, it makes a loud, high-pitched voice.

slick
[slik]

a. 미끄러운; 매끄러운; 능란한; 교활한; v. 매끈하게 하다
Something that is slick is smooth and shiny or wet.

stomach^{복습}
[stʌ́mək]

n. 배, 복부, 위(胃)
Your stomach is the organ inside your body where food is digested before it moves into the intestines.

fluid*
[flu:id]

n. 유체(流體), 유동체; a. 부드러운, 우아한; 가변적인
A fluid is a liquid.

toddle^{복습}
[tadl]

v. (어린 아이가) 아장아장 걷다
When a child toddles, it walks unsteadily with short quick steps.

scarf
[ska:rf]

v. 게걸스럽게 먹다; n. 스카프, 목도리
To scarf down means to eat something quickly and eagerly.

barf
[ba:rf]

n. 구토, 토사물; v. 토하다
The substance that comes out of your mouth when you vomit is called barf.

slip^{복습}
[slip]

v. 슬며시 가다; 미끄러지다; (슬며시) 놓다; n. 미끄러짐; (작은) 실수
If you slip somewhere, you go there quickly and quietly.

puke
[pju:k]

v. 토하다
When someone pukes, they vomit.

impress^{복습}
[imprés]

v. 깊은 인상을 주다, 감동을 주다 (unimpressed a. 대단하다고 생각하지 않는)
If you are unimpressed by something or someone, you do not think they are very good, intelligent, or useful.

spiky
[spáiki]

a. 뾰족뾰족한, 끝이 뾰족한
Something that is spiky has one or more sharp points.

crunch^{복습}
[krʌntʃ]

v. 으드득거리다; 아작아작 씹다; n. 으드득거리는 소리
If something crunches or if you crunch it, it makes a breaking or crushing noise, for example, when you step on it.

gobble
[gabl]

v. 게걸스럽게 먹다
If you gobble food, you eat it quickly and greedily.

flutter*
[flʌ́tər]

v. (날개를) 파닥이다; (가볍게) 흔들리다; n. 흔들림; 소동, 혼란
If a bird or insect flutters its wings, or if its wings flutter, the wings make short, quick, light movements up and down.

fuzzy^{복습}
[fʌ́zi]

a. 솜털이 보송보송한; (모습·소리가) 흐릿한, 어렴풋한
If something is fuzzy, it has a covering that feels soft and like fur.

1분에 몇 단어를 읽는지 리딩 속도를 측정해보세요

$$\frac{770 \text{ words}}{\text{reading time (\quad) sec}} \times 60 = (\quad) \text{ WPM}$$

Build Your Vocabulary

rock^{복습}
[rak]

v. (앞뒤·좌우로) 흔들리다; (큰 충격 등으로) 뒤흔들다; n. 암석; 암벽
When something rocks or when you rock it, it moves slowly and regularly backward and forward or from side to side.

beat^{복습}
[bi:t]

v. 때리다, 두드리다; 이기다; (심장이) 고동치다; n. 맥박; 리듬; 박자
(beaten a. 두들겨 맞은)
If you beat someone or something, you hit them very hard.

shoal
[ʃoul]

n. 모래톱, 모래사장
A shoal is a small hill of sand just below the surface of water that makes it dangerous for boats.

hull^{복습}
[hʌl]

n. (배의) 선체; v. (콩 등의) 껍질을 벗기다
The hull of a boat or tank is the main body of it.

neat^{복습}
[ni:t]

a. 뛰어난, 훌륭한; 깔끔한; 정돈된, 단정한 (neatly ad. 깔끔하게)
A neat movement or action is done accurately and skilfully, with no unnecessary movements.

weld^{복습}
[weld]

v. 용접하다, 용접해 붙이다; 결합시키다
To weld one piece of metal to another means to join them by heating the edges and putting them together so that they cool and harden into one piece.

strip[*]
[strip]

n. 가느다란 조각; v. (물건을) 다 뜯어내다; 옷을 벗다
A strip of something such as paper, cloth, or food is a long, narrow piece of it.

rap^{복습}
[ræp]

v. 톡톡 두드리다; (빠르게) 지껄이다, 떠들다; n. 톡톡 두드리기
If you rap on something or rap it, you hit it with a series of quick blows.

knuckle^{복습}
[nʌkl]

n. 손가락 관절; v. 주먹으로 치다
Your knuckles are the joints in your fingers, including the ones where your fingers join your hands.

the pit in one's stomach

idiom 마음 깊은 곳
If you have a feeling in the pit in your stomach, you have a tight or sick feeling in your stomach, usually because you are afraid or anxious.

snore^{복습}
[snɔ:r]

v. 코를 골다; n. 코 고는 소리
When someone who is asleep snores, they make a loud noise each time they breathe.

assertive
[əsə́:rtiv]

a. 적극적인, 자기주장이 강한; 단정적인, 단언적인
Someone who is assertive states their needs and opinions clearly, so that people take notice.

apparent ^{복습}
[əpǽrənt]

a. ~인 것처럼 보이는; 분명한 (apparently ad. 보아 하니)
You use apparently when something seems clear or obvious, according to appearances.

nod ^{복습}
[nad]

v. (고개를) 끄덕이다, 까딱하다; n. (고개를) 끄덕임
If you nod, you move your head up and down to show agreement, understanding, or approval.

energetic ^{복습}
[ènərdʒétik]

a. 활동적인, 활기에 찬; 강력한 (energetically ad. 힘차게)
If you are energetic in what you do, you have a lot of enthusiasm and determination.

peculiar*
[pikjú:ljər]

a. 이상한, 기이한; 특유한, 독특한
If you describe someone or something as peculiar, you think that they are strange or unusual, sometimes in an unpleasant way.

kid ^{복습}
[kid]

v. 농담하다; 속이다; n. 아이 (no kidding idiom 정말이야)
If you say 'No kidding' to someone, you use it to emphasize that something is true or that you agree with something that someone has just said.

narrow ^{복습}
[nǽrou]

v. (눈을) 찌푸리다; 좁히다; a. 좁은
If you narrow your eyes, you almost close them, for example because you are angry or because you are trying to concentrate on something.

weird ^{복습}
[wiərd]

a. 기이한, 기묘한; 기괴한, 섬뜩한
If you describe something or someone as weird, you mean that they are strange.

scrawny
[skró:ni]

a. 뼈만 앙상한, 거죽만 남은
If you describe a person or animal as scrawny, you mean that they look unattractive because they are so thin.

chick ^{복습}
[tʃik]

n. 새끼 새; 병아리
A chick is a baby bird.

stare ^{복습}
[stɛər]

v. 빤히 쳐다보다, 응시하다; n. 빤히 쳐다보기, 응시
If you stare at someone or something, you look at them for a long time.

stream ^{복습}
[stri:m]

n. 연속; 개울, 시내; (액체·기체의) 줄기; v. 줄을 지어 이어지다; 줄줄 흐르다
A stream of things is a large number of them occurring one after another.

dramatic ^{복습}
[drəmǽtik]

a. 과장된, 호들갑스러운; 극적인; 감격적인, 인상적인 (dramatically ad. 과장되게)
A dramatic action, event, or situation is exciting and impressive.

generation**
[dʒènəréiʃən]

n. 세대, 대
A generation is the period of time, usually considered to be about thirty years, that it takes for children to grow up and become adults and have children of their own.

Antarctic ^{복습}
[æntá:rktik]

n. 남극; a. 남극의, 남극 지방의
The Antarctic is the area around the South Pole.

voyage*
[vóiidʒ]

n. 여행, 항해; v. 여행하다, 항해하다
A voyage is a long journey on a ship or in a spacecraft.

124

bond*
[band]

v. 유대감을 형성하다; 결합시키다; n. 유대; 채권; 접착, 접합
When people bond with each other, they form a relationship based on love or shared beliefs and experiences.

shrug*
[ʃrʌg]

n. 어깨를 으쓱하기; v. (어깨를) 으쓱하다
If you give a shrug, you raise your shoulders to show that you are not interested in something or that you do not know or care about something.

pilot**
[páilət]

v. 조종하다; (배의) 수로를 안내하다; n. 수로 안내인; 조종사, 비행사
If someone pilots an aircraft or ship, they act as its pilot.

Antarctica^{복습}
[æntá:rktikə]

n. 남극 대륙
Antarctica is the continent which is the most southern area of land on the Earth and is mostly covered with ice.

doze
[douz]

v. 깜빡 잠이 들다, 졸다; n. 잠깐 잠, 낮잠
When you doze, you sleep lightly or for a short period, especially during the daytime.

ruckus^{복습}
[rʌ́kəs]

n. 야단법석, 대소동
If someone or something causes a ruckus, they cause a great deal of noise, argument, or confusion.

scent*
[sent]

v. 냄새를 풍기다, 향기가 나다; n. 냄새; 향기
If something scents a place or thing, it makes it have a particular smell.

burp
[bə:rp]

n. 트림; v. 트림하다; (갓난아이에게) 트림을 시키다
When someone give a burp, they make a noise because air from their stomach has been forced up through their throat.

propose^{복습}
[prəpóuz]

v. 작정이다, 의도하다; 제안하다; 청혼하다
If you propose to do something, you intend to do it.

dozen^{복습}
[dʌzn]

n. 12개; (pl.) 다수, 여러 개; 십여 개
If you have a dozen things, you have twelve of them.

pause**
[pɔ:z]

v. (말·일을) 잠시 멈추다; (테이프·시디 등을) 정지시키다; n. (말·행동 등의) 멈춤
If you pause while you are doing something, you stop for a short period and then continue.

convince*
[kənvíns]

v. 설득하다; 납득시키다, 확신시키다
If someone or something convinces you to do something, they persuade you to do it.

ancestor^{복습}
[ǽnsestər]

n. 조상, 선조
An ancestor of modern animals is an animal that lived in the past, that they have developed from.

pass down

idiom (후대에) ~을 전해주다, 물려주다
To pass down means to give knowledge or teach skills to your children or to younger people.

eyebrow^{복습}
[áibràu]

n. 눈썹
Your eyebrows are the lines of hair which grow above your eyes.

tug^{복습}
[tʌg]

v. (세게) 잡아당기다; 끌어당기다; n. (갑자기 세게) 잡아당김
If you tug something or tug at it, you give it a quick and usually strong pull.

sleeve ^{복습}
[sliːv]

n. (옷의) 소매, 소맷자락
The sleeves of a coat, shirt, or other item of clothing are the parts that cover your arms.

march ^{복습}
[maːrʃ]

v. 행진하다; (단호한 태도로 급히) 걸어가다; n. 행군, 행진
When soldiers march somewhere, or when a commanding officer marches them somewhere, they walk there with very regular steps, as a group.

formation ^{복습}
[fɔːrméiʃən]

n. (특정한) 대형; 형성 (과정); 형성물
If people or things are in formation, they are arranged in a particular pattern as they move.

outrage ^{복습}
[áutreidʒ]

v. 격분하게 하다, 격노하게 하다; n. 격분, 격노 (outraged a. 격분한, 격노한)
If you are outraged by something, it makes you extremely angry and shocked.

grunt ^{복습}
[grʌnt]

n. (사람이) 끙 하는 소리; (돼지가) 꿀꿀거리는 소리; v. 끙 앓는 소리를 내다; 꿀꿀거리다
A grunt is a short low sound made by a person or an animal.

1. Why were the Poppers banging on pots and pans?

   A. They wanted to scare away the penguins.

   B. They wanted the penguins to follow them.

   C. They were trying to get Yuka's attention.

   D. They were trying to cover up the boat's noise.

2. Why did the Poppers go to the bow when they got on the boat?

   A. They wanted to look for Yuka.

   B. They wanted to get away from the penguins.

   C. They wanted to get a good view of the ocean.

   D. They wanted to make space for the penguins.

3. Why did Mrs. Popper plan to make a call when they were near to shore?

   A. She wanted to find out if they could take the penguins to school.

   B. She wanted to ask the school if Joel and Nina could skip their homework.

   C. She wanted to find out the new assignments for Joel and Nina.

   D. She wanted to tell the school when Joel and Nina would be back.

4. Which of the following was NOT a reason that Yuka and the Poppers stopped in Hillport?
   A. They needed to ask permission for the children to be out of school.
   B. They needed to stock up on more fish before going to the Antarctic.
   C. Yuka needed to ask for some time off from his job.
   D. Yuka needed to turn in his essay and get some research books.

5. Why was a refrigeration unit added to the boat?
   A. They needed to have a way to keep all of the fish fresh.
   B. They needed to keep the penguins cool while sailing through hot areas.
   C. They wanted to make sure the boat's instruments did not overheat.
   D. They wanted to make Yuka and the Poppers more comfortable.

6. Why did Nina think Mae was sick?
   A. Some of Mae's gray feathers were missing.
   B. Some parts of Mae's body felt hot.
   C. Mae refused to eat some of her food.
   D. Mae was making sounds of pain.

7. What did Mrs. Popper tell Dr. Drake about the penguins?
   A. She thought they would need help learning how to socialize.
   B. She thought they would have trouble building a nest.
   C. She thought they would be eaten by seals.
   D. She thought they would try to swim back to the Arctic.

1분에 몇 단어를 읽는지 리딩 속도를 측정해보세요.

$$\frac{\text{540 words}}{\text{reading time (   ) sec}} \times 60 = (\quad) \text{ WPM}$$

Build Your Vocabulary

encore
[á:ŋkɔːr]

n. 앙코르, 재청에 응해서 하는 공연; int. 앙코르! (하고 외치는 소리)
An encore is a short extra performance at the end of a longer one, which an entertainer gives because the audience asks for it.

parade^{복습}
[pəréid]

v. 가두 행진을 하다; (과시하듯) 걸어 다니다; n. 퍼레이드, 가두 행진
When people parade somewhere, they walk together in a formal group or a line, usually with other people watching them.

onstage
[anstéidʒ]

ad. 무대 위에서, 관객 앞에서
When someone such as an actor or musician goes onstage, they go onto the stage in a theater to give a performance.

make do

idiom ~으로 만족하다
If you make do with something, you use or have it instead of something else that you do not have, although it is not as good.

caretaker^{복습}
[kéərtèikər]

n. 관리인; 돌보는 사람, 간호인
A caretaker is a person whose job it is to take care of a house or property when the owner is not there.

hut^{복습}
[hʌt]

n. 오두막
A hut is a small house with only one or two rooms, especially one which is made of wood, mud, grass, or stones.

bang*
[bæŋ]

v. 쾅 하고 치다; 쾅 하고 닫다; 쿵 하고 찧다; n. 쾅 (하는 소리)
If you bang on something or if you bang it, you hit it hard, making a loud noise.

make one's way^{복습}

idiom 나아가다, 가다
When you make your way somewhere, you walk or travel there.

dare^{복습}
[dɛər]

v. 감히 ~하다, ~할 엄두를 내다; 부추기다; n. 모험, 도전
If you do not dare to do something, you do not have enough courage to do it, or you do not want to do it because you fear the consequences.

file^{복습}
[fail]

n. (늘어선) 줄; 파일, 서류철; v. 줄지어 가다; (문서 등을) 보관하다
A group of people who are walking or standing in single file are in a line, one behind the other.

glorious*
[glɔ́:riəs]

a. 대단히 즐거운; 영광스러운, 영예로운; 눈부시게 아름다운
If you describe something as glorious, you are emphasizing that it is wonderful and it makes you feel very happy.

Arctic^{복습}
[á:rktik]

n. 북극; a. 북극의, 북극 지방의
The Arctic is the area of the world around the North Pole.

bow^{복습}
[bau]

① n. 뱃머리; (고개 숙여 하는) 인사; 절; v. (고개를) 숙이다; (허리를 굽혀) 절하다
② n. 활; (리본 등의) 나비매듭
The front part of a ship or boat is called the bow or the bows.

deck^{복습}
[dek]

n. (배의) 갑판; 층; (카드) 한 벌; v. 꾸미다, 장식하다
The deck of a ship is the top part of it that forms a floor in the open air which you can walk on.

wall-to-wall
[wɔːl-tə-wɔ́ːl]

a. (방의) 바닥을 완전히 덮는; 계속적인; 어디에나 있는
You can use wall-to-wall to describe something that fills or seems to fill all the available space.

stern^{복습}
[stəːrn]

n. (배의) 뒷부분, 선미; a. 엄중한, 근엄한; 심각한
The back part of a ship or boat is called the stern.

nudge^{복습}
[nʌdʒ]

v. 살살 밀다; (살짝) 쿡 찌르다; 몰고 가다; n. (살짝) 쿡 찌르기
If you nudge someone or something into a place or position, you gently push them there.

rumble^{복습}
[rʌmbl]

v. 우르릉거리는 소리를 내다; 덜커덩거리며 나아가다; n. 우르릉거리는 소리
If something rumbles, it makes a low, continuous noise.

mill^{복습}
[mil]

v. (가축·사람이) 떼 지어 빙빙 돌다; 맷돌로 갈다, 빻다; n. 제분소; 공장; 맷돌
When a crowd of people mill around or mill about, they move around a place in different directions without any particular purpose.

bump^{복습}
[bʌmp]

v. 부딪치다; 덜컹거리며 가다; n. 쿵, 탁 (하는 소리)
If you bump into something or someone, you accidentally hit them while you are moving.

peck^{복습}
[pek]

v. (새가) 쪼다, 쪼아 먹다; n. 쪼기; 가벼운 입맞춤
If a bird pecks at something or pecks something, it moves its beak forward quickly and bites at it.

imitate**
[ímətèit]

v. 흉내내다; 모방하다, 본뜨다
If you imitate a person or animal, you copy the way they speak or behave, usually because you are trying to be funny.

anchor^{복습}
[ǽŋkər]

n. 닻; 정신적 지주; v. 닻을 내리다, 정박하다; 고정시키다
An anchor is a heavy hooked object that is dropped from a boat into the water at the end of a chain in order to make the boat stay in one place.

steer*
[stiər]

v. (특정 방향으로) 움직이다; (보트·자동차 등을) 조종하다
If you steer in a particular direction, you move in that direction

cliff^{복습}
[klif]

n. 절벽, 낭떠러지
A cliff is a high area of land with a very steep side, especially one next to the sea.

depart*
[dipɑ́ːrt]

v. 떠나다, 출발하다; 그만두다
When something or someone departs from a place, they leave it and start a journey to another place.

unison
[júːnisn]

n. 조화, 화합, 일치 (in unison idiom 일제히)
If two or more people do something in unison, they do it together at the same time.

assignment[**]
[əsáinmənt]

n. 과제, 임무; 배정, 배치

An assignment is a task or piece of work that you are given to do, especially as part of your job or studies

skip[복습]
[skip]

v. (일을) 거르다; 깡충깡충 뛰다; 생략하다; 갑자기 떠나다; n. 깡충깡충 뛰기

If you skip something that you usually do or something that most people do, you decide not to do it.

grumble[복습]
[grʌmbl]

v. 투덜거리다, 불평하다; n. 투덜댐; 불만 사항

If someone grumbles, they complain about something in a quiet but angry way.

fascinate[*]
[fǽsənèit]

v. 마음을 사로잡다, 매혹하다 (fascinated a. 마음을 다 빼앗긴)

If you are fascinated by something, you find it very interesting and attractive, and your thoughts tend to concentrate on it.

wheel[**]
[hwiːl]

v. 선회하다; 홱 돌다; (바퀴 달린 것을) 밀다; n. 바퀴; 핸들

If something such as a group of animals or birds wheels, it moves in a circle.

dismay[*]
[disméi]

n. 실망, 경악; v. 크게 실망시키다, 경악하게 하다

Dismay is a strong feeling of fear, worry, or sadness that is caused by something unpleasant and unexpected.

distract[복습]
[distrǽkt]

v. (주의를) 딴 데로 돌리다, 집중이 안 되게 하다 (distracted a. (주의가) 산만한)

If you are distracted, you are not concentrating on something because you are worried or are thinking about something else.

shoo
[ʃuː]

v. 쉬이 하고 쫓아내다, 쉬이 하다; int. (새 등을 쫓으며 하는) 쉬이

If you shoo an animal or a person away, you make them go away by waving your hands or arms at them.

renew[*]
[rinjúː]

v. 재개하다; 갱신하다 (renewed a. 재개된)

You can say that something is renewed when it grows again or is replaced after it has been destroyed or lost.

investigate[복습]
[invéstəgèit]

v. 살피다, 조사하다; 연구하다

To investigate something, for example a person's behavior or character, means to try to get detailed facts and information about it.

soar[*]
[sɔːr]

v. (하늘 높이) 날아오르다; 급증하다, 급등하다; 솟구치다

If something such as a bird soars into the air, it goes quickly up into the air.

swoop[복습]
[swuːp]

v. 급강하하다, 위에서 덮치다; 급습하다; n. 급강하; 급습

When a bird or airplane swoops, it suddenly moves downward through the air in a smooth curving movement.

132

$$\frac{1,041 \text{ words}}{\text{reading time ( ) sec}} \times 60 = (\quad) \text{ WPM}$$

Build Your Vocabulary

Antarctic^{복습}
[æntá:rktik]

n. 남극; a. 남극의, 남극 지방의
The Antarctic is the area around the South Pole.

avian
[éiviən]

a. 조류의
Avian means of or relating to birds.

stock up^{복습}

idiom (~을) 많이 사서 비축하다
If you stock up on something, you buy a lot of it, in case you cannot get it later.

temporary**
[témpərèri]

a. 일시적인, 임시의 (temporarily ad. 일시적으로, 임시로)
Something that is temporary lasts for only a limited time.

withdraw*
[wiðdrɔ́:]

v. 탈퇴시키다; (뒤로) 물러나다, 철수하다; (제공을) 중단하다
If you withdraw from an activity or organization, you stop taking part in it.

dissertation
[dìsərtéiʃən]

n. (대학 학위) 논문, 박사 논문; 논설
A dissertation is a long formal piece of writing on a particular subject, especially for an advanced university degree.

voyage^{복습}
[vɔ́iidʒ]

n. 여행, 항해; v. 여행하다, 항해하다
A voyage is a long journey on a ship or in a spacecraft.

foundation^{복습}
[faundéiʃən]

n. 재단; (건물의) 토대; 기반, 근거; 설립, 창립
A foundation is an organization which provides money for a special purpose such as research or charity.

outcompete
[autkəmpí:t]

v. 앞서다, 경쟁에서 이기다
If a type of plant or animal outcompetes another type, it succeed in getting more food or space than the second one.

stipend
[stáipend]

n. 급비, 수당; 봉급
A stipend is a sum of money that is paid to a student or volunteer for their living expenses.

compensate*
[kámpənsèit]

v. 보상하다, 배상하다
To compensate someone for money or things that they have lost means to pay them money or give them something to replace that money or those things.

relocate
[rilóukeit]

v. 이전하다, 이동하다
If people or businesses relocate or if someone relocates them, they move to a different place.

refrigeration
[rifrídʒəréiʃən]

n. 냉각, 냉동
Refrigeration involves the process of making or keeping something, especially food or drink, cold so that it stays fresh, usually in a refrigerator.

install**
[instɔ́ːl]

v. (장비 · 가구를) 설치하다
If you install a piece of equipment, you fit it or put it somewhere so that it is ready to be used.

deck복습
[dek]

n. (배의) 갑판; 층; (카드) 한 벌; v. 꾸미다, 장식하다 (belowdecks ad. 배 안에)
If someone or something is belowdecks, they are inside a ship in the part of it that is underneath the deck.

sneak복습
[sniːk]

v. 살금살금 가다; 몰래 하다; a. 기습적인
If you sneak somewhere, you go there very quietly on foot, trying to avoid being seen or heard.

flipper복습
[flípər]

n. (바다표범 · 거북 등의) 지느러미발
The flippers of an animal that lives in water, for example a seal or a penguin, are the two or four flat limbs which it uses for swimming.

fling**
[fliŋ]

v. (flung-flung) (몸이나 신체를) 내밀다; (거칠게) 내던지다, 내팽개치다;
n. (한바탕) 실컷 즐기기
If you fling a part of your body in a particular direction, especially your arms or head, you move it there suddenly.

round**
[raund]

v. (모퉁이 · 커브 등을) 돌다; n. 경기, 시합; 한 차례; 순찰
If you round a place or obstacle, you move in a curve past the edge or corner of it.

odd복습
[ad]

a. 이상한, 특이한; 홀수의
If you describe someone or something as odd, you think that they are strange or unusual.

torso
[tɔ́ːrsou]

n. 몸통, 동체; 토르소(몸통만으로 된 조각상)
Your torso is the main part of your body, and does not include your head, arms, and legs.

patch복습
[pætʃ]

n. 부분; (덧대는 용도의) 조각; 안대; v. 덧대다, 때우다
A patch on a surface is a part of it which is different in appearance from the area around it.

fluffy
[flʌ́fi]

a. 솜털의, 솜털로 뒤덮인; 푹신해 보이는
If you describe something as fluffy, you mean that it is covered with very soft hair or feathers.

molt
[moult]

v. (새가) 털갈이를 하다, (곤충이) 허물을 벗다; n. 털갈이, 탈피
When an animal or bird molts, it gradually loses its coat or feathers so that a new coat or feathers can grow.

preen
[priːn]

v. (새가 날개를) 다듬다, (동물이 털을) 정리하다; 모양내다, 몸치장하다
When birds preen their feathers, they clean them and arrange them neatly using their beaks.

nip복습
[nip]

v. (재빨리) 물다, 꼬집다; (추위 · 바람 등이) 할퀴고 가다; n. 물기, 꼬집기
If an animal or person nips you, they bite you lightly or squeeze a piece of your skin between their finger and thumb.

clump
[klʌmp]

n. 무리, 무더기; v. 무리를 짓다; 쿵쾅거리다
A clump of things such as wires or hair is a group of them collected together in one place.

reveal*
[riví:l]

v. (보이지 않던 것을) 드러내 보이다; (비밀 등을) 밝히다
If you reveal something that has been out of sight, you uncover it so that people can see it.

sleek^{복습}
[sli:k]

a. 윤이 나는; (모양이) 매끈한, 날렵한
Sleek hair or fur is smooth and shiny and looks healthy.

plumage
[plú:midʒ]

n. 깃털
A bird's plumage is all the feathers on its body.

bond^{복습}
[band]

v. 유대감을 형성하다; 결합시키다; n. 유대; 채권; 접착, 접합
When people bond with each other, they form a relationship based on love or shared beliefs and experiences.

fit in

idiom (자연스럽게) 어울리다, 맞다
If you fit in as part of a group, you seem to belong there because you are similar to the other people in it.

adjust^{복습}
[ədʒʌst]

v. 적응하다; 조정하다; (매무새 등을) 바로잡다
When you adjust to a new situation, you become more familiar with the situation and get used to it.

chilly*
[tʃíli]

a. 쌀쌀한, 추운; 냉랭한, 쌀쌀맞은
Something that is chilly is unpleasantly cold.

gather^{복습}
[gǽðər]

v. (사람들이) 모이다; (여기저기 있는 것을) 모으다; (수·양이) 서서히 많아지다
If people gather somewhere or if someone gathers people somewhere, they come together in a group.

glacier^{복습}
[gléiʃər]

n. 빙하
A glacier is an extremely large mass of ice which moves very slowly, often down a mountain valley.

edge^{복습}
[edʒ]

n. 끝, 가장자리; 우위; v. 조금씩 움직이다; 테두리를 두르다
The edge of something is the place or line where it stops, or the part of it that is furthest from the middle.

brilliant^{복습}
[bríljənt]

a. (색이) 아주 밝은, 눈부신; 훌륭한, 멋진; (재능이) 뛰어난
A brilliant color is extremely bright.

core*
[kɔ:r]

n. (사물의) 중심부; 핵심; a. 핵심적인, 가장 중요한
The core of an object, building, or city is the central part of it.

block^{복습}
[blak]

n. (단단한) 사각형 덩어리; (도로로 나뉘는) 구역, 블록; v. 막다, 차단하다; 방해하다
A block of a substance is a large rectangular piece of it.

gravelly
[grǽvəli]

a. 자갈이 많은; (목소리가) 불쾌한, 귀에 거슬리는
A gravelly area of land is covered in or full of small stones.

stony*
[stóuni]

a. 돌이 많은; 돌처럼 차가운, 냉담한
Stony ground is rough and contains a lot of stones.

bluff
[blʌf]

n. (바다나 강가의) 절벽; 허세, 엄포; v. 허세를 부리다, 엄포를 놓다
A bluff is a cliff or very steep bank by the sea or river.

peak*
[piːk]

v. 뾰족해지다; 최고조에 달하다; n. (산의) 봉우리; 뾰족한 끝; 절정, 정점
(peaked a. 뾰족한)
If you describe something as peaked, you mean that it has a pointed top.

climate^{복습}
[kláimit]

n. 기후; 분위기, 풍조
The climate of a place is the general weather conditions that are typical of it.

pole^{복습}
[poul]

n. (지구의) 극; 막대, 기둥, 장대
The Earth's poles are the two opposite ends of its axis, its most northern and southern points.

figure^{복습}
[fígjər]

n. (멀리서 흐릿하게 보이는) 사람; 수치; (중요한) 인물; v. 생각하다; 중요하다
You refer to someone that you can see as a figure when you cannot see them clearly or when you are describing them.

emerge^{복습}
[imɔ́ːrdʒ]

v. 나오다, 모습을 드러내다; (어려움 등을) 헤쳐 나오다
To emerge means to come out from an enclosed or dark space such as a room or a vehicle, or from a position where you could not be seen.

megaphone
[mégəfoun]

n. 확성기
A megaphone is a cone-shaped device for making your voice sound louder in the open air.

under one's breath^{복습}

idiom 작은 소리로, 소곤소곤
If you say something under your breath, you say it in a very quiet voice, often because you do not want other people to hear what you are saying.

wreck^{복습}
[rek]

n. (= shipwreck) 난파; 충돌 (사고); 사고 잔해; v. 망가뜨리다, 파괴하다
A wreck is something such as a ship, car, plane, or building which has been destroyed, usually in an accident.

dock^{복습}
[dak]

n. 부두; v. (배를) 부두에 대다
A dock is an enclosed area in a harbor where ships go to be loaded, unloaded, and repaired.

hop^{복습}
[hap]

v. 급히 움직이다; 깡충깡충 뛰다; n. 깡충깡충 뛰기
If you hop somewhere, you move there quickly or suddenly.

greet^{복습}
[griːt]

v. 맞다, 환영하다; 반응을 보이다
When you greet someone, you say hello to them or to welcome them.

tuft^{복습}
[tʌft]

n. (머리칼·깃털·실 등의) 타래, 한 움큼
A tuft of something such as hair or grass is a small amount of it which is growing together in one place or is held together at the bottom.

bald^{복습}
[bɔːld]

v. 머리가 벗어지다; a. 대머리의, 머리가 벗겨진
(balding a. 머리가 벗겨지기 시작하는)
Someone who is balding is beginning to lose the hair on the top of their head.

socialize
[sóuʃəlàiz]

v. (사람들과) 사귀다, 어울리다; 사회화시키다
If you socialize, you meet and spend time with other people in a friendly way, in order to enjoy yourself.

concentrate^{★★} [kánsəntrèit]	v. (정신을) 집중하다; (한 곳에) 모으다; n. 농축물 If you concentrate on something, or concentrate your mind on it, you give all your attention to it.
knock^{복습} [nak]	v. 치다, 부딪치다; (문 등을) 두드리다; n. 문 두드리는 소리; 부딪침 (knock over idiom 쓰러뜨리다) If you knock someone over, you hit or push them, so that they fall to the ground or the floor.
stare^{복습} [stɛər]	v. 빤히 쳐다보다, 응시하다; n. 빤히 쳐다보기, 응시 If you stare at someone or something, you look at them for a long time.
muster [mʌ́stər]	v. (용기 등을 최대한) 내다; (지지 등을) 모으다; 소집하다; n. 소집, 집결 If you muster something such as support, strength, or energy, you gather as much of it as you can in order to do something.
lose one's nerve	idiom 기가 죽다, 겁먹다 When you lose your nerve, you suddenly become too frightened to do something that you intended to do.
waddle^{복습} [wadl]	v. 뒤뚱뒤뚱 걷다; n. 뒤뚱거리는 걸음걸이 To waddle somewhere means to walk there with short, quick steps, swinging slightly from side to side.
accidental[★] [æksədéntl]	a. 우연한, 돌발적인 (accidentally ad. 우연히, 뜻하지 않게) An accidental event happens by chance or as the result of an accident, and is not deliberately intended.
bob [bab]	v. (물 위에서) 위아래로 움직이다; (고개를) 까딱거리다; n. (머리·몸을) 까딱거림 If something bobs, it moves up and down, like something does when it is floating on water.
dive^{복습} [daiv]	v. 물속으로 더 깊이 들어가다; (물속으로) 뛰어들다; 급히 움직이다; n. (물속으로) 뛰어들기 If you dive, you move downward through water.
seal^{복습} [siːl]	n. [동물] 바다표범; 도장; v. 봉인하다; 확정 짓다; 봉쇄하다 A seal is a large animal with a rounded body and flat legs called flippers.
plop^{복습} [plap]	v. 퐁당 하고 떨어지다; 퐁당 떨어뜨리다; 털썩 주저앉다; n. 퐁당 (하는 소리) If something plops somewhere, it falls there, making a sound like something dropping into water.
leftover [léftòuvər]	n. 나머지, 남은 음식; a. 나머지의, 남은 A leftover is something that remains unused or unconsumed.
pavilion^{복습} [pəvíljən]	n. 경기장, 공연장; (행사·전시회의) 임시 구조물 A pavilion is a very large building with big open areas used for sports and other public events.
peruse [pərúːz]	v. 살피다, 유심히 보다; 정독하다, 읽다 If you peruse something, you look at or read it in order to find what interests you.
tap^{복습} [tæp]	v. (가볍게) 톡톡 두드리다; n. (가볍게) 두드리기 If you tap something, you hit it with a quick light blow or a series of quick light blows.

bounce ^{복습}
[bauns]

v. 흔들다; 깡충깡충 뛰다; 튀기다; n. 튀어 오름; 탄력

If something bounces or if something bounces it, it swings or moves up and down.

beat ^{복습}
[biːt]

n. 박자; 리듬; 맥박; v. 때리다, 두드리다; 이기다; (심장이) 고동치다

The beat of a piece of music is the main rhythm that it has.

Chapters 21 & 22

1. What did Dr. Drake think the Popper Penguins would do?

   A. She thought they would fight with the other penguins.

   B. She thought they would go into the wild.

   C. She thought they would make a lot of noise at night.

   D. She thought they would stay near the boat.

2. Why did Mrs. Popper think the Popper Penguins were intelligent?

   A. They were able to lead people on a tour.

   B. They could remember different people.

   C. They were able to learn how to dance.

   D. They could play musical instruments.

3. What did the Popper Penguins do when they met the other penguins?

   A. They gave the other penguins a performance.

   B. They tried to get the other penguins to walk in a circle.

   C. They caught some fish for the other penguins.

   D. They ran from the other penguins back to Joel and Nina.

4. Why was Dr. Drake impressed with the Popper Penguins?
   A. They were able to find some hidden items quickly.
   B. They seemed to have passed down stories to each other.
   C. They were not afraid of being around humans.
   D. They helped to make Mae and Ernest feel welcome.

5. Why didn't Joel and Nina enjoy the second show?
   A. They were bored because it was the same as the first show.
   B. They were too worried about Mae and Ernest.
   C. They were too busy helping Dr. Drake.
   D. They were sad because they wanted to stay in Antarctica.

6. Why did Dr. Drake think that Mae and Ernest would not survive in the wild?
   A. They had not had penguins to imprint on when they were born.
   B. They had never lived in a cold place before.
   C. They were not old enough to take care of themselves.
   D. They were afraid of being around other animals.

7. How did Dr. Drake think Mae and Ernest could help other penguins?
   A. They could learn how to put on their own show.
   B. They could mix with other species of penguin.
   C. They could start a new penguin colony.
   D. They could teach children about penguins.

Check Your Reading Speed

1분에 몇 단어를 읽는지 리딩 속도를 측정해보세요.

$$\frac{1{,}363 \text{ words}}{\text{reading time ( ) sec}} \times 60 = (\quad) \text{ WPM}$$

Build Your Vocabulary

belly^{복습}
[béli]

n. 배, 복부
The belly of an animal is the middle part of its body or near its stomach.

diet[*]
[dáiət]

n. 식사; 식습관; 다이어트
Your diet is the type and range of food that you regularly eat.

file^{복습}
[fail]

v. 줄지어 가다; (문서 등을) 보관하다; n. (늘어선) 줄; 파일, 서류철
When a group of people files somewhere, they walk one behind the other in a line.

novel[*]
[návəl]

a. 새로운, 신기한
Novel things are new and different from anything that has been done, experienced, or made before.

bound^{복습}
[baund]

a. ~할 가능성이 큰; v. 껑충껑충 달리다; n. 껑충 뜀
If you say that something is bound to happen, you mean that you are sure it will happen, because it is a natural consequence of something that is already known or exists.

apprehensive
[æprihénsiv]

a. 우려하는, 염려하는
Someone who is apprehensive is afraid that something bad may happen.

secure^{복습}
[sikjúər]

a. 안심하는; 안정감 있는; (잠금장치 등이) 안전한; v. 얻어 내다 (insecure a. 불안한)
If you are insecure, you are not feeling at all confident about yourself, your abilities, or your relationships with people.

emerge^{복습}
[imə́:rdʒ]

v. 나오다, 모습을 드러내다; (어려움 등을) 헤쳐 나오다
To emerge means to come out from an enclosed or dark space such as a room or a vehicle, or from a position where you could not be seen.

Antarctica^{복습}
[æntá:rktikə]

n. 남극 대륙
Antarctica is the continent which is the most southern area of land on the Earth and is mostly covered with ice.

march^{복습}
[ma:rʧ]

v. 행진하다; (단호한 태도로 급히) 걸어가다; n. 행군, 행진
When soldiers march somewhere, or when a commanding officer marches them somewhere, they walk there with very regular steps, as a group.

toddle^{복습}
[tadl]

v. (어린 아이가) 아장아장 걷다
When a child toddles, it walks unsteadily with short quick steps.

nest^{복습}
[nest]

n. 둥지; 보금자리; v. 둥지를 틀다
A bird's nest is the home that it makes to lay its eggs in.

142

scoop 복습
[skuːp]

v. 재빨리 들어올리다; (큰 숟갈 같은 것으로) 뜨다; n. 한 숟갈(의 양)
If you scoop a person or thing somewhere, you put your hands or arms under or around them and quickly move them there.

hustle 복습
[hʌsl]

v. 서둘러 가다; (거칠게) 떠밀다; n. 법석, 혼잡; 사기
If you hustle, you go somewhere or do something as quickly as you can.

keep up 복습

idiom 따라가다; ~을 계속하다; (수준 등이) 내려가지 않게 하다
If you keep up with someone or something that is moving near you, you move at the same speed.

forebear
[fɔ́ːrber]

n. 조상, 선조
Your forebears are the people in your family who lived a long time ago.

ancestral
[ænséstrəl]

a. 조상의, 선조의
Ancestral means relating to members of your family from the past.

nod 복습
[nad]

v. (고개를) 끄덕이다, 까딱하다; n. (고개를) 끄덕임
If you nod, you move your head up and down to show agreement, understanding, or approval.

intelligent**
[intélədʒənt]

a. 총명한, 똑똑한; 지능이 있는
A person or animal that is intelligent has the ability to think, understand, and learn things quickly and well.

line 복습
[lain]

n. 혈통, 계통; 선, 줄; 경계; v. ~을 따라 늘어서다
A particular line of people or things is a series of them that has existed over a period of time, when they have all been similar in some way, or done similar things.

sophisticated*
[səfístəkèitid]

a. 정교한; 세련된; 지적인, 수준 높은
A sophisticated machine, device, or method is more advanced or complex than others.

rummage 복습
[rʌ́midʒ]

v. 뒤지다; n. 뒤지기
If you rummage through something, you search for something you want by moving things around in a careless or hurried way.

preposterous
[pripástərəs]

a. 말도 안 되는, 터무니없는
If you describe something as preposterous, you mean that it is extremely unreasonable and foolish.

tense**
[tens]

n. (동사의) 시제; a. 긴장한; 신경이 날카로운; v. 긴장하다
The tense of a verb group is its form, which usually shows whether you are referring to past, present, or future time.

refer**
[rifɔ́ːr]

v. 언급하다; 지시하다, 나타내다; 참조하게 하다
If you refer to someone or something as a particular thing, you use a particular word, expression, or name to mention or describe them.

pat 복습
[pæt]

v. 쓰다듬다; 가볍게 두드리다; n. 쓰다듬기, 토닥거리기
If you pat something or someone, you tap them lightly, usually with your hand held flat.

back up

idiom 뒷받침하다; 지지하다; (컴퓨터) 백업하다
If someone or something backs up a statement, they supply evidence to suggest that it is true.

whirl*
[hwəːrl]

v. 빙그르르 돌다; (마음·생각 등이) 혼란스럽다; n. 빙빙 돌기
If something or someone whirls around or if you whirl them around, they move around or turn around very quickly.

outstretch^{복습}
[àutstrétʃ]

v. 펴다, 뻗다; 확장하다
When you outstretch, you put your arm or leg out straight.

valley**
[væli]

n. 골짜기, 계곡
A valley is a low stretch of land between hills, especially one that has a river flowing through it.

waddle^{복습}
[wadl]

v. 뒤뚱뒤뚱 걷다; n. 뒤뚱거리는 걸음걸이
To waddle somewhere means to walk there with short, quick steps, swinging slightly from side to side.

to and fro^{복습}

idiom 이리저리 움직이는, 앞뒤로 움직이는
If someone moves to and fro, they move repeatedly from one place to another and back again, or from side to side.

cluster^{복습}
[klʌ́stər]

v. (소규모로) 모이다, 무리를 이루다; n. 무리, 집단
If people cluster together, they gather together in a small group.

basin*
[beisn]

n. 분지, 오목한 땅; (큰 강의) 유역; 대야
In geography, a basin is a particular region of the world where the earth's surface is lower than in other places.

dense^{복습}
[dens]

a. 빽빽한, 밀집한; (앞이 안 보이게) 짙은, 자욱한; 우둔한
Something that is dense contains a lot of things or people in a small area.

court**
[kɔːrt]

v. 구애하다; n. 법정, 법원; (테니스 등의) 코트
When animals court, they engage in certain behaviors in order to attract a mate.

canoodle
[kənúːdl]

v. 껴안다
If two people are canoodling, they are kissing and holding each other a lot.

cobble
[kabl]

v. 대충 꿰맞추다; 서투르게 고치다, 수선하다
If you say that someone has cobbled something together, you mean that they have made or produced it roughly or quickly.

notice^{복습}
[nóutis]

v. 알아채다, 인지하다; 주의하다; n. 신경 씀, 주목, 알아챔
If you notice something or someone, you become aware of them.

involve**
[invάlv]

v. 관련시키다, 연루시키다; 수반하다, 포함하다
If a situation or activity involves someone, they are taking part in it.

dozen^{복습}
[dʌzn]

n. 12개; (pl.) 다수, 여러 개; 십여 개
If you have a dozen things, you have twelve of them.

massive*
[mǽsiv]

a. (육중하면서) 거대한; 엄청나게 심각한
Something that is massive is very large in size, quantity, or extent.

colony ^{복습}
[kálǝni]

n. (동·식물의) 군집; 거주지; 식민지
A colony of birds, insects, or animals is a group of them that live together.

illustration *
[ilǝstréiʃǝn]

n. (책·잡지 등의) 삽화, 도해
An illustration in a book is a picture, design, or diagram.

species *
[spíːʃiːz]

n. 종(種)
A species is a class of plants or animals whose members have the same main characteristics and are able to breed with each other.

interrupt ^{복습}
[intǝrʌ́pt]

v. (말·행동을) 방해하다; 중단시키다; 차단하다
If you interrupt someone who is speaking, you say or do something that causes them to stop.

protest ^{복습}
[próutest]

v. 항의하다, 이의를 제기하다; n. 항의; 시위
If you protest against something or about something, you say or show publicly that you object to it.

Arctic ^{복습}
[áːrktik]

n. 북극; a. 북극의, 북극 지방의
The Arctic is the area of the world around the North Pole.

ruckus ^{복습}
[rʌ́kǝs]

n. 야단법석, 대소동
If someone or something causes a ruckus, they cause a great deal of noise, argument, or confusion.

tend *
[tend]

v. 돌보다, 보살피다; (~하는) 경향이 있다
If you tend someone or something, you care for them.

knock ^{복습}
[nak]

v. 치다, 부딪치다; (문 등을) 두드리다; n. 문 두드리는 소리; 부딪침
(knock over idiom 쓰러뜨리다)
If you knock someone over, you hit or push them, so that they fall to the ground or the floor.

deafen
[défǝn]

v. 귀를 먹먹하게 하다; 귀를 먹게 하다 (deafening a. 귀청이 터질 듯한)
A deafening noise is a very loud noise.

chorus ^{복습}
[kɔ́ːrǝs]

n. 이구동성; 합창; v. 이구동성으로 말하다
When there is a chorus of criticism, disapproval, or praise, that attitude is expressed by a lot of people at the same time.

pause ^{복습}
[pɔːz]

n. (말·행동 등의) 멈춤; v. (말·일을) 잠시 멈추다; (테이프·시디 등을) 정지시키다
A pause is a short period when you stop doing something before continuing.

peer ^{복습}
[piǝr]

v. 유심히 보다, 눈여겨보다; n. 또래
If you peer at something, you look at it very hard, usually because it is difficult to see clearly.

dramatic ^{복습}
[drǝmǽtik]

a. 과장된, 호들갑스러운; 극적인; 감격적인, 인상적인 (dramatically ad. 과장되게)
A dramatic action, event, or situation is exciting and impressive.

unison ^{복습}
[júːnisn]

n. 조화, 화합, 일치 (in unison idiom 일제히)
If two or more people do something in unison, they do it together at the same time.

separate ^{복습}
[sépǝrèit]

v. 분리하다, 나누다; 갈라지다; a. 별개의; 분리된
If you separate people or things that are together, or if they separate, they move apart.

mock*
[mak]

a. 거짓된, 가짜의; v. 놀리다, 조롱하다; 무시하다
You use mock to describe something which is not real or genuine, but which is intended to be very similar to the real thing.

buffet
[bʌ́fit]

① v. 치다, 때려눕히다; 뒤흔들다; n. 타격 ② n. 뷔페
If something, especially wind, rain, or the sea, buffets something, it hits it with a lot of force.

bite**
[bait]

v. (곤충·뱀 등이) 물다; 베어 물다; n. 물기; 한 입
If an animal or person bites you, they use their teeth to hurt or injure you.

exclaim^{복습}
[ikskléim]

v. 소리치다, 외치다
If you exclaim, you cry out suddenly in surprise, strong emotion, or pain.

ladder*
[lǽdər]

n. 사다리
A ladder is a piece of equipment used for climbing up something or down from something.

disaster^{복습}
[dizǽstər]

n. 완전한 실패작; 엄청난 불행, 재앙; 참사, 재난
If you refer to something as a disaster, you are emphasizing that you think it is extremely bad or unacceptable.

formation^{복습}
[fɔːrméiʃən]

n. (특정한) 대형; 형성 (과정); 형성물
If people or things are in formation, they are arranged in a particular pattern as they move.

cliff^{복습}
[klif]

n. 절벽, 낭떠러지
A cliff is a high area of land with a very steep side, especially one next to the sea.

summit*
[sʌ́mit]

n. (산의) 정상; 정상 회담
The summit of a mountain is the top of it.

murmur*
[mɔ́ːrmə]

v. 중얼거리다, 속삭이다, 소곤거리다; n. 속삭임, 소곤거림
If you murmur something, you say it very quietly, so that not many people can hear what you are saying.

let out^{복습}

idiom (소리를) 내다; 풀어 주다, 해방시키다; (학교·극장 등이) 끝나다
If you let out a particular sound, you make that sound.

pierce*
[piərs]

v. (소리 등이) 날카롭게 울리다; 뚫다, 찌르다 (ear-piercing a. 귀청을 찢는 듯한)
An ear-piercing sound is high-pitched and very sharp in an unpleasant way.

peak^{복습}
[piːk]

n. (산의) 봉우리; 뾰족한 끝; 절정, 정점; v. 뾰족해지다; 최고조에 달하다
A peak is a mountain or the top of a mountain.

squawk^{복습}
[skwɔːk]

n. (새 등이) 꽥꽥 우는 소리; v. (새가 크게) 꽥꽥 울다; 시끄럽게 떠들다
A loud, harsh noise made by a bird is called a squawk.

tumble^{복습}
[tʌmbl]

v. 굴러 떨어지다; 폭삭 무너지다; n. (갑자기) 굴러 떨어짐; 폭락
If someone or something tumbles somewhere, they fall there with a rolling or bouncing movement.

display*
[displéi]

n. 전시, 진열; 표현; v. 전시하다; 내보이다
A display is a public performance or other event which is intended to entertain people.

146

break out

idiom (갑자기) 발생하다; 달아나다; 벗어나다
If something dangerous or unpleasant breaks out, it suddenly starts.

raucous^{복습}
[rɔ́:kəs]

a. 요란하고 거친, 시끌벅적한
A raucous sound is loud, harsh, and rather unpleasant.

neat^{복습}
[ni:t]

a. 뛰어난, 훌륭한; 깔끔한; 정돈된, 단정한
A neat movement or action is done accurately and skillfully, with no unnecessary movements.

bow^{복습}
[bau]

① n. (고개 숙여 하는) 인사; 절; 뱃머리; v. (고개를) 숙이다; (허리를 굽혀) 절하다
② n. 활; (리본 등의) 나비매듭
If you take a bow, you bend the top part of your body forward to show respect for someone when you meet them, or as a way of thanking an audience.

stout*
[staut]

a. 통통한; 튼튼한
A stout person is rather fat.

surge*
[sə:rdʒ]

v. (재빨리) 밀려들다; (강한 감정이) 휩싸다; n. 밀려듦; (강한 감정이) 치밀어 오름
If a crowd of people surge forward, they suddenly move forward together.

greet^{복습}
[gri:t]

v. 맞다, 환영하다; 반응을 보이다
When you greet someone, you say hello to them or to welcome them.

frantic^{복습}
[fræntik]

a. 정신없이 서두는; (두려움·걱정으로) 제정신이 아닌
If an activity is frantic, things are done quickly and in an energetic but disorganized way, because there is very little time.

clack^{복습}
[klæk]

v. (맞부딪쳐) 딱딱 소리를 내다; n. 딱딱하는 소리
If things clack or if you clack them, they make a short loud noise, especially when they hit each other.

beak^{복습}
[bi:k]

n. (새의) 부리
A bird's beak is the hard curved or pointed part of its mouth.

delight^{복습}
[diláit]

n. 기쁨; 즐거움; v. 많은 기쁨을 주다, 아주 즐겁게 하다
Delight is a feeling of very great pleasure.

admire**
[ædmáiər]

v. 감탄하며 바라보다; 존경하다, 칭찬하다 (admiration n. 감탄)
Admiration is a feeling of great liking and respect for a person or thing.

marvel*
[má:rvəl]

v. 경이로워하다, 경탄하다; n. 경이(로운 사람·것)
If you marvel at something, you express your great surprise, wonder, or admiration.

pass down^{복습}

idiom (후대에) ~을 전해주다, 물려주다
To pass down means to give knowledge or teach skills to your children or to younger people.

propose^{복습}
[prəpóuz]

v. 제안하다; 작정이다, 의도하다; 청혼하다
If you propose something such as a plan or an idea, you suggest it for people to think about and decide upon.

fascinate^{복습}
[fǽsənèit]

v. 마음을 사로잡다, 매혹하다 (fascinating a. 대단히 흥미로운, 매력적인)
If you describe something as fascinating, you find it very interesting and attractive, and your thoughts tend to concentrate on it.

revise*
[riváiz]

v. 개정하다, 수정하다; 변경하다
When you revise an article, a book, a law, or a piece of music, you change it in order to improve it, make it more modern, or make it more suitable for a particular purpose.

dissertation복습
[disərtéiʃən]

n. (대학 학위) 논문, 박사 논문; 논설
A dissertation is a long formal piece of writing on a particular subject, especially for an advanced university degree.

descend*
[disénd]

v. (이야기가 본론으로) 들어가다; 내려오다, 내려가다; (아래로) 경사지다
To descend means to go from generals to particulars, as in a discussion.

chick복습
[ʧik]

n. 새끼 새; 병아리
A chick is a baby bird.

glee
[gli:]

n. 신이 남; (남이 잘못되는 것에 대한) 고소한 기분
Glee is a feeling of happiness and excitement, often caused by someone else's misfortune.

mournful복습
[mɔ́:rnfəl]

a. 애처로운; 슬픔에 잠긴, 슬퍼하는
A mournful sound seems very sad.

148

Check Your Reading Speed

1분에 몇 단어를 읽는지 리딩 속도를 측정해보세요.

$$\frac{1,063 \text{ words}}{\text{reading time ( ) sec}} \times 60 = (\quad) \text{ WPM}$$

Build Your Vocabulary

farewell*
[fɛərwél]

int. 안녕히 계세요; n. 작별 (인사)
You say 'farewell' to say goodbye to someone when you do not expect to see them again for a long time.

hole up

idiom (어떤 장소에) 숨다
If you hole up somewhere, you hide or shut yourself there, usually so that people cannot find you or disturb you.

clamor복습
[klǽmər]

n. 시끄러운 외침, 떠들썩함; v. 와글와글 떠들다, 시끄럽게 굴다
A clamor is a loud noise, especially one that is made by a lot of people or animals.

valley복습
[vǽli]

n. 골짜기, 계곡
A valley is a low stretch of land between hills, especially one that has a river flowing through it.

command* *
[kəmǽnd]

n. 명령; 지휘, 통솔; 사령부; v. 명령하다, 지시하다; 지휘하다
(command performance n. (국가 원수 앞에서 하는) 공연)
A command performance is a special performance of a play or show, especially one which is given for a head of state.

pile복습
[pail]

n. 무더기, 더미; 쌓아 놓은 것; v. (차곡차곡) 쌓다; 우르르 가다
A pile of things is a mass of them that is high in the middle and has sloping sides.

figure out복습

idiom 이해하다, 알아내다; 계산하다, 산출하다
If you figure out a problem or situation, you think about it until you find the answer or understand what has happened.

involve복습
[inválv]

v. 수반하다, 포함하다; 관련시키다, 연루시키다
If an activity or situation involves something, that thing is part of it or a result of it.

peck복습
[pek]

v. (새가) 쪼다, 쪼아 먹다; n. 쪼기; 가벼운 입맞춤
If a bird pecks at something or pecks something, it moves its beak forward quickly and bites at it.

doorway복습
[dɔ́:rwèi]

n. 출입구
A doorway is a space in a wall where a door opens and closes.

startle복습
[stá:rtl]

v. 깜짝 놀라게 하다; 움찔하다; n. 깜짝 놀람 (startled a. 깜짝 놀란)
If something sudden and unexpected startles you, it surprises and frightens you slightly.

imprint
[ímprint]

v. 각인시키다; 찍다, 새기다; n. 누른 자국; 흔적 (imprinting n. 각인)
Imprinting is rapid learning that occurs very early in the life of an animal, typically soon after birth or hatching, and establishes a long-lasting behavior pattern.

hatch^{복습}
[hætʃ]

v. 부화시키다, 부화하다; (계획 등을) 만들어 내다; n. (배·항공기의) 출입구
When an egg hatches or when a bird, insect, or other animal hatches an egg, the egg breaks open and a baby comes out.

protest^{복습}
[próutest]

v. 항의하다, 이의를 제기하다; n. 항의; 시위
If you protest against something or about something, you say or show publicly that you object to it.

nod^{복습}
[nad]

v. (고개를) 끄덕이다, 까딱하다; n. (고개를) 끄덕임
If you nod, you move your head up and down to show agreement, understanding, or approval.

chick^{복습}
[tʃík]

n. 새끼 새; 병아리
A chick is a baby bird.

unfortunately^{복습}
[ʌnfɔ́ːrtʃənətli]

ad. 불행하게도, 유감스럽게도
You can use unfortunately to introduce or refer to a statement when you consider that it is sad or disappointing, or when you want to express regret.

let out^{복습}

idiom (소리를) 내다; 풀어 주다, 해방시키다; (학교·극장 등이) 끝나다
If you let out a particular sound, you make that sound.

burp^{복습}
[bəːrp]

n. 트림; v. 트림하다; (갓난아이에게) 트림을 시키다
When someone give a burp, they make a noise because air from their stomach has been forced up through their throat.

beak^{복습}
[biːk]

n. (새의) 부리
A bird's beak is the hard curved or pointed part of its mouth.

deft
[deft]

a. 날랜, 재빠른; 능숙한 (deftly ad. 날쌔게)
A deft action is skillful and often quick.

deposit^{복습}
[dipázit]

v. (특정한 곳에) 두다; 예금하다; n. 보증금; 예금
To deposit someone or something somewhere means to put them or leave them there.

squawk^{복습}
[skwɔːk]

v. (새가 크게) 꽥꽥 울다; 시끄럽게 떠들다; n. (새 등이) 꽥꽥 우는 소리
When a bird squawks, it makes a loud, harsh noise.

outrage^{복습}
[áutreidʒ]

n. 격분, 격노; v. 격분하게 하다, 격노하게 하다
Outrage is an intense feeling of anger and shock.

settle down

idiom 진정되다; (조용히 한 곳에 자리 잡고) 정착하다
If you settle down, you become quiet and calm.

tap^{복습}
[tæp]

v. (가볍게) 톡톡 두드리다; n. (가볍게) 두드리기
If you tap something, you hit it with a quick light blow or a series of quick light blows.

suspect[*]
[səspékt]

v. 짐작하다; 의심하다; 수상하게 여기다; n. 용의자
You use suspect when you are stating something that you believe is probably true, in order to make it sound less strong or direct.

Antarctic^{복습}
[æntá:rktik]

n. 남극; a. 남극의, 남극 지방의
The Antarctic is the area around the South Pole.

burst^{**}
[bə:rst]

v. (burst-burst) 불쑥 가다; 터지다, 파열하다; n. (갑자기) ~을 함; 파열
To burst into or out of a place means to enter or leave it suddenly with a lot of energy or force.

breathless
[bréθlis]

a. 숨이 가쁜; 숨을 가쁘게 하는; 숨이 막힐 듯한
If you are breathless, you have difficulty in breathing properly, for example because you have been running or because you are afraid or excited.

celebrity
[səlébrəti]

n. 유명 인사; 명성
A celebrity is someone who is famous, especially in areas of entertainment such as films, music, writing, or sport.

bury^{복습}
[béri]

v. (보이지 않게) 묻다; 땅에 묻다; (감정·실수를) 감추다
If you bury your head or face in something, you press your head or face against it, often because you are unhappy.

puffy
[pʌ́fi]

a. 푹신한; 부풀어오른; 부어 있는
If you describe an item of clothing as puffy, you mean that it is padded or gathered to give a rounded shape.

species^{복습}
[spí:ʃi:z]

n. 종(種)
A species is a class of plants or animals whose members have the same main characteristics and are able to breed with each other.

melt^{복습}
[melt]

v. 녹다; (감정 등이) 누그러지다; 서서히 사라지다; n. 용해
When a solid substance melts or when you melt it, it changes to a liquid, usually because it has been heated.

colony^{복습}
[káləni]

n. (동·식물의) 군집; 거주지; 식민지
A colony of birds, insects, or animals is a group of them that live together.

pavilion^{복습}
[pəvíljən]

n. 경기장, 공연장; (행사·전시회의) 임시 구조물
A pavilion is a very large building with big open areas used for sports and other public events.

out and about

idiom (어디를) 돌아다니는
If someone is out and about, they are going out and doing things, especially after they have been unable to for a while.

freeze^{복습}
[fri:z]

v. 얼리다; 얼다; (두려움 등으로 몸이) 얼어붙다; n. 동결; 한파 (frozen a. 얼어붙은)
If the ground is frozen, it has become very hard because the weather is very cold.

basement^{복습}
[béismənt]

n. (건물의) 지하층, 지하실
The basement of a building is a floor built partly or completely below ground level.

foundation^{복습}
[faundéiʃən]

n. 재단; (건물의) 토대; 기반, 근거; 설립, 창립
A foundation is an organization which provides money for a special purpose such as research or charity.

caretaker^{복습}
[kέərtèikər]

n. 관리인; 돌보는 사람, 간호인
A caretaker is a person whose job it is to take care of a house or property when the owner is not there.

honor^{복습}
[ánər]

v. ~에게 영광을 베풀다; 존경하다; n. 영광(스러운 것); 존경, 공경
If you say that you would be honored to do something, you are saying very politely and formally that you would be pleased to do it.

amaze^{복습}
[əméiz]

v. (대단히) 놀라게 하다 (amazed a. 놀란)
If you are amazed, you are greatly surprised.

streak^{복습}
[striːk]

v. 줄무늬를 넣다; 전속력으로 가다; n. 줄무늬
If something streaks a surface, it makes long stripes or marks on the surface.

scold^{복습}
[skould]

v. 야단치다, 꾸짖다
If you scold someone, you speak angrily to them because they have done something wrong.

interrupt^{복습}
[intərʌ́pt]

v. (말·행동을) 방해하다; 중단시키다; 차단하다 (interruption n. 방해)
If someone or something interrupts a process or activity, they stop it for a period of time.

dissertation^{복습}
[dìsərtéiʃən]

n. (대학 학위) 논문, 박사 논문; 논설
A dissertation is a long formal piece of writing on a particular subject, especially for an advanced university degree.

transmit*
[trænsmít]

v. 전하다; 전송하다; 전염시키다; 전도하다 (transmission n. 전달)
The transmission of something is the passing or sending of it to a different person or place.

generation^{복습}
[dʒènəréiʃən]

n. 세대, 대
A generation is the period of time, usually considered to be about thirty years, that it takes for children to grow up and become adults and have children of their own.

draft*
[dræft]

v. 초안을 작성하다; 선발하다; 징병하다; n. 원고, 초안; 징병; 선발
When you draft a letter, book, or speech, you write the first version of it.

ambassador*
[æmbǽsədər]

n. 대사
An ambassador is an important official who lives in a foreign country and represents his or her own country's interests there.

contribution*
[kàntrəbjúːʃən]

n. 공헌, 기여; 기부, 기증
If you make a contribution to something, you do something to help make it successful or to produce it.

stern^{복습}
[stəːrn]

n. (배의) 뒷부분, 선미; a. 엄중한, 근엄한; 심각한
The back part of a ship or boat is called the stern.

dock^{복습}
[dak]

n. 부두; v. (배를) 부두에 대다
A dock is an enclosed area in a harbor where ships go to be loaded, unloaded, and repaired.

unison^{복습}
[júːnisn]

n. 조화, 화합, 일치 (in unison idiom 일제히)
If two or more people do something in unison, they do it together at the same time.

content^{복습}
[kəntént]

a. 만족하는; v. 만족시키다
If you are content, you are fairly happy or satisfied.

blast*
[blæst]

v. 쾅쾅 울리다; 폭발하다; 맹비난하다; n. 폭발; (한 줄기의) 강한 바람
If you blast something such as a car horn, or if it blasts, it makes a sudden, loud sound.

Antarctica^{복습}
[æntá:rktikə]

n. 남극 대륙
Antarctica is the continent which is the most southern area of land on the Earth and is mostly covered with ice.

dramatic^{복습}
[drəmǽtik]

a. 과장된, 호들갑스러운; 극적인; 감격적인, 인상적인 (dramatically ad. 과장되게)
A dramatic action, event, or situation is exciting and impressive.

flipper^{복습}
[flípər]

n. (바다표범 · 거북 등의) 지느러미발
The flippers of an animal that lives in water, for example a seal or a penguin, are the two or four flat limbs which it uses for swimming.

plow*
[plau]

v. 헤치고 나아가다; (밭을) 경작하다; 제설하다; n. 쟁기
If someone plows through a place or if a ship plows through water, they move through it, especially with great effort.

in store

idiom 닥쳐올, 기다리고 있는
If something is in store for you, it is going to happen at some time in the future.

수고하셨습니다!

드디어 끝까지 다 읽으셨군요! 축하드립니다! 여러분은 이 책을 통해 총 21,168개의 단어를 읽으셨고, 1,000개 이상의 어휘와 표현들을 익히셨습니다. 이 책에 나온 어휘는 다른 원서를 읽을 때에도 빈번히 만날 수 있는 필수 어휘들입니다. 이 책을 읽었던 경험은 비슷한 수준의 다른 원서들을 읽을 때 큰 도움이 될 것입니다. 이제 자신의 상황에 맞게 원서를 반복해서 읽거나, 오디오북을 들어 볼 수 있습니다. 혹은 비슷한 수준의 다른 원서를 찾아 읽는 것도 좋습니다. 일단 원서를 완독한 뒤에 어떻게 계속 영어 공부를 이어갈 수 있을지, 도움말을 꼼꼼히 살펴보고 각자 상황에 맞게 적용해 보세요!

리딩(Reading)을 확실하게 다지고 싶다면? 반복해서 읽어 보세요!

리딩 실력을 탄탄하게 다지고 싶다면, 같은 원서를 2~3번 반복해서 읽을 것을 권합니다. 같은 책을 여러 번 읽으면 지루할 것 같지만, 꼭 그렇지도 않습니다. 반복해서 읽을 때 처음과 주안점을 다르게 두면, 전혀 다른 느낌으로 재미있게 읽을 수 있습니다.

처음 원서를 읽을 때는 생소한 단어들과 스토리로 인해 읽으면서 곧바로 이해하기가 매우 힘들 수 있습니다. 전체 맥락을 잡고 읽어도 약간 버거운 느낌이지요. 하지만 반복해서 읽기 시작하면 달라집니다. 일단 내용을 파악한 상황이기 때문에 문장 구조나 어휘의 활용에 더 집중하게 되고, 조금 더 깊이 있게 읽을 수 있습니다. 좋은 표현과 문장을 수집하고 메모할 만한 여유도 생기게 되지요. 어휘도 많이 익숙해졌기 때문에 리딩 속도에도 탄력이 붙습니다. 처음 읽을 때는 '내용'에서 재미를 느꼈다면, 반복해서 읽을 때에는 '영어'에서 재미를 느끼게 되는 것입니다. 따라서 리딩 실력을 더욱 확고하게 다지고자 한다면, 같은 책을 2~3회정도 반복해서 읽을 것을 권해 드립니다.

리스닝(Listening) 실력을 늘리고 싶다면?
귀를 통해서 읽어 보세요!

많은 영어 학습자들이 '리스닝이 안 돼서 문제'라고 한탄합니다. 그리고 리스닝 실력을 늘리는 방법으로 무슨 뜻인지 몰라도 반복해서 듣는 '무작정 듣기'를 선택합니다. 하지만 뜻도 모르면서 무작정 듣는 일에는 엄청난 인내력이 필요합니다. 그래서 대부분 며칠 시도하다가 포기해 버리고 말지요.

따라서 모르는 내용을 무작정 듣는 것보다는 어느 정도 알고 있는 내용을 반복해서 듣는 것이 더 효과적인 듣기 방법입니다. 그리고 이런 방식의 듣기에 활용할 수 있는 가장 좋은 교재가 오디오북입니다.

리스닝 실력을 향상하고 싶다면, 이 책에서 제공하는 오디오북을 이용해서 듣는 연습을 해 보세요. 활용법은 간단합니다. 일단 책을 한 번 완독했다면, 오디오북을 통해 다시 들어 보는 것입니다. 휴대 기기에 넣어 시간이 날 때 틈틈이 듣는 것도 좋고, 책상에 앉아 눈으로는 텍스트를 보며 귀로 읽는 것도 좋습니다. 이미 읽었던 내용이라 이해하기가 훨씬 수월하고, 애매했던 발음들도 자연스럽게 교정할 수 있습니다. 또 성우의 목소리 연기를 듣다 보면 내용이 더욱 생동감 있게 다가와 이해도가 높아지는 효과도 거둘 수 있습니다.

반대로 듣기에 자신 있는 사람이라면, 책을 읽기 전에 처음부터 오디오북을 먼저 듣는 것도 좋은 방법입니다. 귀를 통해 책을 쭉 읽어보고, 이후에 다시 눈으로 책을 읽으면서 잘 들리지 않았던 부분들을 보충하는 것이지요.

중요한 것은 내용을 따라가면서, 내용에 푹 빠져서 반복해 들어야 한다는 것입니다. 이렇게 연습을 반복해서 눈으로 읽지 않은 책이라도 '귀를 통해' 읽을 수 있을 정도가 되면, 리스닝으로 고생하는 일은 거의 없을 것입니다.

왼쪽의 QR 코드를 인식하여 정식 오디오북을 들어 보세요!
더불어 롱테일북스 홈페이지(www.longtailbooks.co.kr)에서도
오디오북 MP3 파일을 다운로드 받을 수 있습니다.

스피킹(Speaking)이 고민이라면? 소리 내어 읽어 보세요!

스피킹 역시 많은 학습자들이 고민하는 부분입니다. 스피킹이 고민이라면, 원서를 큰 소리로 읽는 낭독 훈련(Voice Reading)을 해 보세요!

'소리 내어 읽는 것이 말하기에 정말로 도움이 될까?'라고 의아한 생각이 들 수도 있습니다. 하지만 인간의 두뇌 입장에서 봤을 때, 성대 구조를 활용해서 '발화'한다는 점에서는 소리 내어 읽기와 말하기에 큰 차이가 없다고 합니다. 소리 내어 읽는 것은 '타인의 생각'을 전달하고, 직접 말하는 것은 '자신의 생각'을 전달한다는 차이가 있을 뿐, 머릿속에서 문장을 처리하고 조음기관(혀와 성대 등)을 움직여 의미를 만든다는 점에서 같은 과정인 것이지요. 따라서 소리 내어 읽는 연습을 꾸준히 하는 것은 스피킹 연습에 큰 도움이 됩니다.

소리 내어 읽기를 하는 방법은 간단합니다. 일단 오디오북을 들으면서 성우의 목소리를 최대한 따라 하며 같이 읽어 보세요. 발음뿐 아니라 억양, 어조, 느낌까지 완벽히 따라 한다고 생각하면서 소리 내어 읽습니다. 따라 읽는 것이 조금 익숙해지면, 옆의 누군가에게 이 책을 읽어 준다는 생각으로 소리 내어 계속 읽어 나갑니다. 한 번 눈과 귀로 읽었던 책이기 때문에 보다 수월하게 진행할 수 있고, 자연스럽게 어휘와 표현을 복습하는 효과도 거두게 됩니다. 또 이렇게 소리 내어 읽은 것을 녹음해서 들어 보면 스스로에게도 좋은 피드백이 됩니다.

최근 말하기가 강조되면서 소리 내어 읽기가 크게 각광을 받고 있기는 하지만, 그렇다고 소리 내어 읽기가 무조건 좋은 것만은 아닙니다. 책을 소리 내어 읽다 보면, 무의식적으로 속으로 발음을 하는 습관을 가지게 되어 리딩 속도 자체는 오히려 크게 떨어지는 현상이 발생할 수 있습니다. 따라서 빠른 리딩 속도가 중요한 수험생이나 고학력 학습자들에게는 소리 내어 읽기가 적절하지 않은 방법입니다. 효과가 좋다는 말만 믿고 무턱대고 따라 하기보다는 자신의 필요에 맞게 우선순위를 정하고 원서를 활용하는 것이 좋습니다.

라이팅(Writing)까지 욕심이 난다면? 요약하는 연습을 해 보세요!

원서를 라이팅 연습에 직접적으로 활용하는 데에는 한계가 있지만, 적절히 활용하면 원서도 유용한 라이팅 자료가 될 수 있습니다.

특히 책을 읽고 그 내용을 요약하는 연습은 큰 도움이 됩니다. 요약 훈련의 방식도 간단합니다. 원서를 읽고 그날 읽은 분량만큼 혹은 책을 다 읽고 전체 내용을 기반으로, 책 내용을 한번 요약하고 나의 느낌을 영어로 적어보는 것입니다.

이때 그 책에 나왔던 단어와 표현을 최대한 활용하여 요약하는 것이 중요합니다. 영어 표현력은 결국 얼마나 다양한 어휘로 많은 표현을 해 보았느냐가 좌우하게 됩니다. 이런 면에서 내가 읽은 책을, 그 책에 나온 문장과 어휘로 다시 표현해 보는 것은 매우 효율적인 방법입니다. 책에 나온 어휘와 표현을 단순히 읽고 무슨 말인지 아는 정도가 아니라, 실제로 직접 활용해서 쓸 수 있을 만큼 확실하게 익히게 되는 것이지요. 여기에 첨삭까지 받을 수 있는 방법이 있다면 금상첨화입니다.

이러한 '표현하기' 연습은 스피킹 훈련에도 그대로 적용될 수 있습니다. 책을 읽고 그 내용을 3분 안에 다른 사람에게 영어로 말하는 연습을 해 보세요. 순발력과 표현력을 기르는 좋은 훈련이 될 것입니다.

꾸준히 원서를 읽고 싶다면? 뉴베리 수상작을 계속 읽어 보세요!

뉴베리 상이 세계 최고 권위의 아동 문학상인 만큼, 그 수상작들은 확실히 완성도를 검증받은 작품이라고 할 수 있습니다. 특히 '쉬운 어휘로 쓰인 깊이 있는 문장'으로 이루어졌다는 점이 영어 학습자들에게 큰 호응을 얻고 있습니다. 이렇게 '검증된 원서'를 꾸준히 읽는 것은 영어 실력 향상에 큰 도움이 됩니다.

아래에 수준별로 제시된 뉴베리 수상작 목록을 보며 적절한 책들을 찾아 계속 읽어 보세요. 꼭 뉴베리 수상작이 아니더라도 마음에 드는 작가의 다른 책을 읽어 보는 것 또한 아주 좋은 방법입니다.

• 영어 초보자도 쉽게 읽을 만한 아주 쉬운 수준. 소리 내어 읽기에도 아주 적합. Sarah, Plain and Tall*(Medal, 8,331단어), The Hundred Penny Box (Honor, 5,878단어), The Hundred Dresses*(Honor, 7,329단어), My Father's Dragon (Honor, 7,682단어), 26 Fairmount Avenue (Honor, 6,737단어)

• 중 · 고등학생 정도 영어 학습자라면 쉽게 읽을 수 있는 수준. 소리 내어 읽기에도 비교적 적합한 편.

Because of Winn-Dixie*(Honor, 22,123단어), What Jamie Saw (Honor, 17,203단어), Charlotte's Web (Honor, 31,938단어), Dear Mr. Henshaw (Medal, 18,145단어), Missing May (Medal, 17,509단어)

• 대학생 정도 영어 학습자라면 무난한 수준. 소리 내어 읽기에 적합하지 않음.

Number The Stars*(Medal, 27,197단어), A Single Shard (Medal, 33,726단어), The Tale of Despereaux*(Medal, 32,375단어), Hatchet*(Medal, 42,328단어), Bridge to Terabithia (Medal, 32,888단어), A Fine White Dust (Honor, 19,022단어), Jennifer, Hecate, Macbeth, William McKinley and Me, Elizabeth (Honor, 23,266단어)

• 원서 완독 경험을 가진 학습자에게 적절한 수준. 소리 내어 읽기에 적합하지 않음.

The Giver*(Medal, 43,617단어), From the Mixed-Up Files of Mrs. Basil E. Frankweiler (Medal, 30,906단어), The View from Saturday (Medal, 42,685단어), Holes*(Medal, 47,079단어), Criss Cross (Medal, 48,221단어), Walk Two Moons (Medal, 59,400단어), The Graveyard Book (Medal, 67,380단어)

뉴베리 수상작과 뉴베리 수상 작가의 좋은 작품을 엄선한 「뉴베리 컬렉션」에도 위 목록에 있는 도서 중 상당수가 포함될 예정입니다.

★「뉴베리 컬렉션」으로 이미 출간된 도서

**어떤 책들이 출간되었는지 확인하려면, 지금 인터넷 서점에서
뉴베리 컬렉션을 검색해 보세요.**

뉴베리 수상작을 동영상 강의로 만나 보세요!

영어원서 전문 동영상 강의 사이트 영서당(yseodang.com)에서는 뉴베리 컬렉션 『Holes』, 『Because of Winn-Dixie』, 『The Miraculous Journey of Edward Tulane』, 『Wayside School 시리즈』 등의 동영상 강의를 제공하고 있습니다. 뉴베리 수상작이라는 최고의 영어 교재와 EBS 출신 인기 강사가 만난 명강의! 지금 사이트를 방문해서 무료 샘플 강의를 들어 보세요!

'스피드 리딩 카페'를 통해 원서 읽기 습관을 길러 보세요!

일상에서 영어를 한마디도 쓰지 않는 비영어권 국가에서 살고 있는 우리가 영어 환경에 가장 쉽고, 편하고, 부담 없이 노출되는 방법은 바로 '영어원서 읽기'입니다. 언제 어디서든 원서를 붙잡고 읽기만 하면 곧바로 영어를 접하는 환경이 만들어지기 때문이지요. 하루에 20분씩만 꾸준히 읽는다면, 1년에 무려 120시간 동안 영어에 노출될 수 있습니다. 이러한 이유 때문에 영어 교육 전문가들이 영어 원서 읽기를 추천하는 것이지요.
하지만 원서 읽기가 좋다는 것을 알아도 막상 꾸준히 읽는 것은 쉽지 않습니다. 그럴 때에는 13만 명 이상의 회원을 보유한 국내 최대 원서 읽기 동호회 〈스피드 리딩 카페〉(cafe.naver.com/readingtc)를 방문해 보세요.
원서별로 정리된 무료 PDF 단어장과 수준별 추천 원서 목록 등 유용한 자료는 물론, 뉴베리 수상작을 포함한 다양한 원서의 리뷰와 정보를 무료로 확인할 수 있습니다. 특히 함께 모여서 원서를 읽는 '북클럽'은 중간에 포기하지 않고 원서 읽기 습관을 기르는 데 큰 도움이 될 것입니다.

Prologue

1. A   Each year, Stillwater held the Popper parade, when everyone would gather to acknowledge the city's most famous residents.

2. A   The Poppers soon hosted twelve penguins and became very famous after they started up a traveling theatrical act.

3. B   From then on, September thirtieth was Stillwater's Popper parade day. The local children would take the bus to school as usual, but they'd cluster in the schoolyard instead of going to classes. There, they donned their best penguin costumes, which they had worked hard on in art class.

4. D   The adults in the town arrived next, dressed like the Poppers or the other characters from the family's adventure—Mrs. Callahan, Mr. Greenbaum, even Admiral Drake himself!

5. B   The procession finished at the great city square, where news crews came from all over the country to film the merriment.

Chapters 1 & 2

1. C   Light bulbs traced the words Penguin Pavilion out front, but not a single bulb was lit, despite the dark evening. The front door of the broken-down petting zoo was boarded up, and the electricity was shut off.

2. B   "I wish there really were penguins inside," Nina grumbled. "That would make this move worth it." Joel rubbed the top of her head. "I hear they're actually smelly and cranky. Maybe it's better that we just see them at the zoo, behind glass."

3. B   "Here, Mom," he said, taking her heavy handbag from her and placing it on top of the mantelpiece. "Should I go start unpacking the truck?" "We can do all that tomorrow," his mom said. She patted the bandanna she always wore over her hair, spattered with paints from her latest canvas. She was a wonderful painter, though she

could never seem to settle on any one subject. Some of the tiredness lifted from her eyes. "Nina has the right idea. Let's go explore the house!"

4. C   The house might have been cheap, but there was a reason. Its previous owners kept penguins here (which was, of course, awesome), but they had clearly not been into housekeeping. Even in the dim reflected light from the streetlamps outside, Joel could see the grime on the walls, and dust and wrappers piled up in the corners. His mother stood in the middle of a cramped kitchen, already working on the faucet, which was spraying out water. When she saw Joel, she gave a tight smile. "At least we know we have running water!"

5. C   "Mom has enough to trouble her without also worrying about the penguin eggs in our basement," Joel whispered.

6. A   "We're looking up how to care for penguin eggs, aren't we?" Nina said excitedly. Joel nodded and held open the library door for his sister.

7. A   "Great. Say, I'm going to heat water . . . um, for tea. Do you want some?" Mrs. Popper ducked into the kitchen, wiping her brow, a confused expression on her face. "You're making tea? Since when have you liked tea?"

Chapters 3 & 4

1. A   It was their first day of school, and Joel and Nina were taking a very long time getting their book bags ready. There were the usual folders and pencil cases and notebooks to color-code and arrange, of course, but there were also secret extra items: fleece blankets, hot-water bottles, and penguin eggs, one for each backpack.

2. A   Then he started thinking about the penguin egg in his own backpack. He'd checked on it all weekend. It was almost killing him now not to be able to look at it. "Mrs. Mosedale?" he asked, raising his hand once she'd assigned them a set of exercises. "Could I go use the bathroom?"

3. D   Joel went to put the egg back in the backpack, but before he could, Michael snatched it from his hands. "What is this? Is it from a dinosaur or something?" "Give it back!" Joel said, lunging for it. "No way. This is awesome. Everyone's going to love it!" Michael said. With that, he turned and ran.

4. D   Spelling was unfortunately not her strong suit. It wasn't fair—she was new, which meant she hadn't had a chance to study any of these words! Mr. Prendergast said just to do her best, and the grade wouldn't count, but even so, Nina took an extra moment to curse being the new kid again. It was the absolute worst.

5. A   The egg was definitely shaking, and the crack was getting bigger. She could

hear a tapping sound. She scratched her pencil harder along her paper, hoping that sound would cover the ones coming from the egg.

6. C   "No, stop!" she whispered as the bird started toddling under her desk, holding out its flippers. It was very cute, a dark gray ball of fuzz with a white belly and sleepy black eyes. But cuteness wouldn't be enough to keep the bird from getting both of them into trouble very quickly.

7. B   Nina had just written an e down on her paper when Joel appeared at the classroom door. He looked sweaty and out of breath, wearing his backpack on his front. If Nina wasn't mistaken, Joel's bag was shaking, too. "Can I help you, young man?" asked Mr. Prendergast, clearly irritated at the interruption. "I'm sorry," Joel said. "My name is Joel Popper. Nina is my sister, and I have to go home sick. Our mother is on the way. The front office said I could come get Nina, so we could go home together."

Chapters 5 & 6

1. D   Joel watched the bags to see if the chicks were moving. But they weren't, and he couldn't hear any oorks. Maybe the chicks had fallen asleep.

2. C   "Mine's okay, too!" Nina cried. Her chick was far more energetic, hopping out of her hand and wandering around the room, checking out the corners, oorking away. Nina sighed. "It's so cute!"

3. C   The penguins waddled over awkwardly, passing right by Joel's head and wedging into the space between his neck and the floor, one on either side. Joel laughed. "You guys want to feel like you're under an adult penguin's belly, don't you?"

4. C   "The Popper Penguins were named after famous travelers," Joel said. "We don't know if these are boys or girls yet, but what if we named them Ernest, for Ernest Shackleton, who went to the South Pole, and . . . and—" "Mae, for Mae Jemison!" Nina said. "She went to space."

5. A   Each time Joel went to get a box, he tried to pick one that was labeled BASEMENT, so he could check on Ernest and Mae.

6. A   "Nina! The goldfish are in the basement!" "So what?" Nina said. Then she saw Joel's horrified expression. "Oh! The basement!" They threw open the door and ran down the steps. They were just in time to see the goldfishes' tails disappear down the penguin's open beaks, one in each. Slurp, slurp. "Oork, oork!" The chicks waddled forward and back, turning in circles and raising their little wings, clearly pleased with themselves.

7. D   Mae might have been only a few hours old, but she was already clever. She waddled left on her step and then took a surprise waddle to the right before jumping,

skirting right by Nina.

Chapters 7 & 8

1. A   Mrs. Popper nervously picked up the chick and cradled him in the crook of her elbow. Her expression melted. "Is that better, Ernest? Anyway, what was I saying, oh, right, I'm very mad at you for thinking you could lie to your very own mother—what do you want? Are you hungry, little Ernest? Aww!"

2. D   "They cannot live with us," Mrs. Popper said. "That's not negotiable. Penguins do not belong in houses." "The Poppers did it!" Nina said. "That was a long time ago," Mrs. Popper said. "And what happened in the end? They realized that the penguins needed to be in nature, and Mr. Popper did the right thing. He brought them back to the wild."

3. D   Joel thought for a long moment. "Every kid around here knows that Mr. Popper brought his penguins up to the Arctic, to Popper Island," he said. "What if we brought these chicks up to live with them?" Nina hooted. "That would be amazing!"

4. C   As Ernest and Mae napped in the morning, Mrs. Popper went to the library to do some research of her own. She soon discovered that hatched birds don't need any special heat sources in a temperate climate like Hillport's—in fact their feathers insulated them so well that, until winter came, they'd need a way to cool down!

5. D   She went to the grocery store and bought some big bags of ice, which she dumped into a shallow tub in the corner of the kitchen. The penguins were smart creatures, she figured, and could decide how cold they wanted to be, using the ice as much as they saw fit.

6. A   "Could you try to ring them up for us, to ask if they might be able to pick these chicks up the next time they come to town for supplies?" "I'll try," the representative said, cracking his knuckles. "But it won't go well." They all watched as he put on a headset and turned some dials. Even the chicks went silent, watching curiously from Nina's and Joel's arms. "Popper Island Station come in, Popper Island Station come in." He removed the headset and turned back to them. "No answer. In fact, there's been no answer for months."

7. A   "Contact Yuka. He grew up near Popper Island and takes trips back up there sometimes to visit his family. He has a sturdy little boat and is an excellent captain."

Chapters 9 & 10

1. B   Yuka nodded. "It's been a few years since I lived up there, though. I came down to Stillwater College to get my doctorate in comparative zoology. I study aquatic bird migrations, actually! That's why the Popper Foundation knew about me."

2. C   The penguins waddled over to the edge, to gaze down at the water flowing past the boat. They'd taken to swimming laps in the bathtub, so Joel wasn't too worried about what would happen if they fell in.

3. B   Not one to be left out, Ernest pinched the fabric of Nina's jeans with his beak and lifted himself into her lap. He was turning out to be a smaller penguin than his sister and sometimes needed help getting himself everywhere he wanted to go.

4. C   Mae and Ernest spent most of each day sleeping. At first Joel and Nina had been worried they were sick, but then Mrs. Popper pointed out that the chicks were probably sleeping so much because they were growing so fast.

5. C   "Are you sure that's Popper Island ahead of us?" Mrs. Popper asked. Yuka nodded. "Definitely. I grew up around here, and I'd recognize those rock formations anywhere." "But how could all your instruments be wrong?" Nina asked. "They're connected to a central computer on the boat," Yuka said. "If my navigation systems have us in the wrong position it really isn't good, because that means I don't have readouts on nearby undersea obstacles. It's dangerous."

6. A   Right in front of Joel's eyes, Ernest reached in with his beak, pulled out another microchip, toddled to the edge of the boat, and pitched it over. He watched happily as it dropped into the rushing waves, then looked up at Joel with pride. "Oork!"

7. B   While Yuka frantically manned the helm, throwing levers and pushing buttons to cut the engines before the boat tore itself apart, Joel raced to the stern. He could just imagine Ernest cast into the sea, falling toward the propeller blades below. "Ernest!"

Chapters 11 & 12

1. B   Yuka looked up from the engine, pulling a metal mask back from his face. His welding tool continued to spark as he cheered and waved. "That's great! The caretaker's hut is on the far side of the island. I'll come join you as soon as I know there's no more water coming in."

2. A   They picked their way along the rocks. Joel tried to carry Ernest as they went, but the penguin made an oork of outrage and nipped Joel's finger. Apparently the chicks preferred to travel on their own two feet now that they were in their sort of environment.

3. B   "Here marks the hut built by Mr. Popper and Admiral Drake, the two gentlemen who brought penguins to the Arctic. Nineteen hundred and thirty-six." "Mr.

Popper was actually here!" Joel said. "That's so cool." Once they'd made their way inside, they found a cabinet with cans of food, a gas stove, a simple sort of ship's radio, and a sleeping platform with woolen blankets.

4. A   'To whomever it may concern: Please forgive my leaving my post. I developed a toothache that's making it impossible to monitor the Popper Penguins for the time being. I will return as soon as it's fixed and I've had a chance to see my family.'

5. A   They were confident as they sped through the water but became nervous and hesitant as soon as they were on the shore, scanning around to see what their friends were doing before they committed to walking up onto the beach.

6. D   The penguin shook her head sharply, then raced into the surf, getting down onto her belly to slide like a toboggan until she'd disappeared underwater. She was gone under the surface for a minute, then emerged—with a fish in her mouth! She toddled up the beach until she was in front of Mrs. Popper, then dropped the wriggling fish onto the rock.

7. B   Right at that moment, another fish landed at the Poppers' feet. In fact, Joel realized, it might be the very same fish that Patch had brought them earlier. She'd emerged from the surf while they were talking and stood proudly over the retrieved fish. "I think we'd better get a cooking fire started," Mrs. Popper said.

Chapters 13 & 14

1. C   His mother was cooking a pair of fish on a pan. A third fish had been left raw and cut up on a tin plate, where it was serving as the chicks' meal.

2. B   "Our biggest danger won't be running out of food, but running out of fuel," Mrs. Popper said. "If that happens, we'll be very, very cold." "How much is left?" She rapped her knuckles against the side of the can. It rang out hollowly. "I'm not sure. I hope enough for a few days." "You hope?" Nina said, her lower lip suddenly wobbling.

3. D   The next morning, Nina was the first to wake. The air in the hut was so cold that it was hard to feel the tip of her nose. But under the wool blanket it was nice and warm. The wind had died down, and instead was . . . what was that sound? Penguin chick snores! Nina held her ear against Ernest's beak and listened to the soft wheezy sound. Maybe he was dreaming—she could see his eyes moving rapidly beneath his lids.

4. C   Joel joined Nina at the doorway, the chicks in his arms. He gently leaned down and released them onto the cold ground. They looked around, panicked, and then tried to retreat into the hut—until Nina closed the door behind them. They oorked in protest. "This is for your own good," Joel explained. "You have to get used to other penguins!"

5. C   For such sleek creatures, the penguins were ungainly on the shore. They tipped over this way and that the moment they hit a slippery patch, more often than not knocking over another bird in the process. Joel and Nina kept near the chicks, so they wouldn't inadvertently get squished by a rolling stranger.

6. B   Nina and Joel went to join her and saw that here the ground turned into a sharp cliff. Nesting down the vertical rocky surface were birds that looked a lot like penguins. They had the same white-and-black coloration, only they were smaller and had clown-like faces that ended in bright red bills. Joel felt like they looked like inferior penguins. Then one spread its wings and swooped over the sea far below. They could fly. That was definitely a point in their favor. "I think those are puffins!" Nina said. "Neat. I've always wanted to see a puffin."

7. D   "I think I get it," Nina said, looking at the penguins and then the suffering puffin colony. "What is it?" Joel asked. "The puffins were the only birds around before. So they were the only ones eating the local fish. But now there are all these penguins here." ". . . and the penguins are eating all the good fish," Joel said, "which means there's not enough food left for the puffins."

Chapters 15 & 16

1. C   Yuka pointed to the southern sky, where a bank of dark clouds had formed. "That does look like bad news," Nina said, nodding. "It's coming our way," Mrs. Popper explained, "and an Arctic storm is serious business. We can't sail out until it's passed over."

2. A   "We've got a few hours left," he said. "Your mother wants to stay here to get the hut ready, but would you two come with me to the boat? We need to retrieve whatever supplies we can before the wind and snow come. There will be no crossing the island later."

3. C   "Oh no, the Popper Penguins!" Joel said, peering out the hut's small window. "Do you think they're going to be okay, Mom?" She squeezed Joel's shoulder. "Of course they'll be okay. They've survived many winters out here. They're designed for this sort of weather. It's primates like us who have to worry."

4. D   "Were you able to radio the authorities while you were at the boat?" Mrs. Popper asked. Yuka shook his head. "No, sorry. The electrical systems aren't up yet. But we're going to be fine. And the Popper Foundation knows our itinerary, so if we're missing for long enough, they'll be sure to send help."

5. B   Though she knew it would make her arm tingle from the cold air, she reached

out to touch the heater. It felt like ice. Nina tucked her arm back under the covers. "Mom," she said softly, "I think the propane ran out."

6. C   Once the last of the Popper Penguins was inside the shelter of the hut, Patch pressed her flipper against the door and pushed it closed. Even though Joel had managed to sleep through the clamor of a roomful of penguins, that sound was what woke him up. "Wow" was all he could think to say.

7. A   "Kids," he said, "I'm stuck in a waddle of penguins!" "Do you need help?" Nina asked, tugging on her furry slippers. Yuka considered the question for a moment. "No, actually," he said, appearing to surprise even himself. "This is may be the coziest I've been in my whole life. Turns out penguins are excellent insulators!"

Chapters 17 & 18

1. D   "I'm getting the sense that this isn't the first time the penguins have ridden out the worst of a storm by keeping warm in the hut," Joel said, stretching his arms and legs to get the blood circulating again.

2. B   "That's good," Nina said, pulling her hat low over her ears as she joined Joel in the doorway. "I'm glad Ernest and Mae took care of that, because I don't think I was up for eating barf fish."

3. B   Yuka slipped out of the hut and walked right past the penguin-puked fish, unimpressed. The spiky crampons on his boots crunched through the fresh ice as he headed to the boat. "Back to work! I'm hoping to be finished with the repair by the end of the day."

4. C   "Ernest and Mae haven't made any penguin friends yet," Nina said. "I'm worried about them, too," Joel said. "There's only a few hours left, and we don't know if they'll be okay after we leave."

5. B   "One of the penguins took us to the other side of the island, and there are puffins there, which should be great, but they're not healthy, not at all, they're all scrawny and their eggs are broken but there aren't any chicks, and the penguins are all fat and healthy, and we think that the problem is the penguins are eating all the fish around here and there's none left for the puffins, and they were here first, so that doesn't seem fair, does it?"

6. C   Nina coughed and stepped forward, maybe a little dramatically. "It might have been a good idea in the olden days for Mr. Popper to bring his penguins up here, but he didn't realize that it would make it hard for the puffins to survive, even all these generations later. What if . . . what if we brought them to where they belong?" "You

mean, to the Antarctic?" Mrs. Popper said, hand over her chest. "That's, um, very far from here," Yuka added. "Yes," Nina said, tears entering her voice. "But then the penguins would all be in their proper home, with other penguins. And during the voyage Mae and Ernest would have more of a chance to bond with the rest of the group and find penguins to be their parents."

7. C   "But, kids," Mrs. Popper said, "just how do you propose we get two dozen wild penguins to board a boat?" Joel paused. They'd been so busy worrying about how to convince Mom that they hadn't considered this problem.

Chapters 19 & 20

1. B   Back in the 1930s, Popper's Performing Penguins had paraded onstage to the "Merry Widow Waltz" on the piano. That was all well and good if you were getting penguins to march in a music hall, but there were no pianos on Popper Island. The modern-day Poppers made do, though, by standing outside the caretaker's hut and banging on camping pots with spoons.

2. D   When they reached the boat, the Poppers went right to the bow to make as much space as possible.

3. C   "Okay, children. Get working on your homework while there's still light out and the waves aren't too rough, please," Mrs. Popper called. "As soon as we're near enough to shore I'll call and get your updated assignments."

4. C   They'd stopped in Hillport to stock up on fish, to get permission to temporarily withdraw the kids from school, and for Yuka to turn in his essay and pick up his research books so he could work on his dissertation during the voyage.

5. B   They gave Mrs. Popper and Yuka stipends to compensate them for their work in relocating the penguins, and also paid for a refrigeration unit to be installed belowdecks— the penguins would need to stay down there while the boat passed through the hot tropics.

6. A   "I think Mae is sick!" Nina said. She held up the penguin's wing so Joel could see her torso beneath, where a patch of gray fluffy feathers was missing.

7. A   "They need a little help learning to socialize—" Mrs. Popper said, then she had to stop and concentrate on not falling into the sea as twenty-four penguins marched along the boat and hopped past her onto the dock, nearly knocking her over in the process.

Chapters 21 & 22

1. D   The Poppers and Dr. Drake lined up at the shore to watch. "This is a novel

environment for the Popper Penguins," Dr. Drake explained while Joel took notes. "They're bound to be apprehensive about what they'll find. We should expect them to be insecure and to stick near the boat for a long time.

2. C   "The Popper Penguins seem to be an especially intelligent line," Mrs. Popper added. "They were able to learn sophisticated dance moves, and their act toured theaters across the country."

3. A   There they'd lined up in a row, making quiet orks that sounded almost like coughs, waiting for the attention of the other birds. And attention is just what they got. A ruckus rose from the colony as they noticed the strangers. Those that weren't tending nests came right over, crowding in, knocking one another over to get the best view, making a deafening chorus of penguin calls. Once they had the attention of the other penguins, the Popper Penguins began to perform.

4. B   The gentoos surged forward, crowding around the Popper Penguins, greeting them with a frantic display of clacking beaks and loud calls. They lifted the Popper Penguins so they surfed over the top of the colony, making orks of delight as they accepted the crowd's admiration. "Well, I'll be!" Yuka said. "The scientific world has never seen anything like this," Dr. Drake marveled. "The Popper Penguins passed down stories about Antarctica and Stillwater!" Nina said. "Maybe they'll keep passing these stories down in the wild colony here," Yuka proposed.

5. B   The Popper children weren't out enjoying the show, though—they were too worried about Mae and Ernest.

6. A   Dr. Drake nodded. "You'll remember that Mr. Popper's first penguin, Captain Cook, was an adult. When he was a chick, he'd been around other penguins. By the time chicks were in Stillwater, they had other penguins around to imprint on. These two weren't in the same situation, unfortunately. It's not your fault—you did the best you could with these eggs. But I'm afraid they won't survive out here in the wild without parents, just like human children wouldn't."

7. D   "As the planet warms from human activity, this ice is melting, and the penguins' homeland is in greater and greater danger. Sometimes we lose entire colonies of penguins because of the melting ice down here. It sounds like the Penguin Pavilion didn't do things right, but you could. What if you brought Mae and Ernest to visit schools in the winter, when it's cold enough for them to be out and about, so kids everywhere could learn about penguins? Other times of year, scientists and interested children could come visit your birds in your frozen basement. I'm sure the Popper Foundation would be interested in funding such a place, with you as the caretaker."

프롤로그 스틸워터

매년, 스틸워터(Stillwater)는 파퍼(Popper) 행진을 벌였는데, 그때 모든 사람이 그 도시에서 가장 유명한 주민들에게 경의를 표하기 위해 모이곤 했습니다. 어른들은 그날 하루 일을 쉬었습니다. 어떤 아이들도 수업에 갈 필요가 없었습니다.

파퍼 가족(the Poppers)을 기념할 충분한 이유가 있었습니다. 파퍼 씨(Mr. Popper)는 한때 평범한 주택 도장공이었습니다. 하지만 그는 펭귄들과 사랑에 빠졌고 그가 가장 좋아하는 탐험가에게 이를 알렸습니다. 그러고 나서, 어느 9월 30일에, 그는 펭귄 한 마리를 받았는데, 드레이크 제독(Admiral Drake)이 직접 남극에서 속달우편으로 보낸 것이었습니다!

이제는 유명한 펭귄인, 캡틴 쿡(Captain Cook)에 뒤이어, 곧 또 다른 펭귄, 그레타(Greta)가 도착했습니다. 집 안에 수컷과 암컷 펭귄이 살게 되자, 알과 새끼 펭귄들도 생겨났습니다. 파퍼 가족은 금방 열두 마리 펭귄의 주인이 되었고 그들이 유랑 극단 활동을 시작한 후에 매우 유명해졌습니다.

그때부터, 9월 30일은 스틸워터의 파퍼 행진 날이 되었습니다. 동네 아이들은 평소처럼 버스를 타고 학교에 가겠지만, 수업에 가는 대신 학교 운동장에 모일 것입니다. 그곳에서, 아이들은 그들이 가진 최고의 펭귄 의상을 입었는데, 이는 그들이 미술 시간에 열심히 만든 것이었죠. 몇몇은 매우 정교해 보이기도 했습니다. 몇몇은 스컹크나 햄스터에 더 가까워 보였지만요.

다음으로 마을의 어른들이 도착했는데, 파퍼 가족이나 그 가족의 모험에 등장하는 다른 등장인물처럼 옷을 입고 있었습니다—캘러핸 부인(Mrs. Callahan), 그린바움 씨(Mr. Greenbaum), 심지어 드레이크 제독까지도 말이죠! 모든 사람이 1930년대의 우아한 옷을 입고 즐거워했습니다. 그리고, 고등학교 행진 악단의 연주가 울려 퍼지는 가운데, 그들은 모두 시내로 나아갔습니다. 아이들이 앞서 갔는데, 펭귄이 뒤뚱뒤뚱 걷는 모습을 최선을 다해 나타냈습니다. 그들은 프라우드풋 에비뉴(Proudfoot Avenue) 432번지에 있는 파퍼 씨의 옛집을 지나 느릿느릿 걸어갔고, 이발소와 팔라스 극장(Palace Theater)도 지났습니다. 그 행진은 거대한 도시 광장에서 끝이 났는데, 그곳에는 이 떠들썩한 광경을 촬영하기 위해 전국 각지에서 모여든 취재진들이 있었습니다.

광장에는 열두 마리의 파퍼 펭귄들(Popper Penguins) 동상이 있었습니

170

다: 그들은 바로 캡틴 쿡, 그레타, 콜럼버스(Columbus), 빅토리아(Victoria), 넬슨(Nelson), 제니(Jenny), 마젤란(Magellan), 아델리나(Adellina), 스콧(Scott), 이자벨라(Isabella), 퍼디난드(Ferdinand), 그리고 루이자(Louisa)였죠. 그 펭귄들 가운데에는 파퍼 부부와 그 자녀들의 동상이 있었습니다. 이것은 국내 신문들의 1면을 장식할 대단히 멋진 모습을 만들어 냈습니다. 꽃가루와 리본, 펭귄들과 파퍼 가족들이 말이죠! 이것은 스틸워터에서 매년 있는 하이라이트였습니다.

강 건너, 힐포트(Hillport)에서, 이야기는 완전히 달랐습니다.

1장 힐포트

스틸워터의 깔끔한 도로를 통과한 뒤, 이삿짐 트럭은 힐포트의 낮은 집들과 깜빡거리는 간판들을 덜컹거리며 지나갔습니다. 그 마을에는 상상할 수 있는 모든 종류의 펭귄 관련 명소가 있었습니다. 펭귄 체험 동물원, 펭귄 선물 가게, 심지어는 펭귄 물 미끄럼틀도 있었습니다. 트럭은 마침내 내려앉은 한 건물 앞에 멈춰 섰습니다. 정면에 펭귄 공연장이라는 글자를 따라 전구들이 달려 있었지만, 어두운 밤인데도 불구하고, 단 한 개의 전구도 불이 켜져 있지 않았습니다. 완전히 망가진 체험 동물원의 정문은 널빤지로 막혀 있었고, 전기도 차단되어 있었습니다.

"우리가 여기에서 살 거라고요, 엄마?" 더 잘 볼 수 있도록 자신의 소매로 자동차의 창문을 문지르며, 조엘(Joel)이 물었습니다. 그는 자신의 말이 실제로 그렇게 들린 것처럼 부정적으로 들리게 하려던 것은 아니었습니다.

"전기가 들어오기는 하나요?" 이삿짐 트럭의 가운데 자리에서, 그의 여동생, 니나(Nina)가 물었습니다.

"내가 전기 회사에 전화를 해 두었단다." 그들의 엄마가 말했습니다. "그들이 할 수 있는 한 빨리 전기를 복구해 줄 거야. 자, 애들아, 나는 너희들이 며칠 간 잘 적응하며 이해해 주길 바란단다."

"정말 이 안에 살고 있는 펭귄들이 있을까요?" 조엘을 타고 넘어 뿌예진 옆 유리창에 자신의 얼굴을 가져다 대며, 니나가 물었습니다. 그녀는 자신의 손으로 유리창을 닦았지만, 그녀의 입김이 바로 유리창을 다시 뿌옇게 만들었습니다. 조엘은 무엇이 그녀의 관심을 사로잡았는지 알 수 있었습니다. 멜빵바지를 입은 펭귄 모양으로 오려 낸 나무 조각들이 집 외벽을 따라 춤을 추듯 흔들렸습니다. 아래의 표지판에는, **펭귄 관람: 5달러. (쓰다듬기 체험은 추가 비용 있음. 시세에 따라 변동.)**이라고 적혀 있었습니다.

"더 이상 여기에 펭귄은 없단다." 트럭의 시동을 끄고 자신의 가방을 뒤적이면서, 그들의 엄마가 말했습니다. 그녀의 손에는 낡은 봉투 하나가 들려 있었는데, 그녀는 변색된 열쇠 하나가 자신의 손바닥에 떨어질 때까지 그 봉투를 흔들었습니다. "너희는 우리의 새로운 집을 살펴볼 준비가 되었니?"

"펭귄이 이 안에 진짜로 있으면 좋을 텐데." 니나가 투덜거렸습니다. "그러면 이번 이사는 할 만했을 거예요."

조엘이 그녀의 정수리를 쓰다듬었습니다. "나는 펭귄들이 실제로는 냄새나고 괴팍하다고 들었어. 어쩌면 우리는 그들을 그냥 동물원에서 보는 것이 더 나을지도 몰라, 유리 뒤에서 말이야."

"그들이 나에게는 냄새나고 괴팍하지 않을 거야." 니나가 반박했습니다. "우리는 친구가 될 거라고!"

아이들은 집 앞길을 따라 그들의 엄마를 따라갔습니다. 빛바랜 표지판이 펭귄 먹이 주기: 2달러 그리고 펭귄 초상화: 4장에 4달러라고 일러 주었습니다. "이곳은 펭귄 체험 동물원이었단다." 그들의 엄마가 설명했습니다. "그 주인들은 파퍼 가족의 이야기를 기념하기 위해 매년 스틸워터에 오는 사람들로부터 돈을 좀 벌기를 바랐지. 하지만, 최초의 파퍼 펭귄들이 스틸워터에 산 지 매우 오랜 시간이 지났고, 매년 힐포트에 오는 사람들은 훨씬 더 줄어들었어. 은행은 펭귄 공연장을 압류했고, 그래서 내가 이 집을 살 수 있었던 거란다."

"그리고 파퍼 펭귄들은 또한, 엄마 가문의 일원이기도 하고요, 맞죠?" 조엘이 물었습니다. "그게 바로 우리가 성으로 파퍼를 쓰는 이유기도 하고요?"

"어떤 의미에서는 그렇지." 그녀가 말했습니다. "하지만 나는 아주 먼 친척이야. 나는 스틸워터나 힐포트에 살았던 적이 한 번도 없어서, 이것이 너희에게 새로운 만큼 나에게도 새롭단다."

"'압류했다(foreclosed)'는 게 무슨 뜻이야?" 그들의 엄마가 자물쇠에 열쇠를 꽂으려고 하는 동안, 니나가 조엘에게 속삭였습니다.

"내 생각에 압류란 그게 이미 네 번이나 닫혔다(closed four times)는 의미인 것 같아." 조엘이 지혜롭게 말했습니다. "그래서 이 집이 엄마가 살 수 있을 만큼 충분히 저렴해진 거야."

현관문이 삐걱거리며 열렸습니다. 문이 열리자마자, 니나는 쏜살같이 지나갔고, 그녀의 목소리가 복도 전체에 울렸습니다. "나는 여기를 침실로 할래. 아냐, 잠깐만, 저기 말고 여기를 침실로 할래! 오빠는 저 첫 번째 방을 가져!"

조엘은 자신이 어떤 방을 갖게 될지 크게 신경 쓰지 않았습니다. 그는 자신의 엄마가 얼마나 핼쑥해 보이는지 걱정하며, 그녀의 곁에 남았습니다. 악천후 속에서 아주 오랜 운전을 하고 난 뒤였습니다. "이리 주세요, 엄마." 엄마에게서 그녀의 무거운 가방을 받아 그것을 벽난로 선반 위에 올려 두며, 조엘이 말했습니다. "제가 가서 트럭의 짐을 풀기 시작할까요?"

"우리는 내일 그걸 전부 할 수 있을 거야." 그의 엄마가 말했습니다. 엄마는 그녀가 머리 위에 항상 두르는, 그녀가 최근에 그린 유화에서 쓴 물감들이 튀어 있는 반다나를 매만졌습니다. 그녀는 훌륭한 화가였지만, 결코 어떤 하나의 주제를 정한 것처럼 보이진 않았습니다. 약간의 피곤함이 그녀의 두 눈에서 사라졌습니다. "니나에게 좋은 생각이 있는 것 같구나. 집을 살펴보러 가 볼까!"

그리고 그녀는 니나를 좇아, 따라 나섰습니다. 조엘은 현관문을 닫고, 자물쇠가 단단히 잠겨 있는지 확인한 다음, 그의 엄마와 여동생과 함께하기 위해 위층으로 뛰어올라 갔습니다.

그 집은 저렴했을지 모르지만, 거기에는 이유가 있었습니다. 그 집의 전 주인들은 이곳에서 펭귄들을 길렀고(그것은, 물론, 멋진 일이었지만), 그들은 분명 집안일에는 관심이 없었습니다. 바깥의 가로등에서 희미하게 비치는 불빛 속에서도, 조엘은 벽에 묻은 때를 볼 수 있었고, 구석에는 먼지와 포장지들이 쌓여 있었습니다. 그의 엄마는 비좁은 부엌의 한가운데에 서서, 이미 수도꼭지를 손보고 있었는데, 그것은 물을 내뿜고 있었습니다. 엄마가 조엘을 봤을 때, 그녀는 딱딱한 미소를 지었습니다. "적어도 우리가 물이 나온다는 건 알고 있잖니! 걱정하지 말렴, 우리는 지금 바로 이곳을 치울 거란다."

"그럴 거라고 확신해요, 엄마." 고개를 끄덕이며, 조엘이 말했습니다.

"좋아, 여기는 무조건 내 방이야—아니, 잠깐, 이 방이야!" 니나가 위층에서 소리쳤습니다. "선택지가 너무 많잖아!"

"너는 네 여동생이 모든 방을 차지하기 전에 네 침실을 정하는 게 좋을 것 같구나." 파퍼 부인이 말했습니다.

조엘은 고개를 끄덕이며 위층으로 향했습니다.

빠른 선택이었습니다. 조엘은 니나가 어떤 방이든 그녀를 행복하게 하는 방을 고르게 했고 그다음 인생을 단순하게 하려고 그 옆방을 선택했습니다. "자, 밤이 늦었고 우리는 내일 힘든 하루를 보낼 거야." 그가 자신의 여동생에게 말했습니다. "우리는 내려가서 우리 이불과 칫솔은 꺼내야 해, 적어도 말이야."

니나가 깡충깡충 계단 아래로 뛰어내려 갔습니다. "오오, 봐, 지하실이야!"

"가서 짐부터 풀자, 니나!" 조엘이 어둠 속에서 아래로 소리쳤습니다. "우리는 내일 지하실을 탐험할 수 있어."

"오빠는 이걸 꼭 봐야 돼!" 그녀가 소리쳤습니다. "놀라워! 우와! 손전등을 가져와 줘!"

투덜거리며, 조엘은 자신의 벨트에서 손전등을 풀고 (그는 항상 비상사태에 대한 준비가 되어 있었습니다) 삐걱거리는 계단 아래로 향했습니다. 각 계단 위에는 천장에 매달려 있는 표지판들이 있었습니다:

쓰다듬을 준비를 하세요!
옷을 껴입으세요!
펭귄 공연장의 주요 볼거리!
캡틴 쿡과 그레타를 꼭 닮은
펭귄들을 만나러 오세요!
위층에서 여러분의 표를 구입하세요!

"여기가 그들이 펭귄들을 기르던 곳이 틀림없어." 계단에서 내려와 차갑고, 눅눅한 바닥을 밟으면서 조엘이 그의 여동생에게 소리쳤습니다.

"맞아, 틀림없어!" 니나가 말했습니다. "한번 둘러보자."

조엘이 손전등으로 벽 주위를 비췄습니다. 빙산과 빙하가 각 벽면에 그려져 있었고, 멀리 펭귄과 북극곰이 함께 노는 모습이 대충 묘사되어 있었습니다. "북극곰들은 북극에 살아." 그가 니나에게 말했습니다, "그리고 펭귄들은 남극에 살지. 완전히 다른 극이야. 그리고 그들은 절대 같이 놀지 않을 거야. 혹은 이 바보 같은 산타(Santa) 모자를 쓰지도 않을 거고."

"그건 단지 그림일 뿐이야." 그 방의 구석구석을 뒤지며, 니나가 말했습니다. "나는 펭귄들이 아직도 여기에 있으면 좋겠어. 나는 전에 한 번도 펭귄을 만나 본 적이 없거든."

조엘이 코를 킁킁거렸습니다. "아직도 새 냄새가 나. 그리고 오래된 생선 냄새도."

니나도 마찬가지로, 한껏 코를 킁킁거렸습니다. "나는 이 냄새가 좋아. 이리 와서 이 거대한 O 모양 기계들에 빛을 좀 비춰 봐!"

한쪽 벽을 따라 커다란 에어컨처럼 보이는 것들이 있었습니다. "이것들이 아마도 그들이 방을 차갑게 유지했던 방법일 거야."

"오빠 생각에 이 기계들이 켜질 것 같아?" 니나가 물었습니다.

"물론 켜지지. 하지만 우리는 전기가 전혀 들어오지 않잖아." 팔짱을 끼며, 조엘이 대답했습니다. "그리고 이 안에 더 이상 펭귄들이 없다면 우리는 이 방을 얼릴 필요가 없어. 전기는 비싸거든."

니나가 냉방 기기들 중 하나의 뒤로 사라졌습니다. "여기 뒤에 공간이 있어. 내가 거의 딱 맞아—잠깐, 저건 뭐지? 워, 나는 이걸 거의 으스러뜨릴 뻔했어!"

"뭘 으스러뜨린다고?" 자신의 여동생에게 손전등을 비추며, 조엘이 물었습니다. 하지만, 그는 그녀가 찾은 것을 볼 수 없었습니다. 그녀의 몸이 그 위로 그림자를 드리우고 있었습니다.

"잠깐—하나 더 있어!" 양손에 무언가를 들고, 니나가 돌아섰습니다.

"그게 뭐야?" 조엘이 물었습니다.

그녀는 냉방기 뒤에서 나오려고 애를 썼습니다. 그녀는 불빛 속으로 그녀의 두 손을 들어 올리면서 아무 말도 하지 못했습니다.

니나가 말문이 막히는 것은 매우 드문 일이었습니다.

하지만 곧, 조엘은 이유를 알 수 있었습니다.

양손에 안겨 있는 것은 어떤 알이었습니다. 알들은 회색빛이 돌고 옅은 반점들이 있었으며 달걀이라고 하기에는 너무 컸습니다.

그것들은 펭귄의 알이어야만 했습니다.

174

2장 니나와 조엘이 둥지를 짓다

"얘들아?" 파퍼 부인이 지하실 계단 꼭대기에서 물었습니다. "거기 아래에서 무슨 일이 벌어지고 있는 거니?"

"아무것도 아니에요!" 조엘이 밝게 소리쳤습니다. 그는 니나의 귀에 무섭게 속삭였습니다. "그 알들을 다시 가져다놔."

"왜?" 니나가 이의를 제기했습니다. "우리는 이 알들을 좋아하게 될 거고 어쩌면 그것들 위에 앉아서 부화시킬 수 있을 거야, 그러면 우리는 펭귄을 키우게 되는 거라고!"

"엄마는 우리 지하실에 있는 펭귄 알들에 대해 걱정하지 않고도 충분히 힘드셔." 조엘이 속삭였습니다.

"지금 농담하는 거야? 엄마도 마찬가지로, 좋아하실 거야! 엄마는 동물을 사랑하시잖아."

"엄마는 아마 우리에게 펭귄 공연장의 펭귄들을 그들이 지낼 아무 동물원으로 보내라고 하실지도 몰라." 조엘이 말했습니다. "우리는 그것을 원하지 않잖아, 그렇지?"

그 말에 니나는 조용해졌습니다. 그녀는 침착하게 자신의 고개를 저었습니다.

솔직히, 조엘은 자신들이 다음에 무엇을 해야 할지 몰랐습니다. 그는 그저 자신이 인생에서 예상하지 못한 복잡한 문제를 좋아하지 않는다는 것만 알고 있었는데, 이것은 확실히 예상하지 못한 복잡한 문제였습니다. 적어도 이 펭귄 알들은 아마도 절대 부화하지 않을 것입니다. 어쨌든, 지하실 구석에 몇 시간 더 있는 것이 그들의 운명을 바꾸지는 않을 것입니다. 그는 밤새 자신들이 무엇을 해야 하는지에 대해 곰곰이 생각한 다음 그가 좀 더 명료하게 생각하고 있을 아침에 계획을 세울 것입니다.

"얘들아?" 엄마가 아래쪽을 향해 외쳤습니다. "다 괜찮은 거니?"

"네, 괜찮아요!" 니나가 알들을 그들의 은신처로 조심히 되돌려 놓으며 외쳤습니다. 그녀는 조엘에게 엄지손가락을 치켜세우고 윙크했습니다. 그러나 그녀는 아직 윙크하는 법을 제대로 배우지 못해서, 그것은 과장되게 눈을 찡그리는 것에 더 가까웠습니다.

조엘은 그날 밤 충분히 자지 못했습니다. 그는 그의 낯선 새 침대에 누워, 나무 조각들로 된 망가진 그의 방 블라인드 사이로 비치는 주황색 가로등 불빛을 내다보며, 그의 선택지들을 고려했습니다.

아침이 되자, 그는 자신에게 실행 가능한 계획이 있다고 꽤 확신했습니다.

아침 식사 때, 조엘과 니나는 부엌 구석에 앉아, 시리얼 그릇을 자신들의 무릎 위에 놓았습니다 (그들이 아직 어떤 식탁이나 의자도 풀지 않았으니까요). 그들의 엄마는 화장실에 있었는데, 변기를 뚫으려고 애쓰고 있었습니다. 그것은 잘 되고 있지 않았습니다—그들은 계속해서 여러 번의 꿍 하는 소리와 이상한 꼬르륵 소리를 들었습니다. 조엘은 무슨 일이 일어나고 있는지 보기 위해 화장실 안을 엿볼 엄두가 나지 않았습니다.

꾸륵. 조엘이 기침했습니다. "엄마, 월요일에 니나와 저는 저희의 새로운 학교에 가야 해요, 엄마도, 음, 물론, 엄마도 아시다시피, 그런데 그들이 우리가 수업을 위해 읽어야 하는 것에 관한 우편물을 우리의 옛날 집으로 보낸 것은 아셨어요?" 꾸르륵. "음, 그들은 그랬어요, 그리고 저는 그것을 기억하고 있었어요, 그래서, 음, 저는 니나와 제가 우리가 오는 길에 지나친 도서관에 가서 필요한 책을 대출해도 괜찮은지 궁금해요. 그곳은 단지 몇 블록 떨어져 있고, 우리는 바로 돌아올 거라서, 엄마는 저희가 거의 그리울 것 같지도 않죠? 저는 사서 선생님이 친절해서 저희에게 대출증을 만들어 줄 거라고 확신해요." 꿀럭.

"물론이지." 그들의 엄마가 멍하니 말했습니다. 꿀렁. "너희는 충분히 나이가 들었단다. 나는 너희가 돌아올 때까지 이것을 고쳐 둘게." 쿨렁.

조엘과 니나는 그들의 신발을 신고 재킷을 입고서, 이미 현관문을 반쯤 빠져나간 뒤였습니다. 그들은 달려 나가면서 옷을 입었고, 네 발에 신발 네 짝을 모두 신을 때까지 한 발씩 깡충깡충 뛰었습니다. "우리는 펭귄 알을 보살피는 방법에 대해 찾아볼 거야, 그렇지 않아?" 니나가 신이 나서 말했습니다.

조엘은 고개를 끄덕였고 그의 여동생을 위해 도서관 문을 열어 두었습니다. 일단 그들이 안으로 들어가자, 조엘과 니나는 사서 선생님의 호기심에 가득 찬 시선을 피하며, 곧장 참고 문헌 구역으로 갔습니다. 그들은 누군가에게 곤란한 질문을 받는 것을 원치 않았습니다.

"펭귄은 598.47번이야." 조엘이 말했습니다. "나는 그게 낮은 선반에 있으면 좋겠어."

"어떻게 오빠는 펭귄에 관한 듀이 십진분류법(Dewey Decimal number)을 아는 거야?" 니나가 물었습니다.

"나는 그냥 그런 게 기억이 나, 나도 모르겠어." 조엘이 말했습니다. "여기 있다!"

조엘은 다리를 꼰 채로, 바닥에 앉아서, 그의 무릎 위로 책들을 꺼냈습니다. "좋아, 색인에서 알을 찾아보면, 12쪽, 여기 있다. 부화 온도는 화씨 96.5도(35.8 ℃)래."

"그 정도면 진짜 따뜻한 거네, 맞지?" 니나가 물었습니다.

조엘이 고개를 끄덕였습니다. "따뜻한 9월의 날씨지만, 그렇게 따뜻하지는 않아. 우리는 그 알들에 열을 좀 가해줘야 해. 너무 늦은 게 아니면 좋겠다."

"아마 기계 뒤에서 나오는 열이 있었을 거야, 전기가 들어왔던 예전에 말이야." 니나가 말했습니다. 니나는 그녀가 가지고 있던 펭귄 책을 휙 펼쳐서 사진 아래에 있는 설명을 소리 내어 읽었습니다. " '부모들은 교대로 알들을 품. . . 품. . . 품는다.' 내 생각에 안에 있는 작은 새끼 펭귄들은 품겨 있는 느낌을 좋아하는 것 같아. 우리도 그것들 위에 앉아 있어야 해, 마찬가지로 말이야."

조엘이 자신의 손가락으로 딱 소리를 냈습니다. "보온 물주머니! 우리에게 지난겨울 아팠을 때 썼던 게 있어."

" '때때로 두 마리의 수컷이나 두 마리의 암컷이 부모 펭귄이 되기도 합니다.' " 니나가 큰소리로 읽었습니다. " '다른 펭귄들은 친부모가 실종되면 알들을 입양합니다.' 아주 다정하네."

"또 다른 건? 우리는 돌아가서 그 알들을 따뜻하게 해야 해. 나는 우리가 그 책들을 가져갈 수 있으면 좋겠지만, 당연히 그들은 보호자가 없이 온 아이들에게 도서관 대출증을 주지 않을 거야."

"왜 엄마가 그 생각을 못하셨는지 모르겠네." 니나가 말했습니다.

"엄마는 예술인이잖아." 조엘이 대답했습니다. "그건 엄마가 사소한 것들에 관해서는 신경 쓰지 않는다는 걸 의미하지." 펭귄들이 새로운 보금자리에 도착하기 전에 전원을 켜 두는 것처럼 말이죠.

조엘은 책들을 다시 선반에 꽂기 시작했습니다. "코트를 입어, 니나."

"나는 내 코트를 벗지도 않았어!" 니나가 말했습니다.

"오." 그의 가슴을 만지며, 조엘이 말했습니다, "나도, 안 벗었네!"

집으로 돌아와, 니나가 이삿짐 트럭에서 보온 물주머니를 샅샅이 찾으러 간 사이, 조엘은 부엌으로 서둘러 갔습니다. "변기는 어떻게 되어 가고 있어요, 엄마?" 조엘이 소리쳤습니다.

"좋아!" 그녀가 화장실에서 답했습니다. "다 뚫었어. 나는 금붕어 수조를 설치하는 데 시간이 좀 걸렸고, 지금은 샤워실 배수구를 작업하고 있단다."

"대단해요. 저, 저는 물을 데울 거예요. . . 음, 차를 마시려고요. 차 좀 드릴까요?"

파퍼 부인은 얼굴에 혼란스러운 표정을 짓고, 그녀의 이마를 닦으며, 부엌으로 급히 들어왔습니다. "네가 차를 우린다고? 언제부터 네가 차를 좋아했니?"

"네, 음, 저는 여기 힐포트와 스틸워터에 사는 모든 아이들이 차를 좋아한다고 들었어요. 그래서 저도 시도해 봐야지 하고 생각했어요. 제가 급식실에서 뭔가 이야기할 거리가 있어야 하잖아요, 엄마도 아시다시피, 첫날에 친구를 사귀기 위해서는 말이죠."

"어휴, 얘야." 다가와서 그를 안아 주며, 그의 엄마가 말했습니다. "너는 바로 친구가 생길 거야. 엄마는 확신해. 너는 참으로 가장 사랑스러운 아이란다."

"그래서 이건 어떻게 작동하는 거예요?" 가스레인지 위의 손잡이들을 만지작거리며, 조엘이 물었습니다.

"가스인데, 다행히도 그건 끊기지 않았구나." 그의 엄마가 말했습니다. "자." 가스레인지 위에서 딸깍 소리가 났고,

푸른색 불꽃이 버너에서 나왔습니다.

"우와, 불이에요." 조엘이 말했습니다. "뜨거운 물을 많이 끓여요, 왜냐하면 저는, 음, 차를 아주 많이 마실래요!"

"그래, 그래." 개수대에서 주전자에 물을 채우며, 그의 엄마가 정신이 팔린 채 말했습니다. "네가 차를 마시고 월요일 수업을 위한 책을 좀 읽고 나면, 엄마는 너와 네 여동생의 도움이 필요할 것 같아. 나는 저기 현관 복도를 한번 깨끗하게 문질러 닦고 싶구나."

"좋아요." 주전자 옆면에 생기는 물방울들을 물끄러미 바라보며, 조엘이 말했습니다.

바로 그때 비어 있는 보온 물주머니를 양손에 들고, 니나가 현관으로 들어왔습니다. "찾았어!"

"뭐 하려고 그것들을 꺼냈니?" 그들의 엄마가 물었습니다.

"저는 그냥 위로가 되는 느낌이 좋아요." 고무로 된 물주머니를 자신의 볼에 가져다 대며, 니나가 대답했습니다.

파퍼 부인이 두 눈을 가늘게 떴습니다.

"엄마도 아시잖아요." 조엘이 다급하게 덧붙였습니다. "새 학교 불안증이 틀림없어요."

"불쌍한 우리 아이들." 그들의 엄마가 말했습니다. "이곳이 너희가 가야 할 마지막 새 학교일 거야, 엄마가 약속할게."

"저는 여기에서 물을 데우는 걸 할 수 있어요." 조엘이 말했습니다. "그리고 나서 우리는 독서를 하러 갈 거예요."

"저는 지하실에서 독서를 하고 싶어요!" 니나가 말했습니다.

조엘이 빠르게 고개를 끄덕였습니다. "그거 좋은 생각이야, 니나."

"너희들 정말 괜찮은 거니?" 조엘의 이마에 자신의 손을 가져다 대며, 그들의 엄마가 물었습니다.

니나는 지하실로 가는 계단을 껑충껑충 뛰어내려 갔습니다. "네, 완전히요! 우리는 괜찮아요! 오빠도 준비되면 여기 아래에서 봐, 오빠!"

"자습 시간이 시작됐어요!" 몇 분 후 조엘이 손에 두 개의 보온 물주머니를 들고서 그녀를 따라 서둘러 내려가며 말했습니다. 그는 그들이 너무 늦지 않기를 바랐습니다.

3장 오오크!

조엘과 니나의 등교 첫날이었고, 그들은 자신들의 책가방을 준비하는 데 매우 오랜 시간이 걸렸습니다. 책가방에는 보통의 서류철과 필통 그리고 색으로 구분해서 정리한 공책들이 있었는데, 물론, 비밀스러운 그 외의 물건들도 있었습니다: 양털 담요, 보온 물주머니, 그리고 펭귄 알들이, 각각의 책가방에 한 개씩 있었습니다.

"너희들 왜 이렇게 오래 걸리니?" 그들의 엄마가 현관 입구에서 물었습니다. "너희 첫날부터 지각하고 싶지는 않을 거 아니야!"

조엘과 니나가 조심조심, 한 번에 하나씩 어깨끈에 그들의 팔을 집어넣었습니다. "조심, 조심." 그들이 발끝으로 살금살금 현관을 향해 걸어가며 조엘이 말했습니다.

"너희 둘 다 왜 이러는 거니?" 그녀의 아이들이 살금살금 그녀에게 다가오자 걱정스러운 얼굴로, 그들의 엄마가 물었습니다.

"오, 엄마도 아시잖아요, 첫날 불안증이요." 니나가 말했습니다.

"우리 귀여운 꼬맹이들." 파퍼 부인이 말했습니다. "너희에게 곧 친구가 생길 거야. 내가 너희를 그곳에 바래다주고 마찬가지로, 너희들이 잘 들어가는지 볼게."

"아니에요, 괜찮아요, 엄마." 조엘이 재빨리 말했습니다. "학교는 겨우 몇 블록 떨어진 곳에 있어요. 엄마가 어젯밤 저희에게 예행연습을 시켜 주셨잖아요. 저희는 괜찮을 거예요."

"좋아 그럼." 그녀의 표정이 아쉬움으로 바뀌며, 엄마가 대답했습니다. "수업이 끝나면 엄마가 바로 여기 있을게. 엄마는 모든 자세한 이야기가 듣고 싶을 거야."

"좋아요, 다녀올게요, 엄마!" 조엘과 니나가 발끝으로 살금살금 문밖으로 나오며 그가 말했습니다. 그들의 엄마는 그들을 향해 눈썹을 치켜 올렸고, 그 뒤에 그들은 인도에 들어섰습니다.

조엘은 그의 책가방 안에서 쿡 찌르는 것을 느꼈을까요? 그것이 가능한 일이었을까요?

학교에 도착한 뒤, 그들은 각자의 교실로 가기 위해 헤어졌고, 조엘은 5학년 교실로 니나는 3학년 교실로 향했습니다. 조엘이 복도를 너무 조심조심 지나온 바람에 그는 그의 교실에 가장 늦게 도착한 아이가 되었습니다. 조엘과 인사한 뒤, 모스데일 선생님(Mrs. Mosedale)은 그를 뒷줄에 앉혔습니다. "조엘은 마이클(Michael) 옆에 앉으렴." 그녀가 말했습니다. "마이클이 하루 동안 네 안내인이 되어 줄 거야. 마이클, 우리 새로운 반 친구를 잘 챙겨줄 거지, 그래야 하지 않겠니?"

"물론 그래야죠." 자신의 얼굴에 약간 지나칠 정도로 환한 웃음을 띤 채, 마이클이 말했습니다. 그는 그들이 이미 친구인 것처럼, 조엘의 어깨를 가볍게 두드렸습니다. "저는 우리 새 친구에게 그가 속한 곳이 정확히 어디인지 확실히 알려 줄 거예요."

어떤 이유에서인지, 조엘은 마이클에 대해 좋은 느낌을 받지 못했습니다. 전혀 말이죠.

그날은 수학 수업부터 시작했고, 모스데일 선생님이 소수의 곱셈 방법을 설명하시는 동안, 조엘의 정신은 딴 데가 있었습니다. 니나와 그녀의 알은 교실에서 어떻게 지내고 있을까? 그리고 그는 자신의 책가방에 있는 펭귄 알에 대해 생각하기 시작했습니다. 그는 주말 내내 그것을 확인했습니다. 지금 그것을 살펴볼 수 없다는 사실에 그는 거의 죽을 뻔했습니다.

"모스데일 선생님?" 그녀가 학생들에게 일련의 연습 문제를 내주자 그의 손을 들어 올리며, 그가 물었습니다. "저 화장실에 다녀와도 될까요?"

"물론이지. 복도를 따라가렴." 그녀가 말했습니다. "마이클, 조엘에게 길을 알려 주렴."

"그럼요, 모스데일 선생님!" 다시 환하게 웃으면서, 마이클이 말했습니다. "제가 얘를 바로 화장실에 데려다줄게요." 그의 밝은 표정이 차갑게 느껴졌습니다, 마치 형광등처럼요.

조엘은 자신의 가방끈을 꼭 쥐고 서 있었습니다.

"너는 네 가방을 화장실에 가져갈 필요가 없어, 전학생." 마이클이 날카롭게 말했습니다.

"난 가져가고 싶은 걸." 교실 밖으로 서둘러 나오며, 조엘이 말했습니다.

"너 이상하다." 문이 닫히자마자 마이클이 심드렁하게 말했습니다. "아무도 화장실에 자신의 가방을 가져가지 않아."

"나는 가져가." 조엘이 말했습니다.

"좋아, 뭐가 됐든." 마이클이 말했습니다. "화장실은 저 복도 끝에 있어. 난 여기서 기다릴게. 내가 너랑 같이 들어가지는 않을 거야." 조엘은 그가 조심스럽게 복도를 따라갈 때 자신의 등을 향한 마이클의 시선을 느낄 수 있었습니다.

그가 화장실에 도착하자마자, 조엘은 화장실 칸으로 들어가 책가방을 열었습니다. 양털 담요 안에 안전하게 자리 잡고 보온 물주머니에 의해 따뜻해진, 알이 여전히 거기 있었습니다. 그는 알을 꺼냈습니다. 그것은 매우 멀쩡했습니다. 그는 알의 모양이 그것을 거의 파괴할 수 없게끔 되어있다는 것을 책에서 읽어 알고 있었습니다, 비록 알이 겨우 한 겹의 얇은 칼슘층에 의해 보호되고 있었지만요. 그것은 남극 대륙 최악의 폭풍우도 견딜 수 있었지만 또한 연약한 새끼 펭귄에 의해 안에서부터 깨질 수도 있는 것입니다. 정말 놀랍지 않나요!

그는 변기의 물을 내렸습니다, 비록 그가 아무것도 하지 않았지만요. 자신의 손에 알을 들고, 그는 화장실 칸의 문을 열었습니다—그리고 마이클과 딱 마주쳤습니다.

"그건 뭐야?" 출구를 가로막으며, 마이클이 말했습니다. "그거 이리 줘 봐, 나도 좀 보자."

"절대 안 돼." 조엘이 말했습니다.

조엘은 책가방에 알을 다시 넣으려고 했지만, 그러기도 전에, 마이클이 그것을 그의 손에서 잽싸게 낚아챘습니다. "이게 뭐야? 이건 공룡이나 뭐 그런 거에서 나온 거야?"

"돌려줘!" 알을 향해 달려들며, 조엘이 말했습니다.

"싫은데. 이거 굉장하다. 모두가 이걸 좋아할 거야!" 마이클이 말했습니다. 그렇게 말하고, 그는 돌아서서 뛰었습니다.

"안 돼, 넌 알을 다치게 할 거야! 그리고 그 알은 따뜻하게 유지되어야 한다고!" 조엘이 마이클을 뒤쫓아 달리면서 외쳤습니다. 이미 너무 많은 것을 겪은 무방비 상태의 작은 동물인, 가엾은 새끼 펭귄이 안에서 부딪히고 있을 생각에, 그의 눈에 눈물이 맺혔습니다. 조엘은 화장실에서 나와 복도를 따라 내달렸습니다.

마이클은 빨랐습니다. 조엘이 할 수 있는 것은 마이클이 그 학교의 낯선 복도를 질주하는 동안 그에게서 눈을 떼지 않는 것뿐이었습니다. 놀란 아이들이 그들이 지나간 교실의 창문 밖을 내다보았습니다. 남은 일이라면 어느 한 선생님이 복도로 나오게 되는 것이고, 그러면 모든 것은 끝나 버릴 것입니다. 그 알은 압수될 것입니다.

마이클은 달리면서 알을 공중으로 던졌고, 자신의 뒤를 향해 큰소리로 조롱했습니다. "너 이거 돌려받고 싶어? 얼마큼 이걸 돌려받고 싶은데?"

"멈춰!" 조엘이 소리쳤습니다.

마이클이 이중문을 세게 밀치며 통과하자, 갑자기 그들은 운동장으로 나와, 두 개의 농구 골대 사이로 곧게 뻗어 있는 탁 트인 아스팔트를 가로질러 달렸습니다. 그리 멀지 않은 곳에서, 한 무리의 어린아이들이 포 스퀘어(four square) 놀이를 하고 있었죠. 그들의 선생님은 출석 확인을 하느라 바빴습니다. 아무도 그 알을 발견하지 못했습니다—아직은요.

마이클은 공중으로 높이 알을 던지고 양손을 뻗어 그것을 향해 몸을 날려, 간신히 그것을 잡았습니다. 그러고 나서 그는 그 알을 곧장 다시 공중으로 던졌습니다.

"돌려 달라고!" 조엘이 마이클을 향해 돌진하며 소리쳤고, 마이클을 앞질러 떨어지는 알을 향해 자신의 팔을 뻗었습니다. 뜬공을 쫓는 외야수처럼, 그들은 빙글빙글 돌고 있는 알을 향해 하늘을 빤히 올려다보았습니다. 그것이 태양 앞을 지나자, 그들 둘 다 앞이 보이지 않았습니다. 아이들은 서로 부딪쳤습니다. 보랏빛을 보면서, 조엘은 허공에 자신의 손을 허우적거렸고, 알에 닿기를 바랐습니다.

하지만 그는 그러지 못했습니다. 그가 들은 것은 큰소리로 금이 가는 소리뿐이었습니다.

화가 나서, 그는 마이클을 거칠게 밀쳤습니다. "안 돼!"

조엘의 발밑에는 깨진 알껍데기들이 있었는데, 바깥 부분은 회색, 안쪽 부분은 밝은 흰색이었습니다. 그 가운데에는 젖어 있는 작은 새 한 마리가 있었는데, 주먹만 한 크기였습니다. 그것은 옆으로 누워 있었지만, 그러다가 스스로 일어나서 조엘을 똑바로 쳐다보았습니다. 그것은 자신의 자그마한 날개를 퍼덕이고, 부리를 열었다 닫았다 했습니다. 그러고 나서 그것은 어떤 소리를 냈습니다. "오오크!"

4장 쪽지 시험

니나의 시험은 잘 풀리지 않았습니다. 그들이 수학 시험부터 봤더라면, 그녀는 바로 상위권에 올랐을 것입니다. 받아쓰기는 불행하게도 그녀의 강점이 아니었습니다. 그것은 공평하지 않았습니다—그녀는 새로 왔는데, 그 말은 그녀에게 이 단어들 중 어떤 것도 공부할 기회가 없었다는 뜻입니다! 프렌더개스트 선생님(Mr. Prendergast)은 그저 최선을 다하라고, 성적에 포함되지 않을 거라고 말씀하셨지만, 그렇다 하더라도, 니나는 또다시 전학생이 된 것을 툴툴대는 데 시간을 더 썼습니다. 그것은 틀림없이 최악이었습니다.

주름(wrinkle)의 철자를 어떻게 쓰는지 아는 사람이 있을까요? 니나는 r 을 시험지에 적었지만, 그것은 이미 맞는 것 같지 않았습니다.

니나는 잠시 시간을 내어 자신의 가방을 흘끗 내려다보았는데, 그것은 그녀의 책상 옆에 열린 채로 있었습니다—꽤 똑똑한 방법이었다고, 그녀는 생각했습니다. 그녀는 수업 시간 내내 그 알을 확인할 수 있었습니다. 알은 양털 담요 속에 아늑하게 자리 잡고 있었고, 보온 물주머니에서 내뿜는 열은, 니나의 이마에 땀이 나게 하기에 충분했습니다.

잠깐—알에 금이 가 있었던가?

"시험지를 봐야지, 니나." 프렌더개스트 선생님이 말했습니다.

"죄송해요." 주름 문제로 돌아오며, 니나가 말했습니다. 그녀의 얼굴이 훨씬 더 화끈거렸습니다. 선생님은 그녀가 부정행위를 하고 있었다고 생각한 것이었죠! 이것은 좋은 첫인상이 아닐 것입니다.

"다음 단어는." 프렌더개스트 선생님이 말했습니다. " '만족하다(content)'입니다, '만족스러워하다(satisfied)'와 비슷한 뜻이죠. '만족하다.' "

니나는 자신의 가방을 몰래 흘깃 쳐다보느라, 연필로 c 하나를 쓰는 데 오랜 시간이 걸렸습니다. 그 알은 틀림없이 흔들리고 있었고, 깨진 금이 점점 더 커지고 있었습니다. 그녀는 톡톡 두드리는 소리를 들을 수 있었습니다. 그녀는 자신의 연필로 시험지를 더 세게 긁으며 적었고, 그 소리가 알에서 나오는 소리를 덮어 주길 바랐습니다.

오 이런! 이제는 알에 구멍이 하나 생겼고, 단단하고 검은색인 그리고 끝이 갈고리 모양으로 구부러진, 작은 부리가 구멍 반대편에서 나타났습니다. 니나는 도서관에서 조사한 것을 통해 그것이 난치(egg tooth)라고 불린다는 것을 알고 있었습니다. 새끼 펭귄이 나오고 있었습니다! 그녀는 조엘이 여기로 와서 보기를 바랐습니다. 어떤 상황들은 그냥 오빠가 필요하기도 합니다.

그녀는 프렌더개스트 선생님이 다음 단어를 불러 줬을 때 또다시 한 글자밖에 적지 못했습니다. 고속도로(highway). 이번 단어로 니나는 더 좋은 기회를 얻었습니다.

그녀는 자신의 연필이 종이 위에서

아무렇게나 움직이도록 내버려 두었는데, 비록, 그녀가 펭귄을 내려다보는 동안만요. 그것은 이제 완전히 껍데기 밖으로 나왔습니다. 진짜 살아있는 아기 펭귄이에요! 세상에나!

그리고 그것은 첫 울음소리를 냈습니다: 아주 작은 오오크 소리를요! 니나의 오른쪽에 있던 학생이 고개를 들어 주변을 둘러보며, 혼란스러워했습니다.

이-런. 이 상황이 매우 빠르게 걷잡을 수 없게 될 것 같았습니다.

"오오크, 오오크!"

니나가 그 소리를 막기도 전에, 새끼 펭귄은 껍데기 밖으로 조심조심 나왔고, 그런 다음 위로 올라와 가방 밖으로 나와서는 교실 바닥에 섰습니다. "안돼, 멈춰!" 그 새가 자신의 날개를 내밀며, 그녀의 책상 아래를 아장아장 걷기 시작할 때 그녀가 속삭였습니다. 흰색 배와 졸린 듯한 검은 눈을 가진 짙은 회색의 솜털 공 같은, 그 펭귄은 정말 귀여웠습니다. 하지만 귀여움은 그 새가 그 둘을 매우 빠르게 곤경에 빠뜨리는 것을 막기에는 충분하지 않았습니다.

" '꿀(nectar).' " 프렌더개스트 선생님이 큰소리로 읽자 그 새끼 펭귄은 니나의 책상 다리를 시험 삼아 한 번 쪼아보았습니다.

니나는 자신의 책상 아래로 살금살금 몸을 숙이고, 바닥으로 슬며시 가서는, 자신의 손과 무릎을 짚고 엎드렸습니다.

너 뭐 하고 있는 거야? 니나 옆에 있던 여자아이가 입 모양으로 말했습니다.

니나는 두 손을 뻗어 펭귄을 감쌌습니다. 그것은 너무나 연약하고 가벼웠고, 알껍데기 조각들이 여전히 깃털에 달라붙어 있었습니다. 새끼 펭귄은 니나의 손 안에서 완전히 모습을 감추었습니다. 그것은 마치 크리스마스 장식품을 들고 있는 것 같았습니다. 니나는 손으로 아기 펭귄을 감싸 쥐며, 자신의 의자로 다시 천천히 돌아갔습니다. 그 펭귄은 니나의 손바닥을 쪼았습니다. 그것은 간지러웠습니다.

"괜찮니, 니나?" 그녀를 살펴보며, 프렌더개스트 선생님이 물었습니다.

니나는 힘차게 고개를 끄덕였습니다.

프렌더개스트 선생님이 " '적응하다(adapt).' " 하고 외칠 때, 니나는 조심스럽게 그녀의 손을 자신의 가방 안으로 집어넣고 그 새끼 펭귄을 놓아주었습니다. 그것이 또다시 나오기 전에, 그녀는 가방의 지퍼를 잠갔습니다.

그녀는 여전히 가방 안에서 새끼 펭귄이 내는 꽥꽥거리는 오오크 소리를 들을 수 있었습니다. 그녀의 옆에 있던 여자아이는 자신의 시험을 포기하고는 니나의 흔들리는 책가방을 놀란 눈으로 쳐다보고 있었습니다. 이 상황은 곧 . . . 무슨 단어였더라. . .

" '악화되다(escalate).' " 프렌더개스트 선생님이 말했습니다.

그래! 바로 그 단어야!

니나는 조엘이 교실 문에 나타났을 때 그녀의 시험지에 e를 막 적었습니다.

그는 땀에 젖은 채 숨이 가빠 보였고, 자신의 책가방을 앞으로 메고 있었습니다. 니나가 잘못 본 게 아니라면, 마찬가지로, 조엘의 가방도 흔들리고 있었습니다.

"무슨 일이죠, 학생?" 방해받은 것에 분명 짜증이 난 채로, 프렌더개스트 선생님이 물었습니다.

"죄송해요." 조엘이 말했습니다. "제 이름은 조엘 파퍼예요. 니나는 제 여동생인데, 제가 아파서 집에 가야 해요. 저희 엄마가 오고 계세요. 학교 본부에서는 제가 니나를 데리러 가도 좋다고 했어요, 우리가 함께 집에 갈 수 있도록 말이죠."

"정말이니? 그건 가장 드문 일인데." 자신의 스웨터 조끼 위로 팔짱을 끼며, 프렌더개스트 선생님이 말했습니다.

니나는 오빠에게서 프렌더개스트 선생님 쪽으로 시선을 옮겼고, 그녀의 가슴은 쿵쾅대고 있었습니다. 그리고 그녀는 기침을 했습니다. 그녀의 손은 이미 자신의 책가방을 향해 가고 있었습니다. "네, 마찬가지로, 저도 몸이 좋지 않아요!"

5장 어니스트와 메이

"얘애애들아." 파퍼 부인이 그들과 집으로 걸어오며 말했습니다, "너희 둘 다 아픈 게 확실하니?"

"네, 물론이죠." 조엘이 재빨리 말했습니다.

니나가 날카롭게 기침을 했습니다.

그들의 엄마는 그들의 책가방을 메고 있었는데, 아이들이 몸이 좋지 않을 때 그녀는 항상 그렇게 했습니다. 조엘은 새끼 펭귄들이 움직이는지 보기 위해 가방을 지켜보았습니다. 하지만 그들은 움직이지 않았고, 그는 어떤 오오크 소리도 듣지 못했습니다. 어쩌면 새끼 펭귄들은 잠이 들었을지도 모릅니다.

파퍼 부인은 신중하게 그녀가 할 말을 골랐습니다. "엄마는 혹시나 너희 둘이 첫날이라는 사실에 압도당한 나머지, 집에 오고 싶어서 아프다고 한 건 아닌지 궁금하구나."

니나가 다시 기침을 하면서, 동시에 고개를 저었습니다.

조엘은 거짓말을 할 때마다 항상 기분이 좋지 않기에, 양심의 가책을 떨칠 기회를 잡았습니다. "맞아요, 아마 그랬을지도 몰라요, 엄마. 우리는 그냥 집에 오고 싶었어요."

니나가 기침을 멈추었습니다.

"엄마는 너희들이 처음부터 사실대로 말해 줬으면 좋았겠구나."

니나가 자신의 손으로 엄마의 손을 잡고는 꽉 쥐었습니다. "죄송해요, 엄마. 저희가 아프다고 말하지 않으면 그들은 엄마한테 전화하지 않았을지도 몰라요."

파퍼 부인이 니나의 머리를 헝클어뜨렸습니다. "나는 이번 이사가 너희 둘에게 힘든 일이라는 걸 알아. 우리 중 누구도 너희 아빠가 떠날 거라고 생각하지 않아서, 엄마는 한 명의 수입으로 어떻게든 살아갈 방법을 찾아야만 했어. 하지만 이제 우리에게는 우리 집이라고 부를 수 있는 집이 생겼단다. 우리가 이 집을 소유하고 있는 거지. 이제부터는 모든 것이 달라질 거야."

"엄마 말이 틀림없이 맞아요, 엄마." 조엘이 말했습니다. "그거 참 다행이에요."

"엄마는 너희 둘을 사랑한단다." 파퍼 부인이 말했습니다.

"우리에게 참치가 좀 있나요?" 조엘이 물었습니다.

"오!" 놀라며, 파퍼 부인이 말했습니다. "우리에게. . . 참치가 물론 있지."

그들이 안으로 들어가자마자, 조엘과 니나는 2층으로 뛰어 올라가 니나의 방에 모였고, 그곳에서 자신들의 가방을 열어 안을 들여다보았습니다.

"오, 다행이다." 조엘이 그의 새끼 펭귄을 꺼내며 말했습니다. 그것은 그의 손바닥에 얌전히 앉아, 그것의 깊고, 검은 눈으로 그를 올려다보았습니다.

"마찬가지로, 내 펭귄도 괜찮아!" 니나가 외쳤습니다. 그녀의 새끼 펭귄은 훨씬 더 활기차서, 그녀의 손에서 깡충 뛰어내려와 방을 이리저리 돌아다니며, 모퉁이를 살펴보더니, 오오크 하며 딴 곳으로 가 버렸습니다. 니나가 한숨을 쉬며 말했습니다. "이 녀석 너무 귀여워!"

"그래. 녀석들 둘 다 귀엽네." 그의 새끼 펭귄을 바닥에 내려놓으며, 조엘이 말했습니다. 그것은 니나의 펭귄을 따라다녔고, 니나의 펭귄이 따라잡히자, 그 녀석은 작고 보송보송한 날개를 뻗어 위안을 주는 것을 잡으려는 듯, 다른 펭귄 쪽으로 바싹 붙었습니다. 둘 다 계속해서 오오크 소리를 냈습니다. "얘들은 배가 고픈 게 틀림없어."

"내가 가서 참치를 가져올게." 니나가 말하고는, 아래층으로 달려 내려갔습니다.

조엘은 바닥에 무릎을 꿇었습니다. 그가 새끼 펭귄들을 바라보는 동안 기쁨의 눈물이 그의 눈에 가득 찼습니다. 그들은 매우 멀쩡했습니다. 그러고 나서 그는 벌떡 일어섰습니다. 펭귄들이 바로 침실 밖으로 나가고 있었습니다! 새끼 펭귄들이 복도로 나가 배회하기 전에, 조엘이 때맞춰 문을 닫았습니다. 그들은 나무 문에 부딪혔고 뒤로 돌아섰습니다. 깜짝 놀란 새끼 펭귄들이 훨씬 더 크게 오오크 울어 댔습니다. 두 마리의 새끼 펭귄들은 손이 많이 갈 것입니다.

"자, 너희 둘." 그들과 시선을 맞추기 위해 배를 대고 엎드리며, 조엘이 말했습니다. "이리 와서 인사해."

펭귄들은 어색하게 몸을 뒤뚱거렸고, 양쪽에 한 마리씩, 조엘의 머리 바로 옆을 지나 그의 목과 바닥 사이의 공간으로 비집고 들어왔습니다. 조엘이 웃었습니다. "너희는 어른 펭귄의 품에 품겨 있는 것처럼 느끼고 싶은 거구나, 안 그래?"

"오오크! 오오크!"

보송보송한 깃털들이 조엘의 목을 간지럽혔습니다. 그가 할 수 있는 것은 큰 소리로 웃지 않으려고 하는 것뿐이었습니다.

문이 삐걱거리며 열렸습니다. 조엘은 쉬려고 자리 잡고 있는 펭귄을 방해하고 싶지 않아서, 누가 들어오고 있는지 올려다볼 엄두가 나지 않았습니다. 그는 엄마의 로퍼가 아닌, 니나의 운동화가 자신을 향해 다가오는 것을 보고 안도했습니다.

니나는 참치 한 접시를 내려놓았습니다. "엄마가 이사 때문에 아주 정신이 없어서 다행이야." 그녀가 말했습니다. "엄마는 심지어 내가 담백한 참치를 한 접시 담고 있는 것도 알아채지 못하셨어. 이리 와, 펭귄들아, 점심시간이야!"

새끼 펭귄들이 조엘의 목 아래에서 꼼지락거리며 나왔습니다. 그들은 접시로 뒤뚱거리며 걸어갔고, 그들의 시선을 생선 가까이 둔 다음, 니나와 조엘을 기대하는 눈빛으로 올려다보았습니다.

"이 녀석들은 뭘 기다리는 거지?" 조엘이 물었습니다.

"도서관에 있던 책에 따르면, 부모 펭귄들이 새끼 펭귄들에게 먹이를 먹여 주는 것 같았어."

"나는 그 부분은 기억나지 않아. 부모들이 새끼들에게 먹이를 어떻게 먹여 준다는 거야? 펭귄들에게 물고기를 잡을 손이 있는 것 같진 않은데."

"맞아, 그들은. . . 오빠도 알잖아, 게

워내는 거." 니나가 그녀의 입을 벌려 아주 그럴듯하게 구토하는 흉내를 냈습니다.

"역겨워."

니나가 참치 한 점을 집어서, 그것을 새끼 펭귄의 머리 위에서 달랑댔습니다. 그들은 입을 벌리고 깡충깡충 뛰었습니다. *"오오크! 오오크!"* 그녀는 작은 조각을 한 녀석의 입으로 떨어뜨렸고, 그 새끼 펭귄은 행복하게 그것을 씹어 삼켰습니다.

조엘이 일어나 앉아서, 참치 한 점을 골라, 다른 새끼 펭귄의 입안으로 그것을 떨어뜨렸습니다. 그 새도, 마찬가지로, 열심히 먹이를 삼켰습니다.

"우리는 이 녀석들을 시장이(Hungry)와 먹-보(Eat-y)라고 불러야 할까 봐." 니나가 제안했습니다.

"파퍼 펭귄들은 유명한 여행가의 이름을 따서 이름이 지어졌어." 조엘이 말했습니다. "우리는 녀석들이 수컷인지 암컷인지 아직 모르지만, 우리가 그들을 어니스트(Ernest)라고 이름 붙이면 어떨까, 남극에 갔던, 어니스트 섀클턴(Ernest Shackleton)의 이름을 따서 말이야, 그리고. . . 그리고—"

"메이(Mae), 메이 제미슨(Mae Jemison)에서 따왔어!" 니나가 말했습니다. "그녀는 우주에 갔어."

"완벽해."

"더 활기찬 녀석이 메이가 될 거야. 오빠의 더 수줍은 펭귄은 어니스트가 될 수 있겠네."

186

조엘이 어니스트를 들어 올려 그의 눈을 들여다보았습니다. "너는 얼마든지 수줍어해도 돼. 우리가 너를 잘 돌봐 줄게."

"애들아!" 그들의 엄마가 아래층에서 소리쳤습니다. "너희들 엄마를 도와준다고 약속했잖니, 왜냐하면 너희가 진짜로 아픈 게 아니니까!"

"우리는 이 둘을 지하실에 데려다 놓고 나서 엄마를 도우러 갈 거야." 조엘이 속삭였습니다.

그들은 각자 자신의 티셔츠 안으로 새끼 펭귄을 재빨리 들어 올렸고 아래층으로 서둘러 내려갔습니다.

그들은 지하실 문을 열었습니다—그것은 끽 소리를 냈습니다. "애들아, 빨리! 나는 빈둥대자는 게 아니란다." 그들의 엄마가 소리쳤습니다.

"죄송해요, 엄마!" 그들은 새끼 펭귄, 그들의 양털 담요, 보온 물주머니, 그리고 참치를 지하실 바닥 가운데 내려놓고, 위층으로 급히 올라갔습니다.

조엘이 지하실 문을 닫자, 그가 들을 수 있는 것은 새끼 펭귄들의 당황한 오오크 소리뿐이었습니다.

"내 생각에 우리가 이 일을 아주 오랫동안 잘 해낼 수 있을 것 같지는 않아." 그들의 엄마가 있는 곳으로 서둘러 가며 니나가 조엘에게 속삭였습니다.

"나는 우리가 이 일을 하루 동안 잘 해낼 수 있을지도 모르겠어." 조엘이 대답했습니다.

그 일은 10분 가까이 해낸 것으로 밝혀질 것입니다.

6장 금붕어의 죽음

그날 가장 먼저 해야 할 일은 그들의 엄마가 이삿짐 트럭을 반납할 수 있도록 이삿짐 트럭의 짐을 다 내리는 일이었습니다. 조엘이 상자를 가지러 갈 때마다, 그는 어니스트와 메이를 확인할 수 있도록, **지하실**이라고 표시가 되어 있는 상자를 고르려고 했습니다. 하지만 파퍼 부인은 협조해 주지 않았습니다. "우리는 지하실에 둘 상자들은 마지막을 위해 아껴 둘 거란다, 애들아. 그게 가장 덜 중요한 거야. 침실 물건부터 옮기기 시작하렴, 그래서 우리가 이곳을 집처럼 느낄 수 있도록 말이야."

"만약 엄마가 알고 있다면 좋을 텐데." 니나가 바닥에 놓는 조명을 질질 끌며 현관문을 지나서, 낡은 **펭귄 공연장** 표지판 바로 아래를 지나가면서 작은 소리로 말했습니다.

조엘은 그의 두 손을 허리께에 올리고서 이삿짐 트럭을 둘러보았습니다. "엄마, 금붕어는 어디에 두기로 했어요?"

"윙클스(Winkles)와 조프리(Joffrey) 말이니?" 자신의 이마를 닦으며, 그녀가 말했습니다. "내 생각에 그건 지하실에 있었던 것 같구나."

조엘은 그가 들고 있던 상자를 거의 떨어뜨릴 뻔했습니다. "엄마가 금붕어를 지하실에 뒀다고요?" 그는 트럭에서 뛰쳐나와 집 안으로 달려갔습니다. "니나! 금붕어가 지하실에 있대!"

"그래서 뭐?" 니나가 말했습니다. 그러고 나서 그녀는 조엘의 겁에 질린 표정을 봤습니다. "아! 지하실!"

그들은 문을 활짝 열고 계단을 뛰어 내려갔습니다.

그들은 때마침 도착해서 금붕어의 꼬리가 펭귄들의 떡 벌린 부리 속으로 사라지는 것을 보았습니다, 각가 한 마리씩이요. 후루룩, 후루룩.

"오오크, 오오크!"

새끼 펭귄들은 앞뒤로 뒤뚱거리면서, 원을 그리며 돌다가 자신들의 작은 날개를 들어 올렸는데, 분명 스스로에게 만족하고 있었습니다.

니나가 입을 떡 벌린 채 서 있었습니다. "잘 가, 윙클스."

조엘이 자신의 팔을 니나의 어깨에 둘렀습니다. "잘 가, 조프리."

대담해진, 메이는 첫 번째 계단으로 깡충 뛰어오른 다음 두 번째 계단으로 뛰어 올라갔습니다. 어니스트는 감탄하며 메이를 쳐다보더니, 첫 번째 계단으로 깡충 뛰어오르려고 했습니다. 그것은 그렇게 잘 되지 않았습니다. 깜짝 놀란 채로, 그 녀석은 배 가운데로 계단에 부딪치더니 다시 바닥으로 떨어졌습니다. "오오크! 오오크!" 그가 울어 댔습니다.

조엘은 서둘러 그를 안아 들었고, 니나는 수비를 했는데, 메이가 더 높이 뛰어오르는 것을 막기 위해 계단을 따라

그녀의 발을 둔 모습이, 마치 숯을 막으려고 하는 축구 골키퍼처럼 보였습니다.

메이는 태어난 지 몇 시간밖에 안 되었을지 모르지만, 그래도 그 녀석은 이미 영리했습니다. 그녀는 계단 왼쪽으로 뒤뚱거리며 걸어가더니 뛰어오르기 전에 갑자기 오른쪽으로 뒤뚱거리며 걸어갔고, 니나의 바로 옆으로 빙 둘러 피해 갔습니다.

그러더니 메이는 위로 올라가 지하실 문 밖으로 나갔고 집 안의 다른 곳으로 들어갔습니다.

"맙소사, 안 돼." 니나가 빠르게 움직이는 새끼 펭귄을 쫓아 재빨리 움직이며 외쳤습니다.

그 새끼 펭귄은 이미 부엌에 가 있었고, 니나가 그 펭귄을 따라잡았을 때, 그 녀석은 판지로 된 이삿짐 상자의 모서리를 쪼고 있었습니다. 그녀는 껴안고 싶은 사랑스러운 새끼 펭귄을 들어 올렸습니다. "너는 지하실에 있어야 해, 장난꾸러기 메이!"

니나는 크게 헉하는 소리를 들었습니다. 그녀는 돌아섰고 놀라서 새끼 펭귄을 거의 떨어뜨릴 뻔했습니다.

그곳에는, 놀라서 입을 O 모양으로 크게 벌린, 파퍼 부인이 있었습니다.

7장 외출 금지?

그것은 매우 우울한 가족회의였습니다. 아니 매우 우울한 가족회의가 될 뻔했다고 해야 할까요, 두 마리의 새끼 펭귄

들이 식탁 주위를 돌아다니고 있지 않았다면 말입니다. 메이와 어니스트는 누군가가 자신들을 껴안아 줄 때까지 자주 그들의 날개를 올렸다 내렸다 하며, 호기심에 가득 차 오오크거렸습니다.

"나는 너희들이 내게 거짓말을 해도 괜찮다고 생각했다는 사실을 믿을 수가 없구나." 파퍼 부인이 말하고 있었습니다. 하지만, 어니스트가 그녀 앞에 서서 강렬한 시선으로 그녀를 뚫어지게 쳐다보자, 그녀는 말을 멈춰야 했습니다. "너는 뭘 원하니?"

"그 녀석은 엄마가 자기를 안아 주길 원해요." 조엘이 설명했습니다.

파퍼 부인은 긴장하며 새끼 펭귄을 들어 올렸고 그녀의 팔꿈치 안쪽에 그를 부드럽게 안았습니다. 그녀의 표정이 부드러워졌습니다. "이제 좀 낫니, 어니스트? 어쨌든, 내가 무슨 말을 하고 있었지. 아, 맞다, 나는 너희가 바로 너희들의 엄마한테 거짓말해도 된다고 생각한 것에 대해 매우 화가 났다는 거야—너 뭘 원하는 거니? 배가 고픈 거니, 귀여운 어니스트? 아유!"

"그들은 정말로 참치를 좋아해요." 니나가 조용히 말했습니다.

"그럼, 우리가 많이 사 두어야겠구나." 파퍼 부인이 말했습니다. "우리는 참치 통조림이 겨우 두 개밖에 안 남았어." 그녀는 표정을 다시 엄하게 바꾸려 노력했습니다. "이것이 너희가 내게 거짓말을 해도 괜찮다는 뜻은 아니야. 너희 둘은 아직도 큰일 난 거야."

조엘이 진지하게 고개를 끄덕였습니다. "네. 큰일이죠. 알겠어요."

"우리는 엄마가 펭귄들을 동물원으로 보내는 걸 원하지 않아요!" 니나가 우는소리를 했습니다.

"우리는 이 녀석들이 우리와 함께 살아야 한다고 생각해요." 조엘이 분명하게 말했습니다.

"이 녀석들은 우리와 함께 살 수 없어." 파퍼 부인이 말했습니다. "이건 협상의 여지가 없는 일이야. 펭귄들이 가정집에 살아서는 안 돼."

"파퍼 가족은 집에서 키웠잖아요!" 니나가 말했습니다.

"그건 아주 오래전 일이야." 파퍼 부인이 말했습니다. "그리고 결국에는 어떻게 됐지? 파퍼 가족은 펭귄들이 자연에 있어야 한다는 것을 깨달았고, 파퍼 씨는 그에 맞는 일을 했어. 그는 펭귄들을 야생으로 돌려보냈지."

"엄마?" 조엘이 말했습니다.

"응, 조엘?"

"펭귄 공연장은 우리가 이곳에 도착했을 때 이미 문을 닫았기 때문에, 저는 그곳이 운영되고 있거나 뭐 그런 걸 보지는 못했어요. 하지만 저는 그곳이 펭귄들에게 좋은 장소였던 것으로 들리진 않아요. 그들은 알을 두 개나 두고 갔다고요! 저는 그들이 어니스트와 메이를 돌려받을 자격이 없다고 생각해요."

그들의 엄마는 한숨을 쉬었습니다. "나도 동의하는 쪽으로 마음이 기우는구나. 게다가, 나도 그들이 어디에 있는

지는 몰라. 펭귄 공연장은 한밤중에 떠나 버렸어, 그들이 어디로 가는지 아무에게도 말하지 않은 채 말이야. 그들은 많은 돈을 빚지고 그냥 사라져 버렸단다."

잠깐의 껴안기를 끝내고서, 어니스트는 파퍼 부인이 그를 식탁 위에 내려놓을 때까지 몸부림쳤습니다. 그는 테이블 가장자리로 뒤뚱뒤뚱 걸어가 공기를 들이마시더니, 부리로 부엌 쪽을 기리겠습니다. 그는 다시 한 번 식사할 시간이라고 분명히 결론을 내렸습니다. 마치 주장이라도 하듯, 그는 밝은 흰색의 펭귄 배설물 얼룩을 식탁 위에 남겼습니다.

"제가 치울게요!" 조엘이 황급히 말했습니다.

부모로서, 파퍼 부인은 배설물 얼룩이 큰 문제가 아니라 생각했습니다. 조금도 주저하지 않고, 그녀는 그녀의 뒷주머니에서 손수건을 꺼내 그것을 닦아냈습니다.

"그 말은 우리가 저 녀석들을 동물원으로 데려가지 않을 거란 뜻이에요? 하지만 엄마도 그들이 여기에 머물 수 없다고 하셨잖아요. 저는 혼란스러운 것 같아요." 니나가 말했습니다.

"마찬가지로, 엄마도 약간 혼란스럽구나." 파퍼 부인이 고백했습니다. 그녀는 항상 그녀의 아이들에게 매우 솔직하게 말해 왔습니다. "이 펭귄들은 야생에 있어야 해, 하지만 우리가 이 녀석들을 이 지역의 해변으로는 결코 데려갈 수 없는 노릇이지, 그렇지? 그들에게는 추운 벌판이 필요해."

조엘이 오랫동안 생각했습니다. "이 근처의 모든 아이들은 파퍼 씨가 자신의 펭귄들을 북극까지 데려갔다고 알고 있어요, 파퍼 섬(Popper Island)으로요." 그가 말했습니다. "만약 우리가 이 새끼 펭귄들을 그들과 함께 살 수 있도록 데려간다면 어떨까요?"

니나가 큰소리로 말했습니다. "그건 굉장할 거야!"

자신도 절대 빠질 수 없다는 듯이, 메이는 니나의 품에 안긴 곳에서 흥분한 오오크 소리를 냈습니다.

"곧 가을 방학이야." 메이의 보송보송한 머리를 쓰다듬으며, 니나가 말했습니다. "그땐 우리도 갈 수 있어!"

"그런데 너희들은 어떻게 우리가 북극까지 갈 거라고 생각하는 거니?" 파퍼 부인이 물었습니다.

"스틸워터가 더 고급진 도시일 수는 있어요." 조엘이 말했습니다. "하지만 힐포트에 사는 것에도 한 가지 이점이 있죠. 엄마가 제 말을 이해한다면 말이에요."

"나는 오빠가 무슨 말을 하고 있는지 전혀 모르겠는데." 니나가 말했습니다.

"항구(port), 니나, 항구 말이야." 바다 위에서 흔들리는 배를 몸짓으로 나타내며, 그가 말했습니다.

"오, 예!" 니나가 말했습니다. "나는 배를 타고 여행하는 게 정말 좋아!"

8장 파퍼 재단

190

겨우 그들이 학교에 간 둘째 날이었지만, 파퍼 부인네 아이들은 이미 아주 많은 것을 해냈습니다. 그들은 두 마리의 새끼 펭귄들을 부화시켰고 그들에게 살 곳을 찾아줄 방법에 관한 계획도 세웠습니다. 니나는 심지어 단어들의 철자법도 배웠습니다—그녀는 그 재앙을 다시는 반복하지 않을 것이었습니다!

아이들이 학교에 있는 동안, 그들은 새끼 펭귄들을 파퍼 부인이 주의 깊게 지켜보도록 두었습니다. 어니스트와 메이가 오전에 낮잠을 자는 동안, 파퍼 부인은 그녀 자신만의 조사를 좀 하기 위해 도서관에 갔습니다. 그녀는 힐포트의 기후와 같은 온대 기후에서는 부화한 펭귄들에게 어떤 특별한 열원도 필요하지 않다는 것을 곧 알게 되었습니다—실제로 그들의 깃털은 단열 기능을 매우 잘해서, 겨울이 오기 전까지, 그들은 몸을 식힐 방법이 필요할 것입니다!

그녀는 식료품점에 가서 커다란 얼음 봉지를 몇 개 구입하고, 그것을 부엌 구석에 있는 얕은 대야 안에 쏟아부었습니다. 그녀가 생각하기에, 펭귄은 똑똑한 동물이고, 그들은 알맞다고 생각하는 만큼의 얼음을 사용해서, 자신들이 원하는 만큼 얼마나 차갑게 할지를 정할 수 있을 것 같았습니다. 그리고 그것이 딱 그들이 한 일인데, 대야 안으로 폴짝 뛰어들어 얼음 조각들과 잠시 놀다가, 파퍼 부인이 그릇들의 포장을 벗기는 일(그들이 분명히 도움이 되지 않았던 일)을 함께한 다음, 좀 더 몸을 식히기 위해 얼음 목욕을 하러 돌아갔던 것입니다.

학교가 끝나자마자, 아이들은 그들의 새끼 펭귄을 보기 위해 집으로 껑충 껑충 달려왔습니다. 어니스트와 메이가 여러 번 쨱쨱거리고 오오크 소리를 내며 그들을 맞이했습니다. 우선 아이들은 그 새끼 펭귄들을 목욕통으로 데리고 와서 몇 바퀴 수영을 할 수 있도록 했습니다. 그런 다음 조엘은 배를 깔고, 바닥에 엎드렸고, 어니스트는 행복하게 그의 목 아래로 파고들어, 둥지에 자리를 잡는 자세를 취했습니다. 니나와 메이도 똑같이 했습니다. "저희에게 책가방 좀 가져다주실래요, 엄마?" 니나가 물었습니다. "우리는 이 자세로 숙제하는 것에 익숙해져야 하거든요."

파퍼 부인은 아이들이 현관문 옆에 가방을 던져 놓은 곳에서 그들의 가방을 다시 찾아왔습니다. "일단 펭귄들이 껴안는 시간을 가지고 너희들도 오후 간식을 다 먹으면, 우리는 항구로 내려가 파퍼 재단(the Popper Foundation)에 방문해서 그들이 우리의 계획을 실행에 옮기는 것을 돕기 위해 무엇을 할 수 있는지 알아볼 거야."

"정말요?" 조엘이 말했습니다. "그들에게 우리를 파퍼 섬으로 데려가 줄 수 있는지 물어보실 거예요? 북극까지 쭉 말이에요?"

"그건 지금까지 중 최고의 가을 방학이 될 거예요." 니나가 말했습니다.

"어니스트와 메이를 우리와 함께 항

구로 데려가도 돼요?" 조엘이 간식을 다 먹자마자 물었습니다.

"그들을 두고 가는 건 정말로 슬플 것 같구나." 파퍼 부인이 말했습니다. "그래, 너희들이 새끼 펭귄들을 꼭 안고 있기만 한다면, 우리는 파퍼 재단에 그들을 데려갈 거야."

어니스트와 메이는 자동차 여행을 즐기는 것처럼 보였는데, 자신들의 고개를 이리저리 돌려서 한 쪽 눈 그리고 이어서 다른 한쪽 눈으로 번갈아 밖을 내다볼 수 있도록 했습니다. 조엘은 펭귄들이 자신들이 보고 있는 것을 정면으로 마주하지 않는다는 것을 알고 있었는데, 보통, 그들의 머리에서 그들의 눈이 자리한 위치 때문이었습니다. 양쪽에 각각 눈이 하나씩 있는 것은 그들이 그들 주변에 있는 모든 것을 볼 수 있도록 했습니다—그것은 아마 물속에서 바다표범을 피하는 데 굉장히 유용했습니다!

그들이 항구에 배를 정박하자마자, 파퍼 부인은 봉투 뒷면에 적어둔 주소로 아이들을 데려갔습니다. 그곳은 파퍼 재단의 사무실이었습니다. 그들은 제왕처럼 생긴 열두 마리의 펭귄 장식이 새겨진, 아름다운 나무 문을 두드렸습니다.

그 문이 삐 소리를 내며 열렸고, 파퍼 가족들은 재단의 사무실로 줄지어 들어갔습니다.

"죄송해요, 오늘은 바쁩니다, 다음에 다시 오세요." 재단 대표가 그의 책상에서 올려다보지도 않고 말했습니다. 그는 바다 소금이 콧수염에 말라붙어 있는, 거만한 대머리 남자였습니다.

메이가 화가 난 듯 짹짹거렸습니다. 대표가 올려다보았습니다. "오! 펭귄들이네!"

"우리에게 지금 야생으로 돌아가야 하는 두 마리의 펭귄이 있어요." 자신의 가슴을 내밀고 약간 거드름을 피우면서, 니나가 말했습니다. "그리고 우리는 *파퍼 가문* 사람이에요. 먼 친척이죠."

"펭귄들이라니!" 두 마리의 보송보송한 귀여운 새끼 펭귄들을 보자 그의 표정이 누그러지며, 대표가 책상 뒤에서 거듭 말했습니다.

"저희가 이 두 녀석을 파퍼 섬으로 데려갈 수 있으면 좋겠어요, 파퍼 펭귄들과 함께 살 수 있도록 말이에요!" 조엘이 말했습니다.

"저는 파퍼 섬과 연락할 수 있는 유일한 방법이 해양 무전기라고 알고 있어요." 파퍼 부인이 말했습니다. "대표님이 저희를 위해 그들에게 전화를 걸어, 다음번에 그들이 보급품을 가지러 마을에 올 때 이 새끼 펭귄들을 데려갈 수 있는지 물어봐 주실 수 있으세요?"

"해보죠." 자신의 손가락 관절을 꺾어 뚜두둑 소리를 내며, 대표가 말했습니다. "하지만 그건 잘 안될 거예요."

그들은 모두 그가 헤드셋을 착용하고 몇 번의 다이얼을 돌리는 것을 지켜보았습니다. 니나와 조엘의 품에서 호기심 어린 눈으로 쳐다보던, 새끼 펭귄들까지도 조용해졌습니다. "파퍼 섬 기지국(Popper Island Station) 나와라, 파퍼 섬 기지국 나와라." 그는 헤드셋을 벗고 그들에게 다시 몸을 돌렸습니다. "응답이 없네요. 사실, 몇 달 동안이나 응답이 없었습니다."

"그건 비상사태로 간주해야 되는 것 아닌가요?" 놀라며, 파퍼 부인이 물었습니다.

"파퍼 씨가 원래의 펭귄 열두 마리를 그곳으로 데리고 간 지 몇십 년이 지났죠, 그렇고말고요. 재단은 이제 그 섬의 관리인이 된 한 현지인에게 비용을 지불합니다. 조난 신호는 없었습니다. 어쩌면 관리인은 몇 주 정도 펭귄들이 그들 스스로 지내도록 내버려 두었을지도 모르죠. 제가 판단하기에 위험한 상황은 아닙니다."

"펭귄들에게는 위험할 수 있어요!" 니나가 열을 내며 말했습니다. "파퍼 씨는 매우 화가 났을 거라고요!"

"조사하지 않으실 건가요?" 조엘이 물었습니다.

"유감스럽게도 계획된 것은 아무것도 없단다." 대표가 말했습니다.

아이들은 그들의 엄마를 올려다보았습니다. 그녀는 팔짱을 끼고서, 자신의 낡은 재킷의 팔꿈치 부분을 주물럭거렸습니다. "파퍼 섬에 가는 다른 방법이 있나요? 누군가는 모든 게 괜찮은지 확인할 필요가 있어요. 그리고 이 두 마리의 새끼 펭귄을 그곳에 데려가야 하고요."

대표는 지도책을 꺼내, 그의 책상에 펼치고서, 그들 모두에게 모이라고 손짓했습니다. 조엘과 니나는 메이와 어니스트를 지도 위에 내려놓았습니다. 새끼 펭귄들은 자신들의 발밑에 있는 초록색과 파란색을 놀란 눈으로 바라보았습니다.

콧수염을 기른 그 남자는 캐나다 동쪽 해안의 작은 점을 가리켰습니다. "여기가 파퍼 섬이에요, 보이죠?" 그가 손가락으로 가리키자, 메이가 호기심에 그의 결혼반지를 쪼았습니다. 무뚝뚝한 대표는 물을 나타내는 파란색 잉크를 따라 길을 그리며 그 녀석을 무시했습니다. "여기가 고깃배들이 보통 다니는 길이에요. 여러분이 보시다시피, 그것들 중 어느 것도 그 근처 어딘가로 가지 않습니다."

아이들의 얼굴이 침울해졌습니다.

"우리는 그곳에 갈 방법을 찾아야 해요." 파퍼 부인이 단호하게 말했습니다.

"글쎄요, 좋아요, 부인." 그날 오후에 처음으로 웃으며, 대표가 말했습니다. "여기는 파퍼 재단이고, 우리의 목적은 파퍼 펭귄들을 돌보는 거예요. 우리는 아주 많이 신경을 쓰고 있어요." 그는 어떤 이름과 전화번호를 종이 한 장에 휘갈겨 썼습니다. "유카(Yuka)에게 연락해 보세요. 그는 파퍼 섬 근처에서 자랐고 가끔씩 자신의 가족을 방문하기 위해 그곳까지 다시 갑니다. 그는 튼튼한 작은 배를 가진 훌륭한 선장입니다. 그가 여러분의 펭귄들을 그곳에 안전하게 데려다줄 거예요. 물론, 파퍼 재단이 그 탐험 비용을 부담할 것이고 요, 왜냐하면 여러분 또한 저희에게 파퍼 펭귄들이 어떻게 지내고 있는지 알려 주는 호의를 베풀 것이니까요."

"오오크!" 메이가 의기양양하게 말하고는, 대표의 손가락 관절을 친근하게 또 한 번 쪼았습니다.

9장 힐포트를 떠나다

작은 배는 힐포트 부두에 묶여 있는 곳에서 물에 잠겨 흔들렸습니다. "이 배가 항해하기에 적합하다고 확신하세요? 제 말은, 북극 항해에 적합한 거냐고요?" 조엘이 그의 엄마에게 속삭였습니다.

"이거 정말 멋지다!" 배에 껑충 올라타며, 니나가 말했습니다. 그녀는 메이를 자신의 손바닥에 올려놓고, 원을 그리며 돌았습니다. 새끼 펭귄은 이쪽저쪽 둘러보았습니다. "오오크, 오오크!" 지난 몇 주간, 그 펭귄의 목소리는 약간 변했습니다. 녀석의 오오크 소리는 어른 펭귄의 오크 소리에 점점 가까워지고 있었습니다.

"이 배는 확실히 안전할 거야." 파퍼 부인이 갑판으로 발걸음을 옮기며 말했습니다. "이리 오렴, 얘들아, 엄마는 너희를 유카에게 소개하고 싶구나."

조엘과 니나는 그들의 두 마리 새끼 펭귄을 유카에게 데려갔습니다. 그는 정직하고, 친근한 얼굴을 한 젊은 청년이었습니다.

"안녕!" 유카가 말했습니다. 유카가 악수를 하려고 그의 손을 내밀었을 때, 조엘은 처음에 무엇을 해야 할지 몰라서 유카에게 자신의 왼손을 내밀었고, 그리고 나서 자신이 손을 바꿔야 한다는 사실을 깨닫고는, 손을 바꾸던 중에 서툴게 어니스트를 떨어뜨릴 뻔하다가 붙잡았습니다. 니나는, 물론, 곧바로 악수하는 방법을 이해했습니다.

"유카는 이누이트 족(Inuit)이야." 파퍼 부인이 설명했습니다. "그건 그의 조상들은 유럽인들이 그곳에 도착하기 훨씬 전부터 북극에서 살았다는 뜻이지."

유카가 고개를 끄덕였습니다. "그렇지만, 저는 그곳에 산 지 몇 년이 지났어요. 저는 제 비교 동물학 박사 학위를 받기 위해 스틸워터 대학(Stillwater College)으로 내려왔죠. 사실, 저는 물새의 이동을 연구해요! 그게 바로 파퍼 재단이 저에 대해 알고 있는 이유예요."

어니스트가 감명 받은 듯한 오오크 소리를 냈습니다. 조엘은 더 의심스러웠습니다. "그럼 아저씨는 실제로 항해사는 아닌 거네요?"

"나는 오랜 혈통의 어부 집안에서 태어났어. 이건 우리 가족의 배야. 이 배는 훌륭한 원양어선이고 거친 바다에서도 괜찮아. 걱정 마—나는 바닷길을 다루는 방법을 알고 있어. 그리고 나는 몇 주 뒤에 세미나 논문을 제출해야 해서, 이번이 효율적인 여행이 되도록 할 거야. 너희가 학교를 빠질 일은 없을 거야, 그리고 나도 없을 거고!"

"학교를 빠지는 게 그렇게 심각한 일

같지는 않아요." 니나가 말했습니다.

"정말 고마워요, 유카." 파퍼 부인이 말했습니다. "이렇게 시간을 내줘서 고마워요."

"이 꼬마 녀석들을 돕게 되어 영광이죠." 유카가 말했습니다. 그는 보송보송한 회색빛 새끼 펭귄들을 더 자세히 보기 위해 고개를 숙였습니다. "나는 네 날개에 있는 이 예쁜 흰색 줄무늬가 마음에 들어!"

"오오크! 오오크!" 어니스트는 빙 돌면서 유카가 모든 면에서 자신의 색깔을 볼 수 있도록 했습니다. 그는 뽐내기 좋아하는 꼬마 펭귄임이 밝혀졌습니다.

유카가 파퍼 부인을 향해 고개를 갸우뚱했습니다. "우리가 정한 짐 목록에 있던 모든 물건을 가져왔나요?"

"그럼요! 따뜻하고, 방수가 되는 껴입을 옷을 아주 많이요."

"그리고 참치도요!" 니나가 덧붙였습니다.

"그거 잘됐다." 유카가 말했습니다. "이 배에서 아직도 약간 생선 냄새 같은 게 날 수도 있지만, 이 배가 낚시를 떠난 지는 몇 년 되었어. 나는 단지 학교에 왔다 갔다 하기 위해 이 배를 사용하는 거야. 그러니 펭귄들을 위해 너희들이 직접 음식을 가져온 것은 잘한 일이야." 그는 선실로 통하는 작은 출입문을 획 열었습니다. "이곳이 우리가 잠시 지낼 곳이야. 그렇게 넓지는 않지만, 그래도 나는 항상 저 아래를 좋아했단다. '내 집처럼 편안하다'는 말이 아마 여기

에 가장 적절한 단어일 거야."

조엘이 안을 살짝 들여다보았습니다. 냉장고와 작은 가스레인지 상판과 빨간 격자무늬의 시트가 덮여 있는 깔끔하게 정리된 침대가 있는, 그 선실은 깨끗하고 쾌적했습니다. 일주일을 보내기에 좋은 곳이었습니다.

"제 생각에 우리는 출발할 준비가 된 것 같아요!" 파퍼 부인이 말했습니다.

"전원 승선 완료!" 유카가 외쳤습니다. 그는 몸을 숙여 조엘에게 비밀을 털어놓았습니다. "나는 항상 저렇게 말해 보고 싶었지만, 내가 혼자 항해할 때 그러는 건 바보같이 느껴졌거든."

일단 배가 부두를 빠져나오자, 유카가 시동을 걸었습니다. 얼마 후, 그들은 힐포트 항구를 부르릉거리며 벗어나고 있었습니다.

아이들은 새끼 펭귄들을 갑판 위에 내려놓았습니다. 펭귄들은 배를 지나서 흘러가는 물을 내려다보기 위해, 뒤뚱거리며 배의 가장자리까지 걸어갔습니다. 그들은 목욕통에서 수영을 몇 바퀴 해 본 적이 있었기 때문에, 조엘은 그들이 떨어진다 하더라도 무슨 일이 일어날지 너무 걱정하지 않았습니다. 유카는 그저 배를 세우고 펭귄들을 물 밖으로 건져 올릴 것입니다. 새끼 펭귄들은 분명 그 과정을 굉장히 즐길 것이었습니다.

"일단 우리가 그곳에 도착하면." 니나가 속삭였습니다, "우리는 어니스트와 메이에게 어떻게 작별 인사를 할까?"

"우리는 방법을 찾을 거야." 자신의 여동생에게 한쪽 팔을 두르며, 조엘이 말했습니다. "다른 펭귄들과 있는 것이 그들에게 옳은 거야."

니나가 갑판 끝에 무릎을 꿇었습니다. 메이가 아장아장 걸어와서 그녀의 무릎 위로 깡충 뛰어올랐습니다. "그렇지. 하지만 작별 인사를 하는 것은 여전히 힘들 거야."

빠질 수 없다는 듯이, 어니스트도 니나의 청바지 옷감을 부리로 물고 그녀의 무릎 위로 올라왔습니다. 그 녀석은 메이보다 몸집이 더 작은 펭귄이었고 때때로 자신이 가고 싶은 곳 어디든 가는 데 도움이 필요했습니다.

"나도 작별 인사가 힘들 거라는 걸 알아." 니나에게 더 가까이 파고드는 어니스트를 바라보며, 조엘이 말했습니다. "나도 알지."

어니스트가 길게 오오오오크 소리를 냈습니다. "마찬가지로, 이 녀석도 그걸 알고 있는 것 같아." 니나가 말했습니다.

"글쎄, 나는 저건 그냥 어니스트가 참치를 좀 더 먹을 준비가 됐다는 뜻인 것 같아."

10장 여행이 시작되다

조엘은 유카와 함께 배의 조타실에서 하루를 보내는 것을 무척 좋아했습니다. 그곳에는 살펴볼 만한 기기들과 계기판이 매우 많았고, 유카는 자주 그가 조종할 수 있게 해 주었습니다—물론,

그가 지켜보고 있는 동안에요.

이따금 조엘은 자신의 엄마가 그 둘을 슬프면서도 기뻐 보이는 표정으로 바라보고 있다는 것을 알아차리곤 했습니다. 그녀의 생각이 어디에 가 있는지 상상하는 것은 어렵지 않았습니다. 조엘은 가끔 자신의 엄마가 친구들에게 전화로 조엘에게는 그의 인생에서 어떠한 "남성 롤 모델"도 없었다는 사실에 대해 얼마나 걱정하는지 이야기하는 것을 우연히 들었습니다. 하지만 그것은 말도 안 되는 것이었습니다. 조엘은 유카가 "남성 롤 모델"이라서 그와 시간을 보내는 것을 즐거워했던 것이 아니었습니다. 그 이유는 단지 기기들과 계기판 때문이었습니다!

마찬가지로, 니나도 자주 자신의 차례가 돌아오는 것을 원했기에, 그들은 교대를 하곤 했고, 조엘이 새끼 펭귄 돌보는 일을 대신 맡았습니다. 메이와 어니스트는 매일 대부분의 시간을 잠을 자며 보냈습니다. 처음에 조엘과 니나는 그들이 아픈 건지 걱정했지만, 그때 파퍼 부인이 새끼 펭귄들은 아마 너무 빨리 자라고 있어서 그렇게 많이 자는 것일 거라고 알려 주었습니다. 분명 조엘과 니나도 아기였을 때 똑같이 그랬으니까요.

새끼 펭귄들이 자고 있지 않을 때면, 그들은 말썽을 많이 부렸습니다. 어니스트는 선미에 있는 것을 더 좋아했습니다. 가끔 그 녀석은 배의 엔진을 뒤지며, 웅웅거리는 다양한 기기들을 살펴

곤 했습니다. 그렇지 않을 때에 그는 파도를 빤히 바라보며 자신의 날개를 펄럭거리곤 했는데—조엘은 어니스트가 바닷물을 가르며 헤엄칠 그날을 준비하고 있다는 것을 상상할 수 있었습니다. 메이는 해적선의 선수상처럼, 뱃머리에 앉아 있는 것을 더 좋아했습니다. 당번인 아이는 그 누구라도 갑판을 돌아봐야 했고, 새끼 펭귄이 아무도 파도에 빠지지 않았는지 확인했습니다.

새끼 펭귄들이 배에서 물속으로 떨어지는 것이 문제가 되지는 않겠지만요.

유카는 훌륭한 선원이었고, 그의 온 가족들을 완벽히 흉내 내며, 북극에서 보낸 그의 어린 시절에 대해 자세히 이야기할 때조차 열심히 조종 장치에 주의를 기울였습니다. 그러나, 나흘째 되는 아침, 그는 정신이 없어 보였습니다. 그는 닻을 올린 뒤 그의 지도책을 살펴보는 데 오랜 시간을 보냈습니다.

"이건 말도 안 돼." 그가 말했습니다.

파퍼 부인, 조엘, 그리고 니나가 유카 주위로 모여들었습니다. 빠질 수 없다는 듯이, 어니스트와 메이도 아이들이 그들을 들어 올려 자신들이 이 모든 소란이 대체 무엇인지 확인할 수 있을 때까지 오오크거렸습니다.

"내 모든 기기 장치는 우리가 여기에 있다고 말하고 있습니다." 배가 속력을 높이며 앞으로 나아갈 때 지도 위의 한 지점을 가리키며, 유카가 말했습니다.

"그건 괜찮은 거잖아요, 맞죠?" 니나가 말했습니다.

"그래." 수평선을 가리킨 채 말을 길게 끌면서, 유카가 말했습니다. "하지만 그게 사실이라면, 우리는 벌써 이곳에 도착하지는 않았을 거야."

"우리가 벌써 어디에 도착하지 않았을 거라는 말이에요?" 조엘이 물었습니다.

"파퍼 섬 말이야!"

"뭐라고요?" 팔짝팔짝 뛰며, 니나가 소리쳤습니다.

"메이 좀 조심해서 다뤄." 조엘이 꾸짖었습니다. 하지만 그 녀석은 확실히 그 행동을 즐기고 있었고, 자신의 울음소리로 니나의 외침에 동참했습니다. 조엘은 마치 모자에 달린 햇빛 가리개처럼, 한쪽 손을 그의 눈 위에 올리고, 눈을 가늘게 떴습니다. 그들은 바다 위로 불쑥 솟아 있는, 강한 바람에 노출되어 있는 짙은 회색의 암석 더미를 향해 다가가고 있었습니다. 그곳은 조엘에게 살벌하고 열악해 보였지만—누가 알겠어요, 어쩌면 펭귄들 눈에는 그 섬이 낙원이었을지도 모릅니다.

"우리 앞에 있는 저곳이 파퍼 섬이 확실해요?" 파퍼 부인이 물었습니다.

유카가 고개를 끄덕였습니다. "물론이죠. 저는 이 섬 근처에서 자랐고, 저렇게 생긴 바위 모양을 그 어디에서도 알아볼 거예요."

"하지만 어떻게 아저씨의 기기가 전부 틀릴 수 있나요?" 니나가 물었습니다.

"기기는 배의 중앙 컴퓨터에 연결되어 있어." 유카가 말했습니다. "만약 내 항해 시스템이 우리를 잘못된 위치로 안내하고 있다면 그건 정말 좋지 않아, 왜냐하면 그건 내가 근처 바닷속에 있는 장애물에 관한 정보를 읽지 못한다는 말이거든. 그건 위험해."

"컴퓨터는 어디에 있는데요?" 가슴이 철렁하며 조엘이 물었습니다.

"선미에 있어."

조엘은 배 뒤편으로 사라졌고, 어니스트는 그들이 자신이 가장 좋아하는 곳으로 향하고 있다는 것을 알아차리자 행복하게 짹짹거렸습니다. 그는 아래로 깡충 뛰어내리고는 평소처럼 엔진을 살펴본 뒤 앉아서 물을 바라보았습니다.

조엘은 바닥에 있던 플라스틱 상자 안에 보관된, 컴퓨터를 발견했습니다. 그는 전에 그것을 굳이 자세히 보려고 했던 적이 없었습니다. 모서리는 휘어지고, 부품들이 갑판 위로 삐져나와 있었습니다. 몇 개의 전선과, 트랜지스터, 마이크로 칩이었습니다. 조엘의 바로 눈앞에서, 어니스트는 그의 부리를 내밀어, 또 다른 마이크로 칩을 뽑아내고는, 배의 가장자리로 아장아장 걸어가서, 그것을 내던졌습니다. 녀석은 그것이 세찬 파도 속으로 떨어지는 것을 행복하게 바라보았고, 그러고 나서 조엘을 자랑스럽게 올려다보았습니다. "오오크!"

"안 돼!" 두 손을 자신의 양볼에 갖다대며, 조엘이 소리쳤습니다. "유카, 어니스트가 컴퓨터를 건드렸던 거예요!"

조타실에서는 아무 대답이 없었습니다. 조엘은 그곳으로 뛰어올라갔고 긴장한 채 핸들을 꽉 잡고 있는 유카와, 그의 옆에 서 있는 파퍼 부인과 니나를 발견했습니다. "무슨 일이—"

"저기!" 뱃머리 아래를 지나는, 물속의 어두운 형체를 가리키며, 유카가 소리쳤습니다. "저건 바위야—꽉 잡아!"

조엘은 선체에서 들리는 끔찍한 삐걱 소리에 말문이 막혔습니다. 선박 전체가 속도를 늦추었고, 뱃머리가 내려앉았으며, 그들 모두는 앞쪽으로 내동댕이쳐졌습니다. 그들은 간신히 난간에 매달렸고, 메이는 니나의 손에 꼭 붙들려, 가까스로 난간에 매달려 꼼짝 못하게 되는 것을 피했습니다.

처음에는 마치 배가 뒤집히면서 그들을 바다 속으로 내던질 것 같았습니다. 배의 뒷부분이 놀랄 만큼 솟아오른 다음, 다시 바다로 곤두박질쳤습니다. 엔진은 계속해서 웅웅거렸지만, 배는 더 이상 앞으로 나가지 않았습니다. 배는 그만 바닷속 암초에 좌초되고 말았습니다.

배가 두 동강이 나기 전에 엔진을 끄기 위해서 레버를 젖히고 버튼을 누르면서, 유카가 정신없이 키를 조종하는 동안, 조엘은 선미로 급히 달려갔습니다. 그는 그저 어니스트가 바다로 내던져져, 아래의 프로펠러 날개 쪽으로 떨어지는 것밖에 상상할 수 없었습니다. "어니스트!"

새끼 펭귄이 그를 향해 아장아장 걸어오고 있었습니다. 조엘은 그를 번쩍

들어 올리며, 안도했습니다. 그러나, 조엘이 들어올리던 순간, 배가 한쪽으로 기우뚱했습니다. 식량 보급품 상자들이 파도 속으로 굴러 떨어졌습니다.

"모두 해안가로!" 유카가 조타실에서 소리쳤습니다. "우리 배가 좌초되었어!"

11장 좌초되다!

조엘과 니나와 파퍼 부인은 기울어진 배의 가장자리에 쭈그리고 앉아, 자신들과 얼음같이 차가운 해안 사이에서 요동치는 흑회색 바닷물을 바라보았습니다. 그들이 함께 옹송그리고 있었음도 불구하고, 그들 모두는 떨고 있었습니다. 북극의 바람이 그들의 코트 섬유 사이로 스며들었고 그들 몸에서 열을 빼앗아 갔습니다. 아주 추운 데다 젖어 있기까지 한 이들의 미래에 대한 전망은 전혀 매력적이지 않았습니다.

"자, 얘들아, 내가 건너갈 때까지 기다리렴, 그리고 나서 내가 너희를 도와줄게." 파퍼 부인이 말했습니다. 그녀는 용감하게 말했지만, 비스듬히 기운 좁은 통로를 가로질러 미끄러운 바위로 건너갈 준비가 된 것 같지 않았습니다, 전혀 말이죠.

니나의 장갑 속에 따뜻이 자리 잡고 있던, 메이는 그녀를 한 번 올려다보더니. . . 곧바로 바다 속으로 뛰어들었습니다!

"메이, 안 돼!" 니나가 외쳤습니다. 하지만 메이는 물에 닿자 완전히 탈바꿈하여, 조심히 다뤄야 하는 민들레 꽃씨에서 매끈한 미사일 같은 모습으로 바뀌었습니다. 그녀는 파도를 뚫고 날아가, 바위섬 위를 몇 야드(yard) 지나서 착지할 정도의 강한 힘으로 뛰어올랐고, 대굴대굴 구르다가 두 발로 섰습니다.

어니스트도 메이에게 합류하며, 똑같이 아주 능숙하게 바다를 가르며 날아갔습니다—단지 그 녀석은 안타깝게도 메이와 바로 같은 장소에 착지해, 그녀에게 달려들어 그녀를 쓰러뜨리고는 그 둘 다 바닥에서 구르게 만들었고, 그러는 동안 내내 꽥꽥거렸습니다. 녀석들은 두 발로 서서 그들의 인간 친구들을 기대하는 눈빛으로 바라보았습니다. 어서, 이건 재미있어!

"제 생각에 전세가 역전되고 있는 것 같아요." 조엘이 말했습니다. "우리가 이 바다를 건너는 순간, 저 녀석들은 물 만난 고기가 되는 거고, 우리가 외부인이 되는 거예요."

파퍼 부인이 먼저 나섰는데, 그녀의 두꺼운 모피 안감이 있는 부츠를 신고 휘청거리며, 간신히 중심을 잡아 섬에 도착했습니다. 니나가 그다음으로 나섰는데, 엄마의 쭉 뻗은 팔을 이용해 균형을 잡았습니다. 마지막으로 조엘이 건너갔는데, 그의 여동생과 엄마의 도움을 둘 다 받았습니다.

"우리가 해냈어요, 유카!" 파퍼 부인이 배를 향해 외쳤습니다.

자신의 얼굴에 있는 금속 마스크를

들어 올리며, 유카가 엔진에서 올려다 보았습니다. 그의 용접 기구는 그가 환호하고 손을 흔드는 동안에도 계속해서 불꽃을 튀겼습니다. "그거 잘됐네요! 관리인의 오두막은 섬의 저 건너편에 있어요. 더 이상 물이 들어오지 않는다는 걸 확인하는 대로 저도 여러분을 따라갈게요."

"아저씨 정말 지금 오지 않을 거예요?" 조엘이 소리쳤습니다. 그는 유카의 곁에 있던 일, 그가 해 준 엉뚱한 이야기들과 삶에 대한 그의 유쾌한 관점 그리고 각종 기기 장치들에 관한 그의 온갖 지식들이 그리울 것입니다. 삶은 그가 근처에 있을 때 더 안전하게 느껴졌습니다.

"우리는 분명 물이 새는 배를 정박하고 싶지 않은 거고, 그렇지 않으면 우리는 훨씬 더 큰 위기에 당면하게 될 거야." 유카가 말했습니다. "나는 너희들의 방학이 끝나고 내 논문의 제출 기한을 넘기기 전에 우리 모두가 집에 돌아갔으면 해!"

"유카는 정말 헌신적이야, 그렇지 않니?" 파퍼 부인이 말했습니다. "파퍼 재단이 우리를 안심할 수 있는 사람에게 맡긴 거야."

"우리가 발견한 걸 알려 주러 돌아올게요!" 앞에 있는 바위들을 깡충 뛰어넘으며, 니나가 외쳤습니다.

조엘이 떨면서 그의 팔을 문질렀습니다. "가서 저 오두막을 찾아보자."

"어쩌면 저기에 스모어(s'more)가 있을지도 몰라!" 니나가 고개를 돌려 그녀의 어깨너머로 외쳤습니다.

파퍼 부인은 자신의 장갑 엄지손가락 부분을 잘근잘근 깨물었는데, 그녀가 걱정하고 있다는 확실한 신호였습니다. "엄마 생각에는 저곳에 스모어가 있을 것 같지는 않구나, 얘야. 너무 기대하지는 말렴."

조엘은 엄마의 팔을 문질렀습니다. "걱정하지 마세요, 엄마. 괜찮을 거예요."

"내가 너를 위로해 줘야 하는 건데." 엄마가 말했습니다.

"그리고 우리는 저 녀석들을 위로해 줘야 하고요." 조엘이 말했습니다. "하지만 꼭 그렇게 돌아가는 건 아니죠." 그는 앞을 가리켰고, 그곳에서 메이와 어니스트는 불모의 땅을 따라 뒤뚱뒤뚱 걸어가다가, 섬의 얼음으로 뒤덮인 바위 위에서 넘어질 때마다—꽤 자주 그랬지만—곧바로 다시 일어섰습니다.

작은 새끼 펭귄들을 따라잡으려 서둘러 움직이며, 니나가 앞장섰습니다. 파퍼 가족은 자신들이 펭귄들을 따라잡았을 때쯤 숨이 턱까지 차올랐습니다. 그 무리는 함께 섬 전체를 한 눈에 볼 수 있도록 높은 곳에 올라갔습니다.

그 섬은 바위투성이에 나무도 없었고, 산꼭대기는 얼음장 같은 바다에 둘러싸여 있었습니다. 바위들은 특이한 형태로 솟아 있어서, 섬의 대부분을 통행할 수 없게 만들었습니다. 모든 돌의 측면에는 흰색 줄무늬가 있었는데—아마도 펭귄의 배설물이거나, 아니면 다른 바닷새의 배설물일 것입니다.

"파퍼 펭귄들은 어디에 있는 거죠?" 조엘이 물었습니다.

"오두막은 섬의 북쪽에, 이 큰 바위들 건너편에 있단다." 파퍼 부인이 말했습니다. "그건 해변 옆에 있고, 그곳은 배들이 바위에 부딪혀 선체 깊숙이 큰 구멍이 뚫리길 원하지 않는다면 정박하기로 되어 있는 곳이지."

"해변이라니!" 자신의 손뼉을 치며, 니나가 말했습니다. "그거 좋은데요."

"몹시 추운 해변이지." 조엘이 냉정하게 덧붙였습니다. 그는 그의 여동생의 머릿속에 아마 곧바로 자외선 차단제와 모래성이 떠올랐을 것임을 알았습니다.

그들은 바위를 따라 조심조심 걸어갔습니다. 조엘은 가면서 어니스트를 안으려고 했으나, 그 펭귄은 거세게 오오크거리며 조엘의 손가락을 깨물었습니다. 보아하니 그 녀석들은 일종의 자기 영역 안에 있기 때문에 자신들의 두 발로 걸어 다니는 것을 선호하는 듯했습니다.

파퍼 가족이 어떤 바위의 날카롭게 돌출된 부분을 마지막으로 돌자, 관리인의 오두막이 눈에 들어왔습니다.

그것은 위태롭게 서 있는 갈색 오두막집이었고, 그것의 널빤지는 뒤틀린데다 바닷바람에 의해 색이 검게 변한 상태였습니다. 지붕의 판자들 중 몇 개는 헐거워져, 지붕틀에 부딪히며 쾅 소리를 냈습니다.

"집에 아무도 없는 것 같은데요." 조엘이 말했습니다.

"그래, 확실히 그런 것 같구나." 파퍼 부인이 말했습니다.

"저것 좀 보실래요?" 그들이 집으로 다가갈 때 현관문 위를 가리키며, 조엘이 말했습니다.

"뭘? 난 안 보이는데!" 폴짝폴짝 뛰며, 니나가 말했습니다.

파퍼 부인이 니나를 안아 올렸고 그녀가 읽을 수 있을 만큼 충분히 높이 그녀를 들어 올렸습니다. 니나가 천천히 보더니, 단어들을 소리 내어 읽었습니다. "펭귄들을 북극으로 데려온 두 명의 신사, 파퍼 씨와 드레이크 제독에 의해 지어진 오두막임을 여기에 표시합니다. 1936년."

"파퍼 씨가 실제로 여기에 왔었어요!" 조엘이 말했습니다. "정말 멋져요."

일단 그들이 안으로 들어가자, 그들은 음식 통조림이 든 수납장, 가스난로, 간단한 선박 라디오, 그리고 양털 담요가 깔린 잠을 잘 수 있는 받침대를 발견했습니다.

"그들이 사치를 좋아하지는 않았네, 그렇지?" 파퍼 부인이 말했습니다.

"그들은 탐험가들이었어요." 니나가 화를 내며 말했습니다. "당연히 그들이 사치를 좋아하지는 않았죠."

"그들이 적어도 독서등은 둘 수 있었던 것처럼 보이는구나." 파퍼 부인이 말했습니다.

"이곳을 좀 따뜻하게 만들어요." 조

엘이 문의 걸쇠를 채우려고 애쓰며 말했습니다.

"보세요, 종이쪽지 한 장이 있어요." 침대 아래를 이리저리 뒤진 후, 니나가 말했습니다. "여기 뭔가가 적혀 있어요!"

"큰소리로 읽어 보렴." 남아있는 통조림 음식의 수량을 확인하며 파퍼 부인이 말했습니다.

"이번에는 오빠가 읽어 봐." 쪽지를 그녀의 오빠에게 찔러주며, 니나가 말했습니다.

조엘이 목을 가다듬었습니다. "'관계자 분께: 부디 제가 자리를 비운 것을 양해해 주세요. 저는 당분간 파퍼 펭귄들을 추적 관찰하는 것이 불가능할 정도의 치통이 생겼습니다. 저는 치료를 받고 제 가족을 만나는 대로 바로 돌아올 겁니다.'"

"그게 다야?" 니나가 물었습니다.

"응." 확인하기 위해 쪽지를 뒤집어 본 뒤, 조엘이 말했습니다.

"그게 언제라고 되어 있니?" 파퍼 부인이 물었습니다.

"음... 한 달 전이요."

"그 정도면 충분하려나..." 파퍼 부인이 말끝을 흐렸습니다.

"뭐 하기에 충분하다는 거예요?" 조엘이 물었습니다.

"그냥... 파퍼 펭귄들에 관한 흔적이 없어서 그래. 관리인이 떠난 후에 그들에게 무슨 일이 생겼을 수도 있을까?"

"오 안 돼요!" 메이를 자신 쪽으로 가까이 꼭 끌어안으며, 니나가 말했습니다.

"오 안 되지, 정말로." 파퍼 부인이 수납장을 훑어보며 한숨을 쉬었습니다. "파퍼 펭귄들의 상태 말고도, 우리가 걱정해야 하는 다른 것이 있단다. 이곳에는 겨우 사흘 치의 식량밖에 없구나."

"하지만 유카가 배를 수리하는 데는 그보다 더 많은 시간이 필요하잖아요." 조엘이 말했습니다.

"잠깐, 그게 무슨 뜻이야?" 니나가 물었습니다.

조엘이 고개를 가로저으며 자신의 얼굴을 어니스트의 부드러운 옆구리에 파묻었습니다. "그건 우리가 큰 어려움에 처했다는 뜻이야."

그들이 오두막 밖의 해변에서 이구동성으로 외치는 오크 소리를 들은 것은 바로 그때였습니다.

12장 파퍼 펭귄들

관리인의 오두막 밖에는 펭귄들이 있었습니다. 많고, 많은 펭귄들이요. 그들은 주위를 서성거리며, 오두막을 바라보았고 몸을 앞뒤로 흔들면서, 오크와 꾸과 꾸엑 소리를 이구동성으로 시끌벅적하게 냈습니다. 그들은 한 마리씩 앞으로 나와, 원을 그리며 돌고서는, 무리로 돌아갔습니다. 그것은 일종의 환영의 춤처럼 보였습니다.

"이 녀석들이... 파퍼 펭귄들이야?" 니나가 물었습니다.

"내 생각엔 그런 것 같아." 조엘이 말했습니다. "스틸워터에 있던 펭귄 동상 기억해? 이 녀석들은 꼭 그들과 닮았어. 마찬가지로, 저 녀석들도 파퍼 펭귄들에게 있던 것과 같은 흰색 줄무늬가 그들의 양볼에 있어."

"하지만, 이 녀석들은 열두 마리보다 훨씬 더 많은 것 같구나!" 파퍼 부인이 외쳤습니다.

펭귄들이 계속해서 도착했습니다. 그들은 파도에서 나타나, 마치 메이와 어니스트가 그랬던 것처럼 육지로 뛰어올랐습니다. 그들은 물속을 가르며 질주할 때는 자신감이 있었지만 해안에 오르자마자 긴장하며 주저하더니, 해변으로 걸음을 내딛으려 하기 전에 그들의 친구들은 무엇을 하는지 보려고 주변을 살피고 있었습니다. 그곳에서 그들은 각자 빙그르르 돌며 춤을 추더니 무리로 돌아가 옹기종기 모였고, 오두막과 그곳에서 나온 사람들을 가장 잘 볼 수 있도록 서로서로 목을 이리저리 길게 뺐습니다.

"안녕 얘들아." 자신의 손을 들어 인사하며, 파퍼 부인이 말했습니다.

"오크! 오크! 오크!" 펭귄들은 두려움에 뒤로 물러섰고, 한 펭귄이 옆에 있던 펭귄에 부딪히더니 그들 모두가 마치 볼링 핀 세트처럼 쓰러지면서, 굴러서 바닷속으로 흩어졌습니다.

"미안해!" 양손으로 입 주위를 감싼 채, 니나가 외쳤습니다. "우리는 너희를 겁주려던 게 아니었어. 제발 돌아와!"

마치 니나의 말을 알아들은 것처럼, 펭귄들이 다시 나타났고, 해변을 따라 또다시 일렬로 서서 그들을 경계하며 살폈습니다.

"다행이네요." 조엘이 말했습니다. "저는 펭귄들이 무사해서 기뻐요."

니나가 무릎을 꿇고, 그녀의 팔을 뻗었습니다. "안녕, 모두들."

펭귄들은 다시 겁에 질린 채, 서로를 밀쳤고, 맨 앞줄은 파퍼 가족에게 완전히 등을 돌렸습니다. 크게 꾹 소리를 내며 앞으로 뒤뚱뒤뚱 걸어온, 한 마리를 제외하고 전부가 말이죠. 녀석은 가족에게 가까이 다가간 후에, 고개를 갸웃거리며 호기심이 가득한 눈으로 그들을 바라보았습니다.

"엄마는 이 녀석이 무엇을 원하는 것 같아요?" 니나가 물었습니다.

"녀석은 우리가 자신에게 물고기를 먹여 주길 원하는 것 같아, 확실하단다!" 파퍼 부인이 말했습니다.

그 펭귄은 휙 하고 고개를 가로젓더니, 파도 속으로 곧장 뛰어 들어갔고, 녀석이 물속으로 사라질 때까지 배를 대고 엎드려 터보건 썰매처럼 미끄러지듯 나아갔습니다. 그 녀석은 수면 아래로 잠시 사라졌다가, 다시 나타났습니다— 녀석의 입에 물고기 한 마리를 물고요! 그 녀석은 해변으로 뒤뚱뒤뚱 걸어 올라와 파퍼 부인 앞에 섰고, 그러고 나서 팔딱거리는 물고기를 바위 위에 떨어뜨렸습니다.

파퍼 부인이 그것을 내려다보았습니

다.

"제 생각에는 엄마가 그걸 드셔야 할 것 같아요." 엄마를 쿡 찌르며, 조엘이 속삭였습니다.

"내가?" 파퍼 부인이 이를 악물고 말했습니다.

그 펭귄은 앞으로 뒤뚱뒤뚱 걸어 나와, 팔딱거리는 물고기를 부리로 한 번 쪼았고, 그러고 나서 기대에 찬 눈빛으로 파퍼 부인을 올려다보았습니다. 그 펭귄의 머리에는 새하얀 부분(patch)이 있었습니다. 그것은 조엘의 머릿속에서 녀석의 이름이 되었습니다: 바로 패치(Patch)입니다.

파퍼 부인은 몸을 숙여 장갑을 낀 채로 그 물고기를 겨우 들어 올렸습니다. 그것은 크고, 툭 튀어나온 눈으로 그녀를 바라보며, 아가미를 펄럭였습니다.

그녀가 입을 벌렸습니다.

그녀가 입을 다물었습니다.

자신이 녀석의 기분을 상하게 하지는 않았는지 확인하기 위해, 패치의 눈을 보며, 파퍼 부인은 그 물고기를 다정하게 토닥였습니다.

분명히 그것은 선물에 대한 충분한 감사 인사였습니다. 패치는 의기양양하게 꽥꽥거리며 다른 펭귄들에게로 뒤뚱뒤뚱 돌아갔습니다. 그들은 녀석이 마치 긴 여행에서 막 돌아온 것처럼, 즐겁게 합창하며 녀석을 맞이했습니다.

"협상 성공!" 조엘이 말했습니다.

펭귄의 관심이 다른 데로 향하자, 파퍼 부인은 놀란 물고기를 다시 바다로 던졌습니다.

니나가 실망한 듯 보였습니다. "우리는 그 식량이 필요해요!"

"그래." 파퍼 부인이 말했습니다. "하지만 엄마 생각에는 우리가 가지고 있는 생선을 먼저 요리하는 것이 좋을 것 같구나."

"하지만 그래도 엄마가 그걸 다시 던질 필요는 없었잖아요!"

"맞아, 나도 그게 맞다고 생각해." 자신의 코트 앞부분을 매만지며, 파퍼 부인이 말했습니다. "엄마도 어떻게 해야 할지 몰라서 허둥댄 거야, 어쩌겠니."

바로 그때, 또 다른 물고기가 파퍼 가족의 발밑에 떨어져 있었습니다. 사실, 조엘은, 그것이 패치가 이들에게 앞서 가져다주었던 바로 그 물고기일지도 모른다고 생각했습니다. 그 녀석은 그들이 이야기하는 동안 파도에서 나타나 되찾아 온 물고기를 두고서 자랑스럽게 서 있었습니다.

"엄마 생각에 우리는 요리할 불을 지피는 게 좋을 것 같구나." 파퍼 부인이 말했습니다.

13장 암울한 전망

파퍼 펭귄들은 관리인의 오두막 현관까지 곧장 갔지만, 들어가기를 꺼리는 것처럼 보였습니다. 그들은 오두막 앞에 모여서, 서로 알아보러 가라고 부추겼지만, 그들 중 아무도 기꺼이 결단을 내리고 문을 밀어서 열려고 하지는 않았습니다. 심지어 패치조차도 그 일을 하려고 하지 않았는데, 비록 녀석이 가끔씩 창문을 통해 들여다보려는 용기를 내려고 했지만 말입니다.

"아마도 녀석들은 우리가 몰래 인간으로 가장한 바다사자고 우리가 자신들을 바로 잡아먹을까 봐 걱정이 되나 봐." 조엘이 울퉁불퉁한 침대 위에서 자신의 교과서를 정리하며 말했습니다. 그의 엄마는 조엘에게, 심지어 생존을 위해 발버둥치는 상황에서도, 그가 공부를 계속해야 한다고 알려 주었습니다.

"펭귄들이 우리를 무서워하는 건 바보 같아." 니나가 말했습니다. "적어도 메이와 어니스트는 그렇지 않잖아, 그렇지?"

메이와 어니스트가 두려워하는 것은 바로 다른 펭귄들이었습니다! 새끼 펭귄들은 오두막의 창문을 가리고 있는 커튼 뒤에 숨어 있다가, 이따금씩 다 큰 성체 펭귄들을 엿보고 나서, 다시 숨어버렸습니다. 항상 둘 중 더 긴장하는, 어니스트는 스스로를 보호하기 위해 메이 밑으로 파고들었습니다. 물론, 그의 머리만 딱 집어넣어서, 녀석의 나머지 몸은 창턱 위에 널브러져 있었습니다.

"우리는 세상이 알고 있는 펭귄들 중에 가장 용감한 새끼 펭귄들을 기르고 있는 건 결코 아닌 것 같네, 그렇지?" 파퍼 부인이 말했습니다.

"그건 단지 녀석들이 지금까지 꽤나 보호받는 삶을 살아왔기 때문이에요." 니나가 말했습니다. "저는 그들이 일단 적응할 시간을 가지고 나면 세상에서 그들이 있어야 할 곳을 찾을 거라 생각해요."

"난 잘 모르겠어, 이 녀석들은 갈 길이 멀어 보여." 조엘이 말했습니다. 그는 조금씩 오두막의 프로판 난로 쪽으로 다가갔는데, 이는 오두막에서 유일하게 온기가 나오는 곳이었습니다. 그의 엄마는 팬에 생선 두 마리를 요리하고 있었습니다. 세 번째 생선은 날것인 채로 양철 접시에 잘게 썰려 있었고, 그 접시에서 생선이 새끼 펭귄들의 먹이로 제공되고 있었습니다. "우리 저녁은 언제 준비되나요?"

"곧 될 거란다." 파퍼 부인이 말했습니다. "이다음에 엄마는 유카에게 가져다줄 생선 몇 마리를 더 요리할 거야."

"음, 우리에게 조만간 생선이 바닥나는 일은 절대 없을 것 같아요." 니나가 말하며, 창밖의 해변을 가리켰고, 그곳에는 생선 한 더미가 차곡차곡 쌓여 있었습니다. 펭귄들 중 한 마리가 물고기를 잡으러 떠날 때마다, 녀석은 파퍼 가족이 있는 곳의 문 앞에 둘 여분의 물고기를 가지고 돌아왔습니다.

"저는 이게 파퍼 씨가 수년 전에 녀석들에게 가르쳐 준 기술인지 궁금하네요." 조엘이 말했습니다.

"우리의 가장 큰 위험 요소는 음식이 바닥나는 게 아니라, 연료가 바닥나는 것일 테야." 파퍼 부인이 말했습니다. "만약 그렇게 된다면, 우리는 아주, 아주 추울 거야."

"얼마나 남은 거예요?"

그녀는 자신의 손가락 마디로 가스통 옆면을 통통 두드렸습니다. 그것은 속이 텅 빈 것 같이 울렸습니다. "엄마도 잘 모르겠구나. 난 며칠 동안은 충분하기를 바란단다."

"바란다고요?" 자신의 아랫입술을 갑자기 떨며, 니나가 말했습니다.

"걱정하지 말렴, 우리 딸." 파퍼 부인이 말했습니다. "그때쯤 되면 배가 고쳐질 거야. 아니면 적어도 유카가 전력을 복구해서 우리가 여행에서 돌아갈 준비가 될 때까지 배에서 지낼 수 있도록 할 거야."

조엘이 메이의 보송보송한 등을 쓰다듬으려 무릎을 꿇었습니다. "아마 그때쯤 되면 우리의 새끼 펭귄들은 스스로를 다른 펭귄들에게 소개할 만큼 충분히 용감해질지도 몰라."

"이 녀석들은 새로운 부모를 찾으려하고 있어." 니나가 말했습니다. "그게 쉬울 리 없지!"

"맞아." 새끼 펭귄 두 마리를 자신의 무릎에 올려 두고 그들을 어루만지며, 조엘이 말했습니다. "우리가 너희 둘을 너무 급히 떠나보내지 않게 해 주렴."

파퍼 부인이 유카에게 요리된 생선을 가져다주고 돌아오자 곧, 빠르게 밤 시간이 되고 어두워졌습니다. 여전히 자신들의 코트를 입은 채, 파퍼 가족은 오두막의 문을 닫고, 따끔거리지만 따뜻한 양털 담요가 깔린 매트리스 위에 함께 옹기종기 모였습니다. 새끼 펭귄들이 그 아래를 비집고 들어왔습니다.

바람이 윙윙거리며 불었고, 돌풍이 불 때마다 오두막의 벽이 마구 흔들렸습니다. 조엘이 자신도 모르게 잠이 들었을 때, 그는 바다 괴물이 그것의 촉수를 오두막으로 뻗치고 있는 장면을 상상했습니다. 파퍼 섬은 낮에는 즐거웠지만, 밤에는 낯설고 무서운 곳이었습니다. 조엘은 그들이 모두 함께 있어서 기뻤는데, 그의 곁에 니나와 엄마가 있었기 때문입니다. 그는 유카가 무사하길 바랐습니다.

바람 소리가 더 커지자 메이와 어니스트는 더 가까이 파고들었습니다. 조엘도 마찬가지로, 자신의 곁에 그들이 있어서 기뻤습니다.

다음 날 아침, 니나가 제일 먼저 일어났습니다. 오두막 안의 공기가 너무 차가워서 그녀의 코끝은 감각을 느끼기 어려웠습니다. 하지만 양털 담요 아래는 포근하고 따뜻했습니다. 바람이 잦아들었고, 그 대신 잠깐. . . 방금 저 소리는 뭐였죠?

새끼 펭귄이 코를 고는 소리였습니다! 니나는 귀를 어니스트의 부리에 대고 부드럽게 쌕쌕거리는 소리를 들었습니다. 아마 녀석은 꿈을 꾸고 있는 듯했습니다—니나는 녀석의 눈이 눈꺼풀 아래에서 빠르게 움직이고 있는 것을 볼 수 있었습니다.

파퍼 부인이 한숨을 쉬며 침대 밖으로 나왔고, 프로판 밸브를 열어 그녀가 난로에 불을 붙일 수 있게 했습니다.

"너희들은 오두막이 따뜻해질 때까지 침대에 있거라, 알겠니?"

하지만 니나는 그렇게 오래 기다릴 수 없었습니다. 그녀는 오두막의 문으로 살금살금 가서 문을 조심히 열었습니다.

햇빛이 해변의 조약돌 위에 형성된 금이 간 얇은 얼음층 위로 밝게 빛났습니다. 파퍼 펭귄들은 이미 열심히 일을 하고 있었는데, 해안가 곳곳을 뒤뚱뒤뚱 걸어 다니며, 물고기를 잡아먹었고 계속 움직이고 있었습니다. 그들은 서로에게 큰 울음소리를 낼 때 자신들의 머리를 뒤로 젖히면서, 자신들의 아름다운 긴 목을 드러내곤 했습니다.

새끼 펭귄들을 자신의 품에 안은 채, 조엘은 현관에 있는 니나에게 갔습니다. 그는 천천히 몸을 숙여 펭귄들을 차가운 바닥에 놓아주었습니다. 그들은 어쩔 줄 몰라서, 주위를 둘러보더니, 오두막 안으로 다시 들어가려고 했습니다—니나가 그들 뒤에 있는 문을 닫기 전까지 말이죠. 그들은 항의하는 듯이 오오크거렸습니다.

"이건 다 너희 좋으라고 그러는 거야." 조엘이 설명했습니다. "너희들은 다른 펭귄들에 익숙해져야 해!"

새끼 펭귄들은 차가운 바다를 내다보았습니다. 그들이 무엇을 생각하는지 상상하는 것은 어렵지 않았습니다: 침대에 누워 있는 게 훨씬 낫지 않아?

패치는 터보건을 타듯 미끄러지며 와서 일어서더니, 겁에 질린 새끼 펭귄들을 향해 뒤뚱뒤뚱 걸어왔습니다. "꾹!" 녀석은 자신의 부리를 홱 치켜들며 말했습니다.

어니스트는 메이 아래로 파고들었습니다. 하지만, 메이는, 용감하게 그 낯선 펭귄을 올려다보았습니다. 그러고 나서 그녀는 처음으로 다 자란 성체 펭귄의 소리를 냈습니다. "오크!"

패치는 자신의 부리를 메이의 부리에 몇 번 딱딱 부딪쳤습니다. 확실히 대담해진, 어니스트도 나타나 자신의 부리를 내밀었고, 패치가 마찬가지로, 녀석의 부리를 딱딱 치자 기뻐서 어니스트의 두 눈이 휘둥그레졌습니다.

그러고 나서 그 펭귄은 해변을 따라 걸으며, 고개를 돌려 뒤를 돌아보았습니다. 그 메시지는 분명했습니다: *나랑 같이 가자!*

그것이 바로 어니스트와 메이가 한 일이었습니다. 허락을 받기 위해 니나와 조엘을 올려다본 후, 그들은 패치를 따라 뒤뚱거리며 걸어갔습니다.

"우리도 따라가는 게 좋을 것 같아!" 세 마리의 펭귄이 해변을 따라 걸어갈 때 조엘이 말했습니다.

"엄마, 우리는 메이와 어니스트랑 함께 탐험하고 올게요!" 니나가 큰소리로 외쳤습니다. "우리는 멀리 가지 않을 거예요."

"정말 조심해야 한다!" 파퍼 부인이 말했습니다. 다른 엄마 같았으면 자신의 아이들이 스스로 북극에 있는 섬을 돌아다니도록 두지 않았을 것입니다. 하지만 파퍼 부인은 그녀의 아이들이 조심할 거라는 사실을 알고 있었습니다.

"저희는 아침 식사 전까지 돌아올게요!" 조엘이 자신의 여동생과 함께 해변을 따라 새끼 펭귄들과 그들의 새로운 친구 뒤를 서둘러 쫓아가며 외쳤고, 그들의 발밑에서 돌멩이들이 짜그락거렸습니다.

"펭귄이 우리에게 뭔가를 보여 주고 싶어 해!" 니나가 해변을 따라 뛰면서 헐떡였고, 그녀의 부츠 아래에서 얼음이 깨지며 뿌지직 소리를 냈습니다. "정말 신난다!"

14장 발표 시간

그들이 얼어붙은 해변을 따라 쭉 걸어가는 동안, 점점 더 많은 파퍼 펭귄들이 파도에서 나와 그들과 합류했습니다. 새로운 펭귄이 한 마리씩 가까이 올 때마다, 새끼 펭귄들은 꼼짝 않고, 그들이 성체 펭귄의 오크 소리를 낼 만큼 충분한 용기를 낼 때까지는, 아기 새 같은 오오크 소리를 내곤 했습니다. 그 과정은 새로운 파퍼 펭귄이 대열에 합류할 때마다 반복되곤 했습니다.

아주 매끈한 동물치고, 펭귄들은 해안가에서는 볼품없었습니다. 그들은 미끄러운 곳을 밟을 때마다 이리저리 넘어졌고, 그 과정에서 자주 다른 펭귄을 넘어뜨렸습니다. 조엘과 니나는 새끼 펭귄들 옆에 붙어서, 그들이 굴러다니는 낯선 펭귄에 의해 의도치 않게 짓눌리지 않도록 했습니다.

패치는 자신의 유연한 발을 이용하여 거친 표면들 사이에 있는 돌 제방 위로 그들을 이끌었습니다. 많은 다른 펭귄들도 뛰어넘으려고 했지만 호들갑스럽게 몇 번 떨어지고 나서는 포기했습니다. 그들은 파도로 물러나며 화가 난 듯 오크 소리를 냈습니다.

메이는 용감하게 자신의 첫 번째 도약을 시도했지만, 튀어나온 돌에 머리를 부딪치고 말았습니다. 메이는 그것을 무섭게 노려봤습니다. "꾸엑!"

"너희에게는 아직 우리가 필요한 것 같네." 니나가 조엘과 함께 각각 새끼 펭귄을 한 마리씩 안아 올리고 돌멩이들을 기어오르며 말했습니다.

그들은 강한 바람에 노출되어 있는 고원을 지나면서 그들의 코트와 목도리를 더 단단히 여몄습니다. 바닷바람이 그들의 빰과 코를 따끔거리게 하는 얼음 조각들을 실어 날랐습니다. 그들이 새끼 펭귄들을 바닥에 내려놓았을 때, 그들은 얼어붙었고, 그들의 작은 날개를 그들의 몸에 딱 붙이고는 눈을 찡그리며 꼭 감았습니다. 조엘과 니나는 각각 새끼 펭귄들을 자신들의 따뜻한 코트 속에 집어넣었습니다.

그러는 동안, 패치는 그들을 계속 안내했습니다.

파퍼 섬은 크지 않았습니다. 20분이 지나기도 전에, 그들은 섬 중앙에 다다랐습니다. 그곳에서, 그 펭귄은 급히 방향을 바꾸더니, 동쪽 끝으로 그들을 데려갔습니다.

패치는 벼랑에 다다르자 돌아서서는, 한쪽 날개로 몸짓을 하며 크게 오크 소리를 냈습니다.

니나와 조엘은 녀석에게로 갔고 이곳에서 땅이 가파른 절벽으로 바뀐 것을 보았습니다. 펭귄과 아주 비슷해 보이는 새들이 수직의 바위로 된 표면 아래쪽에 둥지를 틀고 있었습니다. 그들도 똑같이 흑백의 색을 띠고 있었는데, 다만 그들의 몸집이 조금 더 작았고 부리 끝이 밝은 빨간색인 광대처럼 생긴 얼굴을 지니고 있었습니다. 조엘은 그들이 펭귄보다 못해 보인다고 생각했습니다. 그때 한 마리가 자신의 날개를 펼치더니 멀리 저 아래에 있는 바다 위로 급강하했습니다. 그들은 날 수 있었습니다. 그것은 확실히 그들에게 유리한 점이었습니다.

"내 생각에 저 새들은 바다오리(puffin)인 것 같아!" 니나가 말했습니다. "굉장해. 나는 항상 바다오리가 보고 싶었어."

아이들은 메이와 어니스트를 내려놓고 그 새끼 펭귄들도 마찬가지로, 바다오리를 볼 수 있게 해 주었습니다. 그들에게는 여전히 분명 너무 추웠는데―그들은 아이들의 다리 사이의 따뜻한 곳에 달라붙어 있었습니다. 그들은 정말로 호기심 어린 눈으로 내다보았지만, 그럼에도, 바다오리가 날아오를 때마다 깜짝 놀란 듯 헉하고 작게 숨을 내쉬었습니다. "나는 우리가 녀석들을 질투하

게 만들고 있는 건 아니길 바라." 니나가 말했습니다. "날지 못하는 것 등으로 말이야."

조엘은 패치가 자신의 날개로 계속해서 바다오리들을 가리키는 것을 알아차렸습니다. 녀석은 그들이 무언가 알아차리기를 원했습니다.

조엘은 좀 더 자세히 살펴봤습니다. 바다오리들은 모두 꽤나 마른 것 같았습니다. 어떤 녀석들은 털 뭉치가 듬성듬성 삐죽 튀어나와 있었습니다. 그들은 그 섬에 있는 펭귄들처럼 매끈해 보이지 않았습니다.

"주변에 알껍데기는 보이는데, 새끼 바다오리들이 안 보여." 니나가 말했습니다. "그거 이상하네, 그렇지?"

"그리고 봐!" 조엘이 말했습니다. "바다오리들이 물 위를 짧게 날고 있지만, 녀석들은 어떤 물고기도 잡아오지 못하고 있어."

메이와 뒤따르던 어니스트는 패치에게 뒤뚱뒤뚱 걸어가서, 녀석의 배 아래로 몸을 숨겼습니다. 그 펭귄은 순순히 새끼 펭귄들을 받아 주면서 계속해서 바다오리들을 가리켰습니다. 자신의 부리를 열었다 닫았다 하면서, 녀석은 슬프게 오크 소리를 냈습니다.

"나 알 것 같아." 펭귄들을 봤다가 그 다음에 고통 받는 바다오리 무리를 바라보며, 니나가 말했습니다.

"그게 뭔데?" 조엘이 물었습니다.

"예전에는 바다오리만이 이 주변에 사는 유일한 새였어. 그러니까 녀석들

은 이 지역의 물고기를 잡아먹는 유일한 새였던 거지. 하지만 이제 이곳은 온통 이 펭귄들뿐이야."

". . . 그리고 그 펭귄들이 좋은 물고기들을 전부 잡아먹고 있어." 조엘이 말했습니다. "그리고 그건 바다오리를 위한 먹이가 충분히 남아 있지 않다는 뜻이야."

패치는 만족스럽다는 말처럼 들리는 오크 소리를 냈습니다. 이 우둔한 인간들이 드디어 무슨 일이 일어나고 있는지 알아낸 것입니다.

15장 몰려드는 폭풍우

아이들이 관리인의 오두막으로 돌아왔을 때, 그들은 유카와 자신들의 엄마가 밖에 서 있는 것을 보았습니다. 그들은 어른들이 걱정할 때 자주 하는 행동을 하는 것처럼 보였는데—아주 가만히 서서, 팔짱을 낀 채, 뚫어지게 쳐다보고 있었습니다. 혹시라도 어른들이 걱정하는 이유가 자신들일까 봐, 조엘과 니나는 속도를 냈습니다. 하지만 그들의 엄마는 그들을 본 뒤에도 계속해서 팔짱을 끼고 있었습니다.

"오, 잘됐네, 너희들 돌아왔구나." 엄마가 말했습니다.

"무슨 일이에요?" 무엇이 엄마의 온 관심을 사로잡았는지 알아내려고, 낮게 뜬 태양을 피해 자신의 눈을 가리며, 조엘이 물었습니다.

유카는 고개를 저으며 굳은 미소를 지었습니다. "너희들이 신경 써야 할 일은 없단다."

"아이들에게 그 사실을 숨기는 건 의미가 없어요." 파퍼 부인이 말했습니다. "아이들도 진실을 알 자격이 있어요."

"어떤 진실이요?" 그녀의 얼굴이 붉어지면서, 니나가 물었습니다.

"배는 거의 다 고쳐졌어." 그의 표정이 밝아지며, 유카가 말했습니다.

"아." 혼란스러워하며, 조엘이 말했습니다. "그건 좋은 소식이네요, 맞죠?"

"그래." 그가 말했습니다. "나는 그저 좋은 소식부터 말하고 싶었단다. 으흠. 나쁜 소식은, 글쎄, 너도 직접 볼 수 있어." 유카가 남쪽 하늘을 가리켰고, 그곳에는 먹구름층이 형성되어 있었습니다.

"저건 정말 나쁜 소식인 것 같네요." 고개를 끄덕이며, 니나가 말했습니다.

"저게 우리 쪽으로 오고 있어." 파퍼 부인이 설명했습니다. "그리고 북극 지방의 폭풍은 심각한 문제야. 이게 지나갈 때까지 우리는 출항할 수 없단다."

"그리고 우리는 폭풍이 언제 소멸될지 알지 못해." 유카가 말했습니다. "만약 내 기기들이 제대로 작동하고 있었다면, 우리는 여기로 오는 길에 폭풍에 대해 알고 더 빨리 본토로 갈 수 있었을 텐데 말이야."

구슬픈 오오크 소리가 조엘의 코트 안에서 들려왔습니다. "제 생각에는 어니스트가 기기를 망가뜨린 것에 대해 정말 미안해하는 것 같아요." 조엘이 말했습니다.

"유카는 폭풍이 사납게 몰아치는 동안 우리와 함께 오두막에서 지낼 거야." 파퍼 부인이 말했습니다.

"우리에게 몇 시간밖에 안 남았어." 유카가 말했습니다. "너희 엄마는 오두막을 정리하기 위해 이곳에 남고 싶어 하시지만, 너희 둘은 나와 함께 배에 가 줄래? 바람이 불고 눈이 내리기 전에 우리가 가져올 수 있는 어떤 물품이든 가져와야 해. 나중에는 섬을 가로질러 갈 수 없을 거야."

니나와 조엘은 침울하게 고개를 끄덕였습니다. "물론이죠."

그들은 함께 섬을 가로질러 배까지 걸어갔고 그들이 가져올 수 있는 한 많은 물품을 가지고 돌아왔는데—사실대로 말하자면, 물품이 그렇게 많지는 않았습니다. 많은 물품들이 난파를 당하는 동안 배 밖으로 유실되었습니다.

그들이 관리인의 오두막으로 돌아왔을 때, 유카와 조엘 그리고 니나는 각각 그들의 품에 상자를 하나씩 안고 있었습니다. 그들은 방 한쪽 구석에 그것들을 쌓아 놓았습니다. 어니스트와 메이는 창턱에서 깡충 뛰어내렸는데, 그곳은 그들이 파퍼 펭귄들을 지켜보던 곳이었죠. 그들은 안락함을 주는 아이들의 발목 쪽으로 옹기종기 모였습니다.

바깥에서 바람이 윙윙거리기 시작했습니다. 유카는 창밖으로 하늘을 내다봤고, 그의 표정이 암울해졌습니다. "어쩌면 내가 생각한 것보다 시간이 더 적게 남아 있을지도 몰라. 배까지 딱 한 번 더 다녀올 수 있을 만큼만 말이야."

"저는 준비됐어요." 니나가 말했습니다.

"아니, 너희 둘은 여기에 있어." 유카가 말했습니다. "나는 바람이 불기 시작할 때 너희가 밖에 고립되는 위험을 무릅쓰고 싶지 않아."

그들은 유카가 자신의 배로 돌아가는 것을 창문으로 바라보았습니다. 유카가 시야에서 사라지자, 파퍼 부인이 힘차게 손뼉을 쳤습니다. "우리 모든 물건을 치워서, 이 오두막이 우리가 할 수 있는 한 가장 잘 정돈된 상태가 되도록 하자. 우리는 아마 오랫동안 안에 갇혀 있어야 할 거야."

어니스트와 메이는 파퍼 가족이 오두막을 정리하는 것을 진지하게 바라보았습니다. 조엘은 여분의 침대보를 털고 그것을 바닥에 놓인 베개들로 만든 임시 침대에 씌워서, 유카에게 어딘가 잘 곳이 있도록 했습니다. 니나와 파퍼 부인은 식료품들을 한 줄로 늘어놓았습니다. "통조림 콩이 많이 있어요!" 니나가 큰소리로 말했습니다.

"그리고 바라건대, 참치도 있니?" 어니스트의 머리를 쓰다듬으며, 조엘이 물었습니다.

"물론이지." 니나가 말했습니다. "하지만 내 생각엔 우리가 그걸 먹을 것 같아, 왜냐하면 펭귄들이 날생선을 배달해 주고 있으니까 말이야."

"오 안 돼, 파퍼 펭귄들이 있지!" 오두막의 작은 창문을 내다보며, 조엘이 말했습니다. "저 녀석들이 괜찮을 거라 생각하세요, 엄마?"

그녀는 조엘의 어깨를 꽉 쥐었습니다. "물론 그들은 괜찮을 거야. 저 녀석들은 이곳에서 여러 번의 겨울을 견뎌 냈잖니. 저들은 이런 날씨에 잘 적응하도록 태어났어. 걱정해야 하는 건 바로 우리 같은 영장류란다."

유카가 현관에 다시 나타났을 때, 그는 옷에 달린 모자에 고드름을 매달고 있었고, 그의 턱에 까칠하게 자란 수염은 서리가 맺혀 반짝였습니다. 바람이 오두막 안으로 거세게 들이닥치면서, 조엘이 정성스럽게 정리해 둔 베개들을 흩뜨려 놓았고 통조림 콩으로 만든 탑도 쓰러뜨렸습니다. 유카가 문을 쾅 닫고 부츠를 신은 그의 발을 동동 굴렀습니다. "와. 난 어렸을 때 이런 폭풍을 경험했던 것 같은데, 이번 폭풍은 지금껏 있었던 그 어떤 것보다 더 심한 것 같아."

"당신이 배에 있는 동안 당국과 무선 연락을 할 수 있었나요?" 파퍼 부인이 물었습니다.

유카가 고개를 저었습니다. "아니요, 유감스럽게도요. 전기 시스템이 아직 작동하지 않아요. 하지만 우리는 괜찮을 거예요. 그리고 파퍼 재단이 우리의 여정을 알고 있으니, 만일 우리가 꽤 오랫동안 연락이 안 되면, 그들은 분명 도움을 줄 거예요."

벽이 마구 흔들렸습니다. 어니스트는 겁에 질린 듯 오오크 소리를 내며 침대 위로 깡충 뛰어올랐습니다.

"제 생각에 어니스트에게 좋은 생각이 있는 것 같아요." 자신의 코트 지퍼를 단단히 잠근 뒤 이불 속으로 어니스트를 따라 들어가며, 조엘이 말했습니다.

16장 예상치 못한 낯선 존재들

그다음 이틀은 빠르게 지나갔습니다. 먹구름이 북극의 태양을 가리자, 오두막 안으로 바깥의 빛이 거의 들어오지 않아서, 낮인지 밤인지 구별하기 어려웠습니다. 어쨌든, 그것은 크게 중요하지 않았는데—시간이 어떻게 되었든 간에, 밖에 나갈 일이 없었으니까요. 니나가 아는 것이라고는 거센 폭풍이 지붕을 흔들고 벽을 흔들리게 했다는 사실, 그 폭풍이 문 아래와 창문의 이중 유리를 뚫고 차가운 손가락을 스멀스멀 내밀었다는 사실, 그리고 유일한 방어 수단은 폭풍이 지붕을 완전히 날려 버리기로 마음먹지 않기를 바라며, 두툼한 이불 아래로 몸을 웅크리는 것뿐이라는 사실이었습니다.

자신의 후드 끈을 단단하게 조여서, 니나는 그녀의 코만 밖으로 나오게 할 수 있었습니다. 하지만 그렇게 해도, 그녀는 자신의 몸이 점점 더 차가워지고 있는 것을 느낄 수 있었습니다. 그녀는 차가운 공기가 자신의 팔을 얼얼하게 만들 것을 알았지만, 손을 뻗어 난방기에 손을 갖다 댔습니다. 그것은 마치 얼음 같았습니다.

니나는 이불 아래로 팔을 다시 집어

넣었습니다. "엄마." 그녀가 조용히 말했습니다. "아무래도 프로판 연료가 다 떨어진 것 같아요."

"오 이런." 파퍼 부인이 말했습니다. 그녀가 팔을 뻗어, 난로를 만져 보고는, 헉하고 숨을 내쉬었습니다. "네 말이 맞구나. 몸을 더 웅크리렴, 얘들아. 괜찮아요, 유카?"

"그럼요." 그가 자신의 베개 더미에서 말했습니다. 하지만 그는 자신의 목소리가 떨리는 것을 감출 수 없었습니다.

바람은 계속해서 윙윙거리며 불었고, 온도는 계속해서 낮아졌습니다. 조엘과 니나는 그들의 엄마에게 더 바싹 다가갔고, 그들이 할 수 있는 한 가까이 파고들었습니다—어떤 다른 상황이었다면, 조엘은 자신이 그런 행동을 하기에 너무 나이가 들었다고 주장했을 테지만요.

"걱정하지 마, 얘들아." 파퍼 부인이 말했습니다. 물론, 니나는 자신의 엄마가 걱정이 될 때만 그런 말을 한다는 것을 알고 있었습니다.

"저는 무섭지 않아요!" 니나가 말했습니다.

"저도 안 무서워요!" 조엘이 말했습니다. 니나는 조엘의 말을 거의 믿을 뻔했습니다.

그들의 걱정에도 불구하고, 그들 모두 졸음이 쏟아졌고, 점차 니나는 자신의 생각이 점점 흐트러지는 것을 느꼈습니다. 그리고 나서 그녀는 잠이 들었던 것이 분명했는데, 왜냐하면 그녀가 잠에서 깼다는 사실을 알아차렸기 때문입니다. 바람은 그 어느 때보다 더 큰 소리로 웅웅거리며 불고 있었는데, 그녀가 완전히 눈을 떴을 때, 그녀는 그 이유를 알 수 있었습니다.

누군가가 문을 열었던 것입니다.

"엄마!" 니나가 다급하게 말했습니다. 하지만 그녀의 엄마는 계속 코를 골고 있었습니다.

긴 그림자가 바닥을 가로지르며 점점 커지더니 침입자가—아니, 침입자들이—더 가까이 다가왔습니다.

그들의 그림자는 일종의 볼링 핀 같은 모양이었습니다.

그것은 파퍼 펭귄들이었습니다. 적어도 스물네 마리의 파퍼 펭귄들이었죠.

펭귄들은 현관에 줄지어 서서, 안쪽을 바라보고 있었습니다. 메이와 어니스트는 가까이에 자신들과 같은 펭귄이 있다고 느꼈던 것이 틀림없습니다. 그들은 두툼한 이불 속에서 나와 바닥으로 굴렀고 성체 펭귄들을 마주하더니, 긴장한 듯 오오크 소리를 냈습니다.

니나가 그녀의 오빠를 쿡 찔렀습니다. "조엘 오빠. 펭귄들이야! 오두막 안에 들어왔다고!"

조엘은 끙 소리를 내고는 돌아누우며, 자신의 머리 위로 양털 담요를 끌어당겼습니다.

파퍼 펭귄들은 앞으로 뒤뚱거리며 걸어왔고, 신중하게 오두막을 살피며, 수납장과, 벽, 현관에 나란히 놓여 있는 부츠를 조심스럽게 쪼았습니다. 먼저 들어온 펭귄들이 입구에 공간을 내주자, 더 많은 펭귄들이 뒤쪽에서 줄지어 들어왔습니다. 니나는 펭귄들이 추운 것 같다고 한 번도 생각한 적이 없었는데, 이 펭귄들은 틀림없이 추운 것 같았습니다. 그들의 부리를 따라, 깃털로 된 눈썹과, 그들의 검고, 공룡 같이 생긴 발끝에도 서리가 내려앉아 있었습니다.

니나가 조엘을 다시 한 번 쿡 찔렀습니다. "펭귄들이 *더 많아졌다고!*"

곧 그들은 오두막의 바닥 전체를 가득 채웠고, 폭풍에서 나오는 바람이 밖에서 윙윙 소리를 내며 부는 동안, 그들의 오크 소리와 꾹 소리가 허공을 메웠습니다.

마지막 파퍼 펭귄이 오두막이라는 대피소 안으로 들어오자, 패치는 자신의 날개를 문에 대고 밀어서 그것을 닫았습니다.

설령 조엘이 방을 가득 메운 펭귄들의 시끄러운 울음소리 속에서 겨우 잠이 들었다 해도, 그를 깨운 것은 바로 그 울음소리였습니다. 그가 생각한 말이라고는 "와우" 밖에 없었습니다.

유카는 베개들 사이에 일어나 앉았습니다. "나는 이 녀석들도 마찬가지로, 틀림없이 추울 거라고 생각해."

유카의 낮은 목소리에 놀라서, 펭귄들은 당황하더니, 서로에게 걸려 넘어지며, 벽과 수납장에 부딪혔고 시끄럽게 꽥꽥거리는 한 무더기로 포개졌습니다. 스물네 마리의 펭귄이 똑바로 일어서자,

유카는 오도 가도 못하게 되었고, 펭귄들 가운데에 꼿꼿이 앉았습니다. 그의 눈썹이 헤어라인 안으로 쏙 모습을 감출 만큼, 그는 그렇게나 놀랐습니다.

"얘들아." 그가 말했습니다. "나는 펭귄들이 뒤뚱거려서 꼼짝할 수가 없구나!"

"도와드려요?" 털로 덮인 자신의 슬리퍼를 끌어당기며, 니나가 물었습니다.

유카는 잠깐 동안 그 질문에 대해 생각해 보았습니다. "괜찮아, 사실은." 스스로도 깜짝 놀란 듯, 그가 말했습니다. "이건 어쩌면 내 인생을 통틀어 가장 아늑한 상태일지도 몰라. 알고 보니 펭귄들은 훌륭한 단열재였어!"

누군가 니나를 막기도 전에, 그녀는 침대에서 기어 나와 펭귄들의 한가운데로 파고들었습니다. 펭귄들은 또다시 당황한 듯한 소리를 냈지만 이번에는 서로에게 달려들어 쓰러뜨리지 않았습니다. 그들은 니나를 더 마음에 들어 했습니다.

"오, 우와." 니나가 말했습니다. "유카 아저씨 말이 맞아. 이건 굉장해!"

조엘도 펭귄들이 모여 있는 곳에서 니나와 합류했습니다. 그들의 깃으로 뒤덮인 털은 매끄럽고 따뜻했으며 생선과 바닷물 냄새가 났습니다. "와. 이거 정말 좋네요."

바로 그때 그들의 엄마가 잠에서 깼습니다. "얘들아, 너희들 어디 있니?" 그녀가 눈에서 눈곱을 떼며 물었습니다. 그녀는 자신의 아이들과 유카가, 펭

214

권 무리에서 그녀를 향해 손을 흔들고 있는 것을 보자 그녀의 입이 떡 벌어졌습니다.

"엄마, 엄마도 이걸 해 봐야 해요!" 니나가 말했습니다.

17장 옹기종기 모이기

펭귄들과 함께 모여 있는 것은 폭풍을 이겨 내는 훌륭한 방법인 것으로 드러났습니다. 펭귄들은 놀라울 정도로 따뜻하고 부드러웠습니다. 하지만 이건 그 이상이었습니다. 비록 무시무시한 일들이 일어나고, 심지어는 프로판 연료가 다 떨어지고 북극의 밤이 깊어져 바람이 점점 더 시끄럽게 윙윙거린 뒤에도, 펭귄들은 계속해서 쉴 새 없이 재잘거렸습니다. 이것은 굉장히 정신없게 했는데―엿들을 것이 너무 많을 때는 겁먹은 채로 있는 것이 더 힘들 정도였습니다.

"내 생각에 내 옆에 있는 이 키가 큰 녀석이 오빠 옆에 있는 조그만 녀석을 좋아하지 않는 것 같아." 니나가 조엘에게 말했습니다. "녀석은 계속해서 자기의 머리를 뒤로 홱 젖히고서 조그만 펭귄 쪽으로 시끄럽게 울고 있거든."

"내 생각에 그건 녀석이 저 녀석을 정말 좋아하기 때문인 것 같은데." 조엘이 말했습니다. "이 작은 녀석은 모든 펭귄들 중에서 가장 따뜻하거든."

"너희들 무슨 이야기를 하고 있는 거니?" 파퍼 부인이 큰소리로 외쳤습니다. 그녀는 펭귄들 사이에서 움직이지도 못하고, 꼭 나머지 사람들처럼, 그저 오두막의 저쪽 끝에 갇혀 있을 뿐이었습니다.

"바다오리들이 굶주리고 있어요!" 니나가 말했지만, 그녀의 목소리는 소란스러운 펭귄들의 울음소리에 묻히고 말았습니다.

"뭐라고 했니?" 파퍼 부인이 소리쳤습니다.

"나중에 말씀드릴게요!" 니나가 말했습니다.

"뭐라고?"

"말씀드릴게요―아무것도 아니에요." 자신의 목소리가 펭귄들이 일제히 내는 소리에 묻히도록 내버려 둔 채, 니나가 말했습니다.

새벽이 되고, 바람이 잠잠해지자 펭귄들은 한 마리씩 오두막 밖으로 줄지어 나갔고, 각자 인사할 시간을 갖고는 물고기를 잡으러 떠났습니다. "저는 펭귄들이 오두막 안에서 온기를 유지하면서 최악의 폭풍을 이겨 낸 게 이번이 처음은 아닐 거라는 느낌이 들어요." 혈액순환이 되도록 한 번 더 그의 팔과 다리를 쭉 뻗으면서, 조엘이 말했습니다.

"엄마는 녀석들이 가장 혹독한 추위도 견딜 수 있다고 확신하지만, 가능한 경우 더 나은 선택을 한 것에 대해 녀석들을 탓할 수는 없다고 생각해. 관리인에게 휴식이 필요한 것도 놀라운 일은 아니야." 파퍼 부인이 말했습니다. "엄마도 얼마나 더 이걸 버틸 수 있을지는 모르겠구나."

"저는 그게 굉장하다고 생각했어요." 니나가 말했습니다. "그리고 녀석들은 문손잡이를 능숙하게 다루고 있어요!"

"맞아, 나는 벌써 녀석들이 약간 그리운 것 같아." 조엘이 덧붙였습니다. 그는 마치 성체 펭귄들로 넘쳐나던 것이 꿈이었는지 곰곰이 생각하고 있는 마냥, 얼굴에 깜짝 놀란 표정을 짓고서 주위를 둘러보고 있던, 어니스트와 메이를 들어 올리려고 몸을 급히 숙였습니다.

그는 열려 있는 현관 쪽에서 나는 팔딱, 팔딱, 팔딱 소리를 들었습니다. 조엘이 밖을 내다보았습니다. 폭풍이 치는 동안 파퍼 섬의 돌멩이들은 아침 햇살에 반짝이는, 흰 눈과 얼음층 아래로 사라져 있었습니다. 그 얼음 위에는 세 마리의 물고기가 놓여 있었습니다.

조엘의 눈앞에, 패치가 파도에서 모습을 드러내더니, 뒤뚱뒤뚱 걸어와서, 얼음 위로 물고기 한 마리를 게워냈습니다. 그것은 여러 번의 기침과 구역질 그리고 꽥꽥거림을 동반한, 엄청난 생산물이었습니다. 그 물고기는 위액으로 미끈거렸습니다.

"웩." 어니스트와 메이가 그의 품에서 폴짝 뛰어내렸고, 뒤뚱뒤뚱 걸어가서, 기쁨의 오크 소리를 내며 그 물고기를 게걸스럽게 먹는 바로 그 순간에, 조엘이 말했습니다.

"그거 잘됐네." 귀를 덮도록 자신의 모자를 아래로 당기면서 현관에 있는 조엘에게 가며, 니나가 말했습니다. "나

는 어니스트와 메이가 그걸 처리해서 기뻐, 왜냐하면 나는 토해 낸 물고기를 먹을 의향이 없거든."

"맞아." 조엘이 대답했습니다. "나도 동감이야."

유카가 오두막에서 슬며시 나오더니 펭귄이 토한 물고기 바로 옆을 별 감흥 없이, 지나갔습니다. 그가 배로 향하는 동안 그의 부츠에 달려 있던 뾰족한 아이젠이 신선한 얼음을 파고들며 뿌지직 소리를 냈습니다. "다시 일하러 갈게! 나는 오늘까지 수리가 끝나길 바라고 있어."

"고마워요, 유카!" 파퍼 부인이 오두막 안에서 외쳤습니다.

조엘은 어니스트를 바라보았는데, 그 녀석은 막 자신의 두 번째 물고기를 게걸스럽게 먹어 치운 뒤였습니다. 어니스트는 조엘을 자랑스럽게 올려다보며, 녀석의 보송보송한 날개를 파닥였습니다.

"어니스트와 메이는 아직 어떤 펭귄 친구도 사귀지 못했어." 니나가 말했습니다.

"나 역시도, 녀석들이 걱정이야." 조엘이 말했습니다. "겨우 몇 시간밖에 남지 않았고, 우리가 떠나고 난 후에 그들이 잘 지낼지 모르겠어."

18장 새로운 목적지

조엘과 니나 그리고 파퍼 부인은 해안가에 나란히 서서, 흔들리는 배를 바라보았습니다. 두드려서 편 금속이 파퍼

216

섬의 모래톱이 선체에 냈던 구멍을 막아 주었습니다. 유카는 밝은 회색의 가느다란 땜납으로 선체를 깔끔하게 용접했습니다. "그럭저럭 괜찮아 보이네요, 그렇죠?" 손가락 관절로 선체를 통통 두드리며, 유카가 말했습니다. 선체는 청명하게 울렸습니다.

"정말 그렇네요. 훌륭해요!" 파퍼 부인이 말했습니다.

조엘은 자신의 의견을 덧붙여 말하려고 했지만, 그의 마음속 깊은 곳에서는 말을 꺼내는 것조차 힘들게 하고 있었습니다. 어니스트가 그의 품에 꼭 안겨, 코를 골고 있었습니다.

조엘은 자신이 해야 할 말을 어떻게 하려고 했을까요?

니나가 그를 올려다보았습니다. 보통은 그녀가 더 적극적인 편이었지만, 아무래도 이번에는 그의 차례인 듯했습니다.

"너희 둘 다 괜찮은 거니?" 파퍼 부인이 물었습니다.

"네." 고개를 끄덕이며, 조엘이 말했습니다. 그러고 나서 그는 고개를 저었습니다. "아니요. 제 말은, 괜찮지 않아요."

"네, 맞아요. 괜찮지 않아요." 니나가 이야기하며, 자신의 고개를 세차게 끄덕이더니 다시 똑같이 세차게 고개를 가로저었습니다.

"너희 둘 다 아주 이상하게 행동하고 있구나."

"정말 그래." 자신의 눈을 가늘게 뜨며, 유카가 말했습니다. "내가 우리 중 누구도 지난 며칠 밤 잠을 잘 자지 못한

건 알고 있지만, 그럼에도 너희는 정말 이상하게 굴고 있어."

"좋아요. 이제 말할게요." 파퍼 부인이 자신의 말을 잘 들어야 한다는 것을 알 수 있게 그녀의 손을 잡고 그녀의 두 눈을 바라보며, 조엘이 말했습니다. "펭귄들 중 한 마리가 저희를 섬의 반대편으로 데려갔는데, 그곳에는 바다오리들이 있었어요. 그리고 그들은 아주 멋져야 했지만, 건강하지 않았어요, 전혀요, 그들은 모두 뼈만 앙상했고 그들의 알은 깨져 있었지만 새끼 바다오리는 한 마리도 없었어요. 그리고 펭귄들은 전부 뚱뚱하고 건강하고요. 그래서 저희가 생각하기에 문제는 펭귄들이 이 근처의 물고기를 전부 다 먹어서 바다오리들이 먹을 것이 하나도 남지 않았다는 건데, 바다오리들이 먼저 이곳에 있었으니까, 그건 공평하지 않은 것 같아요, 그렇죠?"

파퍼 부인이 그녀의 입을 떡 벌린 채, 그를 응시했습니다. 그러고 나서 그녀는 마침내 그가 줄줄 쏟아 놓은 말들을 이해했습니다. 그녀는 고개를 끄덕였습니다. "그래서 너는 우리가 무엇을 하면 좋겠니?"

어쩌면 약간 연극을 하듯이, 니나가 헛기침하며 한 발 앞으로 나왔습니다. "파퍼 씨가 그의 펭귄들을 여기 북극으로 데려온 것이 옛날에는 좋은 생각일 수도 있었겠지만, 그는 그것이 바다오리가 살아남는 것을 힘들게 할 거라는 사실을 깨닫지는 못했어요. 심지어 나

중에 이 세대들까지도 전부 다 말이에요. 만약. . . 만약 우리가 펭귄들을 그들이 있어야 하는 곳으로 데려가면 어떨까요?"

"네 말은, 남극 말이니?" 자신의 가슴에 손을 얹으며, 파퍼 부인이 말했습니다.

"그곳은, 음, 여기에서 아주 멀어." 유카가 덧붙였습니다.

"네." 눈물에 젖은 목소리로, 니나가 말했습니다. "하지만 그러면 이 펭귄들은 모두 다른 펭귄들과 함께, 제대로 된 집에서 살게 될 거예요. 그리고 항해하는 동안 메이와 어니스트도 무리의 다른 펭귄들과 친해지고 펭귄들이 그들의 부모라는 것을 알게 될 가능성이 더 커질 거예요."

파퍼 부인이 유카를 바라보았습니다. 그의 표정은 아무런 변화가 없었습니다. 그때, 마침내, 그가 어깨를 살짝 으쓱했습니다. "만약 너희 모두가 내가 조종하는 걸 도와준다면, 나는 가는 길에 내 논문을 써서 그걸 교수님께 보낼 수 있을 거야."

"그리고 저희도 겨울 방학이 얼마 남지 않았어요." 니나가 재빨리 말했습니다. "저희는 단 몇 주만 추가로 학교를 빠지는 게 될 거예요. 그러는 동안, 저희는 교과서를 미리 공부할 수 있어요."

"저희가 남극에 가는 건 아주 교육적일 거예요, 그렇게 생각하지 않으세요?" 조엘이 말했습니다.

"맞아요, 엄마, 이건 놓치면 안 되는

기회예요." 열심히 고개를 끄덕이며, 니나가 말했습니다.

파퍼 부인은 그녀의 아이들을 바라보고 나서, 그들의 품에 꼭 안겨, 졸고 있는 메이와 어니스트를 바라보았습니다. "우리는 이게 가능한지 알아봐야 할 것 같구나."

니나가 폴짝폴짝 뛰다가, 메이를 떠올리고는 멈췄습니다. 하지만, 그 녀석은 깨지 않았습니다—녀석도 마찬가지로, 지난밤 소란 속에서 잠을 이루지 못했던 것이 분명했습니다. 그 녀석은 자는 동안 작게, 생선 냄새가 나는 트림을 했습니다.

"하지만, 얘들아." 파퍼 부인이 말했습니다, "그보다 스물네 마리의 야생 펭귄들을 배에 태우는 건 어떻게 할 작정이니?"

조엘이 잠시 말을 멈췄습니다. 그들은 엄마를 어떻게 설득해야 할지 걱정하느라 너무 바쁜 나머지 정작 이 문제에 대해서는 생각해 본 적이 없었습니다.

유카가 헛기침했습니다. "이 펭귄들의 조상들은 배를 타고 이곳에 도착했으니, 아마 그게 저 녀석들에게도 아주 낯설지는 않을 거예요."

"당신 말은 펭귄들이 자신들이 이곳으로 오게 된 것에 관한 이야기를 전해줬을 수도 있다는 말인가요?" 눈썹을 추켜세우며, 파퍼 부인이 물었습니다.

"더 이상한 일도 있었어요." 어깨를 으쓱하며, 유카가 말했습니다.

니나가 엄마의 소매를 잡아당겼습니다. "엄마, 엄마! 만약 그게 사실이라면, 아마 그들은 원래 파퍼 펭귄들에 관한 다른 이야기들도 전해 줬을 수도 있어요. 생각해 보세요, 그들은 서커스 공연을 하곤 했는데, 거기서 대열을 이루어 행진했었잖아요?"

조엘은 자신의 여동생이 말하려는 바를 깨닫고, 손뼉을 쳤습니다. 그 소리가 어니스트를 깨웠는데, 녀석은 화가 난 듯 꾹꾹거렸고 뒤척이다가 조엘의 품 안에서 다시 잠들었습니다.

19장 파퍼 펭귄들이 앙코르 공연을 하다

과거 1930년대에, 파퍼 씨네 재주 부리는 펭귄들은 피아노로 연주되는 "메리 위도우 왈츠(Merry Widow Waltz)"에 맞춰 무대 위에서 행진을 했었습니다. 만일 여러분이 펭귄들을 공연장에서 행진하게 한다면 모든 것이 순조롭겠지만, 파퍼 섬에는 피아노가 없었습니다.

하지만, 오늘날의 파퍼 가족들은, 관리인의 오두막 밖에 서서 숟가락으로 캠핑용 냄비를 두드리는 것으로 그런대로 만족했습니다. 이들은 가능한 한 리듬감 있고 듣기 좋은 노래가 될 수 있게 노력했지만, 조엘과 니나는 계속해서 서로의 박자를 놓쳐서, 그것은 노래라기보다는 정말 소음에 가까웠습니다. 그럼에도, 펭귄들은 신기한 듯이 해변에 나란히 줄을 서서, 시끄러운 사람들을 구경하며 그들만의 꾹 하는 소리와 꾸엑 소리를 보탰고, 수줍은 듯 돌면서 피루엣 동작을 했습니다.

파퍼 펭귄들이 해변에서 배까지 얼음으로 뒤덮인 돌멩이들을 가로질러 나아가기 시작했을 때, 니나는 펭귄들이 자신들 뒤에 있는지 확인하기 위해 뒤를 돌아볼 엄두가 나지 않았습니다. 하지만 그녀가 뒤를 돌아봤을 때, 기분 좋은 소음에 녀석들의 합창 소리를 더하고 있는, 한 줄로 따라오는, 펭귄들의 행렬이 있었습니다.

"북극에서 두 번 다시 이런 걸 볼 수 없을 거야." 유카가 말했습니다. 그의 얼굴 표정으로 미루어 보았을 때, 그는 그것이 최고였다고 생각하는 듯했습니다.

그들이 배에 다다르자, 파퍼 가족은 가능한 한 넓은 공간을 만들기 위해 곧장 뱃머리로 향했습니다. 그곳에 그들이 모두 모였습니다: 파퍼 부인과 니나 그리고 조엘은, 여전히 캠핑용 냄비를 두드리고 있었고, 메이와 어니스트는 그들의 발밑에 있었습니다. 갑판의 나머지 부분을 펭귄들이 가득 메우고 있었고, 유카는 선미에서, 근처에 있는 펭귄들을 살짝 밀어내면서 자신이 배의 시동을 걸 수 있도록 했습니다.

갑판이 그들의 발아래에서 우르릉거리는 소리를 내자, 펭귄들은 오크거리며 주위를 빙빙 돌았고, 서로서로 부딪치며 궁금한 듯 바닥을 쪼았습니다. 비록 이제 메이와 어니스트는 배가 어떻게 작동하는지 아주 잘 알고 있긴 했지만,

그들도 다 큰 펭귄들을 따라했습니다.

닻을 올린 뒤, 유카는 파퍼 섬을 떠나 멀리 나아갔습니다.

조엘과 니나는 파퍼 섬을 돌아보며 그들의 새로운 펭귄 친구들에게 둘러싸인 채, 선미에 서 있었습니다. 두 마리의 바다오리가 그들의 절벽에 서서, 떠나는 배를 바라보고 있었습니다. 일제히, 그들은 각자 한쪽 날개를 들어올렸습니다.

"이선 꼭 녀석들이 작별 인사를 하는 것 같아." 조엘이 말했습니다.

"아니면 아마 녀석들이 고맙다고 하는 걸지도 모르지." 니나가 말했습니다.

"행운을 빌어, 바다오리들!" 손을 흔들며, 조엘이 소리쳤습니다.

"좋아, 얘들아. 아직 밖이 환하고 파도도 너무 심하지 않으니 그동안 너희 숙제를 하기 시작하렴, 알겠니." 파퍼 부인이 소리쳤습니다. "우리가 해안에 충분히 가까워지면 바로 엄마가 전화해서 너희의 새로운 과제를 받아올 거란다."

"사람들은 우리가 스물네 마리의 펭귄들과 함께 북극을 항해하면, 우리가 일반적인 학교 규칙을 지키지 않아도 된다고 생각하겠지." 니나가 투덜거렸습니다.

"그게 우리 엄마일 경우에는 아니지." 조엘이 말했습니다.

그 말과 함께, 그들은 출발했습니다! 펭귄들은 이 여행의 모든 면에 매료되었습니다: 선미에 하얗게 부서지는 파도, 우르릉거리는 엔진, 머리 위에서 원을 그리며 도는 바닷새들에 말이죠. 유카에게는 아주 실망스럽게도, 펭귄들은 특히 핸들에 관심을 가졌고, 그의 주의가 흐트러지자마자 그것을 쪼았습니다. 조엘은 어니스트가 배의 수리된 컴퓨터를 살피는 것에 새로이 흥미를 느낄 때마다 녀석을 쉬이 하고 쫓아내야 했습니다.

파퍼 섬이 시야에서 사라지기 전에, 그들은 바다오리 한 마리를 한 번 더 보았는데, 녀석은 물 위로 날아오르더니, 물고기를 잡기 위해 급강하하고는 집으로 돌아갔습니다.

20장 성장통

그들이 남극에 도착하기까지 6주가 걸렸습니다. 그때쯤 니나와 조엘은 자신들의 모든 학교 공부를 미리 해 두었고, 부차적인 주제들을 배우고 있었습니다: 조엘은 조류 생물학을 그리고 니나는 위도선을요. 그들은 힐포트에 들러 물고기를 비축하고, 학교로부터 아이들을 임시로 휴학시키도록 허가를 받았으며, 유카가 자신의 에세이를 제출하고 연구 서적들을 가져와 항해하는 동안 자신의 논문을 쓸 수 있도록 했습니다.

파퍼 재단은 펭귄들이 북극에서 원래부터 그곳에 살던 바다오리들보다 우위에 있어 왔다고 설명하는 파퍼 가족의 말을 이해했습니다. 그들은 파퍼 부인과 유카에게 펭귄들을 이주시키는 일에 대한 보상으로 수당을 지급했고, 또 냉각 장치를 선실에 설치하는 비용도 지불했습니다—펭귄들은 배가 더운 열대 지방을 지나가는 동안 그 아래에 있어야 했습니다. (그럼에도 불구하고 어느 날 밤 두 마리가 갑판 위로 슬쩍 빠져나왔고, 아이들이 아침에 그곳에서 그들을 발견했는데, 더위를 먹어, 날개를 활짝 널브러뜨리고 입을 벌린 채로 있었습니다. 그들은 그 이후로 절대 다시는 몰래 빠져나오려 하지 않았습니다!)

배가 아르헨티나의 맨 끝 지점을 돌아 남극에 가까워졌을 때쯤, 메이와 어니스트는. . . 이상하게 보이기 시작했습니다. "메이가 아픈 것 같아!" 니나가 말했습니다. 그녀는 메이의 날개를 들어올려 조엘이 녀석의 몸통 아래쪽을 볼 수 있도록 했고, 그곳에 회색 솜털이 나 있던 부분이 사라져 있었습니다.

"녀석은 아픈 게 아니야." 그들이 힐포트 도서관에서 대출했던 조류 생물학 교과서에 실린 사진을 가리키며, 조엘이 말했습니다. "메이는 털갈이를 하는 중이야. 똑같은 일이 어니스트에게도 일어나고 있어."

"이거 정상인 거지?" 니나가 물었습니다.

"완전히 정상이지."

항해의 막바지에, 메이와 어니스트는 평소처럼 부리로 털을 다듬으며, 자신들의 털을 물어뜯곤 했는데, 이제는 커다란 털 뭉치들이 떨어져 나갔습니다. 그 아래로 매끈한 검은색 깃털이 모습을 드러냈습니다—바로 그들의 몸에 난 성체 펭귄의 털이었습니다! "저것 좀 봐줄래." 니나가 말했습니다. "우리의 새끼 펭귄들이 자라고 있나 봐!"

"녀석들은 약간 펑크 록 가수처럼 보여." 조엘이 말했습니다.

녀석들 몸에 성체 펭귄의 털이 나기 시작했을지 모르지만, 심지어 6주가 넘는 항해를 하는 동안에도, 그들은 아직도 다른 펭귄들과 어울리지 못했습니다. 조엘이 자신의 숙제를 하느라 바쁠 때, 어니스트는 다른 펭귄들 근처에 서 있곤 했지만, 내내 녀석은 조엘을 올려다보며, 마치 자신이 이제 돌아가도 되는지 물어보는 듯했습니다. 메이는 자신의 감정에 좀 더 솔직했습니다: 녀석은 어떤 파퍼 펭귄이든 자신과 니나 사이에 끼어들면 싸움을 걸곤 했지만, 니나의 팔에 다시 안기고 나면 진정이 되었습니다.

"녀석들이 결국은 잘 어울리기 시작하겠죠, 그렇죠?" 니나가 파퍼 부인에게 물었습니다.

"그럼." 그녀의 엄마가 대답했습니다. "곧 우리는 드레이크 연구 기지(Drake Research Station)에 도착할 거야. 그리고 우리는 그곳에 있는 펭귄 전문가들에게 어떻게 메이와 어니스트가 적응하는 것을 도울 수 있는지 물어볼 수 있을 거야. 자, 점점 더 쌀쌀해지고 있어. 목도리를 단단하게 매렴, 얘들아."

바로 그다음 날, 유카가 소리치더니 배의 속도를 늦추었습니다. 펭귄들은 무엇이 그의 관심을 끌었는지 보기 위해 모두 뱃머리에 모였습니다. 해안가였습니다!

빙하가 수면 위로 우뚝 솟아 있었고, 그것의 표면은 가장자리 쪽의 흰색이 중심부로 갈수록 밝은 파란색으로 변하고 있었습니다. 거대한 얼음덩어리의 맨 끝에는 돌이 많은 절벽까지 오르막을 이루는 자갈투성이 해변이 있었습니다. 그 꼭대기에는 소박한 빨간색 건물 한 채가 있었는데, 측면은 알루미늄으로 되어 있고, 뾰족하게 솟은 지붕은 눈으로 뒤덮여 있었습니다.

"저기가 드레이크 환경 연구 센터 (Drake Center for Environmental Studies)야." 유카가 말했습니다. "나는 내가 들었던 강의에서 이곳에 관한 글을 많이 읽었어. 그들은 우리의 기후와 관련된 중요한 연구를 하고 있지. 인생이 이렇게 될 줄 누가 생각이라도 했겠어—나는 북극 근처에서 자랐지만, 이제 나는 지구의 반대편 맨 끝에 와 있다고!"

그들이 바라보는 동안, 어떤 사람이 작은 빨간색 건물에서 나와 절벽 끝에 섰습니다. 그녀는 확성기를 자신의 입에 갖다 대며 그들에게 손을 흔들었습니다. "안녕하세요! 저는 안토니아 드레이크 박사(Dr. Antonia Drake)입니다. 환영합니다! 여러분의 배는 선대로 곧장 가져오시면 됩니다."

"오, 다행이야." 유카가 숨죽이며 말했습니다. "이번에는 난파될 일은 없겠어."

그가 배를 부두로 몰고 갔을 때쯤, 조엘과 니나는 배를 단단히 묶기 위해 해안가로 깡충 뛰어갔고, 드레이크 박사가 그들을 맞이하러 내려왔습니다. "여러분들은 정말 긴 여정을 보내셨군요." 그녀가 말했습니다. "다들 몹시 피곤하시겠어요."

"꼭 그렇지는 않아요!" 니나가 말했습니다. "저희는 대부분 그저 설렜어요."

"저 아이는 누군가요?" 니나의 발 옆에 있는 작은 펭귄을 바라보며, 드레이크 박사가 물었습니다.

"저 녀석은 메이에요." 조엘이 설명했습니다. "그리고 이 녀석은 어니스트죠. 녀석들은 지금 다 자란 펭귄처럼 보이지만, 방금 털갈이를 끝냈어요. 이 녀석들이 우리가 이 모든 모험을 시작하게 된 이유이죠!"

사실, 어니스트는 아직 털갈이를 완전히 끝내지는 못했습니다. 그의 뒤통수에는 여전히 솜털 같은 한 무더기의 털이 나 있었는데, 머리가 벗겨지기 시작한 나이 든 남자 같았습니다.

"녀석들은 다른 펭귄들과 어울리는 법을 배우는 데 약간 도움이 필요해요—" 파퍼 부인이 이야기하다가, 말을 멈추고 바다에 빠지지 않으려고 집중해야 했는데 스물네 마리의 펭귄들이 배를 따라 발맞추어 걸으며 그녀를 지나 부두로 깡충 뛰어오를 때, 그 과정에서 그녀를 거의 넘어뜨릴 뻔했기 때문입니다.

패치는 물가로 걸어가, 물속을 들여

다보고는, 다시 돌아왔습니다. 녀석은 충분한 용기를 내서 물가로 다시 가보더니, 또 한 번 겁을 먹고 뒤뚱뒤뚱 물러났습니다. 패치는 물가로 다시 한 번 걸어갔지만, 이번에는 다른 펭귄이 물을 보려고 녀석 뒤에서 밀고 들어와 실수로 그 녀석을 쳐서 물속으로 빠뜨렸습니다! 그 녀석은 꾹 소리를 내며 수면에서 파닥거리다가, 물속으로 깊이 잠수했습니다. 어떠한 바다표범도 첫 번째로 빠진 그 펭귄을 아직 잡아먹지 않자, 나머지 다른 펭귄들도 그 녀석을 따라 풍덩 뛰어들었습니다.

"녀석들은 바로 자기 집인 것처럼 편하게 지내는 듯 보이네요, 그렇지 않나요?" 웃으며, 드레이크 박사가 말했습니다.

"펭귄 공연장에 남아 있던 우리의 두 마리 새끼 펭귄들을 제외하고 모두가 말이죠." 니나가 말했습니다.

어니스트와 메이만 육지에 남아 있었습니다.

그들은 파퍼 부인네 아이들을 올려다 보았습니다.

그들은 차가운 바다를 내려다보았습니다.

어니스트는 배의 조리실로 향했고 생선 통조림을 유심히 보면서 새끼 펭귄의 오오크 소리를 내기 시작했습니다.

"난 네가 무슨 말을 하는지 알겠구나." 장갑을 낀 손가락으로 자신의 입술을 톡톡 치며 두 마리의 특이한 새끼 펭귄들을 살펴보던, 드레이크 박사가 말

했습니다. "그들은 다른 펭귄들과 함께 지내는 것에 익숙해지는 데 어떠한 진전도 보이지 않는 것 같네요. 전혀요."

메이는 뒤뚱뒤뚱 배의 무전기로 가서 전원 버튼을 쪼았습니다. 그녀는 드러누워 음악을 들으며, 박자에 맞춰 리듬감 있게 그녀의 날개를 흔들었습니다.

21장 집으로

펭귄들이 생선으로 그들의 배를 채우는 것을 끝내자—"그리고 오징어도 먹어요." 드레이크 박사가 말했습니다. "그게 이 주변에서는 진짜 그들의 주식이에요."—펭귄들이 육지로 줄지어 올라갔습니다. 파퍼 가족과 드레이크 박사는 해안가에 나란히 서서 구경을 했습니다. "이곳은 파퍼 펭귄들에게 새로운 환경입니다." 드레이크 박사가 설명하는 동안 조엘이 메모를 했습니다. "녀석들은 자신들이 발견하는 것들에 대해 분명 불안감을 느낄 가능성이 커요. 우리는 그들이 불안해하고 오랫동안 배 가까이에 붙어 있을 것이라고 생각해야 합니다."

그러나, 파퍼 펭귄들이 파도에서 모습을 드러냈을 때, 그들은 맞은편으로 걸어가며, 남극 대륙의 미개척지로 곧장 향했습니다. "오!" 드레이크 박사가 말했습니다.

성체 펭귄들이 행진하며 지나가자, 메이와 어니스트는 졸린 듯한 소리를 내며 배에 있는 그들의 둥지로 뒤뚱뒤

뚱 걸어갔습니다. "안 돼." 니나가 말했습니다. "너희들 지금 자러 갈 건 아니지—우리는 방금 이곳에 도착했다고!"

니나와 조엘은 새끼 펭귄들을 재빨리 들어 올려 펭귄들의 행렬 뒤를 쫓아갔습니다. 파퍼 부인과 드레이크 박사 그리고 유카도 따라가기 위해 서둘렀습니다. "이건 정말 예상치 못한 상황입니다." 드레이크 박사가 말했습니다. "특히 이 펭귄들은 남극에서 살아 본 적이 없어요, 비록 녀석들의 조상들은 물론 이곳 출신이지만 말입니다. 그럼에도, 녀석들은 빙판 위에서 그들의 조상들이 갔던 길을 따라가고 있어요. 이건 마치 아무런 시간도 흐르지 않은 것 같아요!"

"펭귄들은 매우 똑똑해요." 고개를 끄덕이며, 니나가 말했습니다. "박사님은 메이가 학교에서 어땠는지 보셨어야 해요. 비록, 녀석이 제 받아쓰기 시험에 크게 도움이 됐다고는 할 수 없지만요."

"파퍼 펭귄들은 특히나 똑똑한 혈통인 것 같아요." 파퍼 부인이 덧붙였습니다. "녀석들은 정교한 춤 동작을 배울 수 있었고, 이들 극단은 전국의 극장들을 순회했으니까요."

"이렇게 오랜 세월에 걸쳐서, 파퍼 펭귄들이 자신이 어디에서 왔는지에 대해 알고 있는 바를 어떻게든 전달해 주는 것이 가능할까요?" 자신의 연구 노트를 꺼내기 위해 장갑을 낀 손으로 배낭을 뒤지며, 유카가 물었습니다.

드레이크 박사가 고개를 저었습니다. "말도 안 돼요. 그건 녀석들이 언어를

구사해야 할 거예요. 단순한 의사소통 정도가 아니라, 동사의 시제를 정확히 담아내고, 이름으로 장소를 언급하는 능력이 필요해요. 심지어 가장 고등한 침팬지들도 그건 못합니다."

"제 생각에는 우리가 펭귄에 대해 알지 못하는 것이 많이 있는 것 같아요." 메이의 머리를 쓰다듬으며, 니나가 말했습니다. "저는 메이와 어니스트가 서로 정말 깊은 대화를 나눈다고 확신해요."

"대부분은 녀석들이 다음에 먹을 참치 통조림이 어디에서 나올지에 관한 것이지만요." 조엘이 덧붙였습니다.

"저도 아이들의 눈에는 이것이 동물들에게 의사소통이라는 마법 같은 능력이 있는 것처럼 보일 수 있다는 걸 알지만, 과학은 이를 뒷받침해 주지 않아요." 드레이크 박사가 그들과 발맞추어 걸어가며 말했습니다.

니나는 그 일행보다 훨씬 앞서서 나아가고 있었습니다. 그녀는 양팔을 뻗은 채, 빙글빙글 돌았습니다. "그럼 박사님은 저것에 대해서는 뭐라고 하실 거예요?" 그녀가 물었습니다.

그들은 넓고 희푸른 계곡과 마주하고 있는 얼음 벌판에 있는 언덕에 도착했습니다. 그곳은 이리저리 뒤뚱뒤뚱 걸어 다니는, 수백 마리의 펭귄들로 뒤덮여 있었습니다. 그들은 오목한 땅의 가운데에 떼를 지어 모여 있었고, 그곳에서 빽빽이 모인 무리는 오크와 꾹 그리고 꾸엑 하는 소리를 내며, 구애하고

껴안다가 싸우기도 했습니다. 몇몇 펭귄들은 자신들이 작은 돌멩이들로 대충 만든 둥지에 앉아 있었는데, 니나의 눈앞에서 펭귄 한 마리가 옆에 있는 둥지로 뒤뚱거리며 걸어가, 돌멩이 하나를 훔치더니, 자신의 둥지로 다시 뒤뚱거리며 돌아갔습니다. 그때 그 돌멩이의 원래 주인이 도둑질을 알아차리고는 그 돌을 바로 다시 훔쳐오기 위해 뒤뚱거리며 걸어갔고, 곧 옆에 있던 여섯 마리가 연루된 펭귄 싸움이 시작되었습니다.

비슷한 사건들이 거대한 펭귄 군락 전체에서 일어나고 있었습니다. 볼거리가 너무 많아, 마치 볼 때마다 삽화 속에서 몇 가지 새롭고 소소한 이야기를 발견하게 되는 그림책 같았습니다.

"이곳은 남극에서 가장 큰 젠투펭귄(gentoo) 군락지입니다." 드레이크 박사가 자랑스럽게 말했습니다. "우리는 이곳에서 백 년 넘게 꾸준히 연구를 해왔어요."

"젠투펭귄이요?" 조엘이 물었습니다. "그게 뭔가요?"

"세상에는 많은 종의 펭귄이 있습니다. 젠투펭귄은 파퍼 펭귄들의 종 이름이죠. 저의 할아버지가 파퍼 씨에게 바로 이 군락지에서 원래의 파퍼 펭귄을 보냈던 겁니다."

"아." 조엘이 말했습니다.

"세상에!" 파퍼 부인이 말을 가로막았습니다. "박사님 저기에서 무슨 일이 벌어지고 있는지 보셨어요?"

"저게 바로 제가 아까 이야기했던 거잖아요!" 니나가 항의했습니다. "이제 엄마도 제 말을 믿으시겠어요?"

"우와." 유카가 말했습니다.

"오, 맙소사." 파퍼 부인이 말했습니다.

북극에서부터 이어진 자신들의 여행을 막 끝낸, 파퍼 펭귄들은, 뒤뚱뒤뚱 걸어 젠투펭귄 군락지의 한가운데로 곧장 미끄러지듯 나아갔습니다. 그곳에서 녀석들은 나란히 줄지어 서서, 거의 기침 소리처럼 들리는 조용한 오크 소리를 내며, 다른 펭귄들의 관심을 기다렸습니다. 그리고 그들은 곧 관심을 받았습니다. 다른 펭귄들이 낯선 펭귄들을 알아차리자 무리에서는 소동이 일어났습니다. 둥지를 돌보지 않던 펭귄들이 곧장 와서, 북적거리더니, 가장 좋은 전망을 확보하기 위해 서로를 밀쳐 넘어뜨리며, 귀청이 터질 듯한 펭귄 울음소리를 일제히 냈습니다.

파퍼 펭귄들이 다른 펭귄들의 관심을 얻자, 녀석들은 공연을 하기 시작했습니다.

남극 대륙의 펭귄들이 지켜보는 가운데, 패치는 얼음 위에 한참 동안 누워 있더니, 일어나 서서 주위를 둘러보는 시늉을 했습니다. 또 다른 펭귄이 녀석과 함께하며, 연극을 하는 듯 과장되게 이리저리 유심히 살폈습니다. 모두 합쳐 열두 마리의 펭귄이 될 때까지, 그 두 녀석들 뒤로 열 마리가 더 따라갔습니다. 하나같이 모두 뒤뚱거리며, 그들은 완벽한 원을 그리며 힘차게 걷더니, 사각형 모양으로 대형을 이루고 이어서 반원 모양을 만들었습니다. 녀석들 중 두 마리는 무리에서 떨어져 나와 가짜로 싸우는 척을 했는데, 날개로 서로를 치더니 아무것도 없는 허공을 깨물었습니다. 그들은 둘 다 넘어졌고, 마치 죽은 것 같았습니다.

"녀석들이 넬슨과 콜럼버스를 연기하고 있어!" 니나가 소리쳤습니다.

"발도 안 돼, 그럼 원래 공연에 나오는 사다리와 판자를 이용한 연극은 이 다음이라는 말이네?" 자신의 눈을 가리며, 조엘이 물었습니다. "난 그게 완전 엉망진창이라고 들었어."

그들이 지켜보는 동안, 열두 마리의 펭귄들은 얼음 절벽 위로 대형을 이루어 행진했고, 그들은 그곳 정상에 떼를 지어 모였습니다. 그러더니 그들은 완전히 조용해졌습니다.

"이제 무슨 일이 일어날까?" 파퍼 부인이 물었습니다.

"저도 잘 모르겠어요." 조엘이 말했습니다.

수많은 펭귄들과 다섯 명의 사람으로 이루어진 관중들이 수군거리기 시작했습니다.

그때 패치가 귀청을 찢을 듯한 울음소리를 냈습니다. 하나가 되어, 펭귄들은 능수능란하게 서로를 지면 쪽으로 밀었고, 정상에서 사방팔방으로 터보건 썰매를 타듯 미끄러져 내려오며, 맨 밑에서 다시 일어서기 전까지 계속 구르

며 시끄럽게 꽥꽥 소리를 질렀는데, 스스로를 아주 자랑스러워하는 것 같았습니다. 이 모든 것은 약간 펭귄들로만 만들어진, 불꽃놀이처럼 보였습니다.

그들의 공연이 끝나자, 파퍼 펭귄들은 스스로 다시 일렬로 나란히 섰고, 그러는 동안 남극 대륙의 펭귄들은 갑자기 시끌벅적한 오크와 꾸엑 하는 소리를 이구동성으로 냈습니다. 파퍼 펭귄들은 멋지게 고개 숙여 인사했고, 그게 아니더라도 최소한 자신들의 통통한 몸으로 할 수 있는 한 최선을 다해 인사했습니다. (허리 없이 고개 숙여 인사하는 것은 어려우니까요.)

젠투펭귄들이 앞으로 들이닥쳐서, 파퍼 펭귄들 주위로 몰려들었고, 부리로 딱딱거리는 소리와 시끄러운 울음소리를 정신없이 내면서 그들을 환영했습니다. 젠투펭귄들은 파퍼 펭귄들을 들어올려서 녀석들이 젠투펭귄 무리 위로 파도를 타듯 지나가게 했고, 녀석들도 관객들의 찬사를 받아들이며 기쁨의 오크 소리를 냈습니다.

"와, 정말 놀랐어!" 유카가 말했습니다.

"과학계는 이런 어떠한 것도 결코 본 적이 없어요." 드레이크 박사가 경탄했습니다.

"파퍼 펭귄들이 남극 그리고 스틸워터에 관한 이야기를 전해 준 거예요!" 니나가 말했습니다.

"어쩌면 녀석들이 이 이야기들을 이곳 야생 군락지에 계속해서 전해 줄 수

있을지도 몰라요." 유카가 의견을 냈습니다.

"매력적이네요." 드레이크 박사가 말했습니다. "우리는 이에 대한 연구를 즉시 발표해야겠어요. 저와 함께 일할 준비가 되었나요, 유카?"

"저는 바로 지금 머릿속에서 제 논문을 수정하고 있는 중이에요!" 그가 말했습니다. 유카와 드레이크 박사는 그러고 나서 니나와 조엘이 전혀 이해할 수 없는 많은 과학 용어 이야기에 빠져들었습니다.

아이들의 관심은 곧바로 그들의 발밑에 있는 새끼 펭귄들에게로 쏠렸습니다. 메이와 어니스트는 파퍼 쇼(Popper show)를 즐겼고, 신이 나서 위아래로 폴짝 뛰며 파퍼 펭귄들과 함께 전문적인 스텝을 밟는 그들만의 우스꽝스러운 공연을 선보였습니다. 하지만 이제 녀석들은 거의 애절해 보일 지경이었습니다. 고개를 숙인 채, 어니스트는 이미 천천히 배를 향해 뒤뚱거리며 되돌아가고 있었습니다. 메이는 이때쯤 파퍼 부인네 아이들에게는 아주 친숙하게 들리는 오오크 소리를 냈습니다: 바로 녀석이 참치 통조림을 먹을 준비가 되었다는 것이죠. 어니스트도 아이들이 역시나 아주 잘 알고 있는 오오크 소리를 냈습니다: 바로 배의 단파 라디오에서 녀석이 가장 좋아하는 자연 방송이 나올 시간이라는 것이었죠.

조엘은 니나를 오랫동안 쳐다보았습니다. 두 마리의 새끼 펭귄들을 다시 야생으로 돌려보내려는 그들의 계획은 잘 풀리고 있지 않았습니다. 전혀 말이에요.

22장 안녕히 계세요, 드레이크 박사님

조엘과 니나가 연구 기지에 들어가 있는 동안, 그들은 파퍼 펭귄들이 요청에 응해서 또 다른 공연을 하느라 얼어붙은 계곡에서 나는 떠들썩하는 소리를 들었습니다.

그렇지만, 파퍼 부인네 아이들은 공연을 즐기러 나가지 않았습니다—그들은 메이와 어니스트가 너무 걱정되었습니다. 그 새끼 펭귄들은 그들만의 체스에서 수를 두는 사이사이에, 바닥에 쌓여 있는 말린 오징어를 먹고 있었습니다. 조엘과 니나는 아직까지 규칙을 알아낼 수 없었지만, 그것은 여러 번 부리로 쪼기와 싸우기 그리고 여기저기 날아다니는 폰(pawn)을 포함하는 듯했습니다.

"이건 거의 녀석들이 자신들은 펭귄이라는 사실을 모르는 것 같아." 조엘이 말했습니다.

"그게 정확히 맞는 말이라고 해야겠네요." 드레이크 박사가 현관에서 말했습니다. 깜짝 놀라며, 니나와 조엘이 올려다보았습니다. "새끼 펭귄들이 태어날 때, 어린 새끼들은 각인이라고 불리는 과정을 거쳐요. 올바른 습성과 펭귄의 생활 방식을 배우기 위해서, 녀석들은 자신들이 부화할 때 처음으로 보게 되는 어떤 동물이든 연구하는 거죠. 물론, 일반적으로 그 대상은 다른 펭귄이 되겠지요. 하지만, 이 경우에는, 바로 여러분이었고요!"

"하지만 원래의 파퍼 펭귄들은 야생에서 살아갈 수 있었잖아요." 니나가 이의를 제기했습니다.

드레이크 박사는 고개를 끄덕였습니다. "여러분들은 파퍼 씨의 첫 번째 펭귄인, 캡틴 쿡이, 성체 펭귄이었다는 사실을 기억할 거예요. 녀석이 새끼 펭귄이었을 때, 녀석은 다른 펭귄들 주변에 있었습니다. 새끼 펭귄들이 스틸워터에서 지냈을 무렵에는, 녀석들에게도 주변에 각인할 다른 펭귄들이 있었죠. 유감스럽게도, 이 두 녀석은 같은 상황에 놓여 있지 않았어요. 그건 여러분의 잘못이 아니에요—여러분은 이 알들에 여러분이 할 수 있는 최선을 다했죠. 하지만 저는 녀석들이 이곳 야생에서 부모 없이 살아남지 못할까 봐 걱정되는데, 마치 인간의 아이들이 그러지 못하는 것처럼 말이에요."

그 말과 함께, 메이는 큰소리로 오징어 냄새가 나는 트림을 하며 검은색 룩(rook)을 자신의 부리로 집어서, 이를 잽싸게 반대편 체스판 위에 두었습니다. 어니스트는 그 수에 화가 난 듯 꽥꽥거리다가, 진정했습니다. 자신의 선택지를 고민하며, 어니스트는 자신의 부리로 흰색 말들을 하나하나 살짝 두드렸습니다.

"맞아요, 야생에는 체스 세트가 많지 않죠." 조엘이 말했습니다.

"아니면 어니스트가 라디오에서 듣는 자연 방송도 없어요." 니나가 덧붙였습니다.

"게다가, 저는 이 녀석들이 젠투펭귄이 아니라, 마젤란펭귄이라는 생각이 드네요. 그 펭귄들은 심지어 남극에 사는 것이 아니라, 남아메리카에 살지요. 솔직히 말해서, 어니스트가 암컷이고 메이가 수컷일지도 모릅니다. 하지만, 저도 그건 틀릴 수도 있어요—펭귄과 함께 이렇게 수년을 일했어도, 혈액 검사 없이 성별을 구분하는 선 저에게 여전히 어려운 일이에요."

"세상에." 니나가 말했습니다.

파퍼 펭귄들이 그들의 성대한 공연을 마친 바로 그때 밖에서 떠들썩한 소리가 들렸습니다. 가쁜 숨을 몰아쉬며, 파퍼 부인과 유카가 불쑥 들어왔습니다. "이건 지금까지 했던 공연 중 최고의 공연이었어요!" 파퍼 부인이 말했습니다. "파퍼 펭귄들은 웃기는 순간을 정말로 잘 알고 있어요. 저는 녀석들이 자랑스러워요."

"적어도 파퍼 펭귄들은 좋은 보금자리를 찾았네요." 조엘이 말했습니다. "그들은 원래 여기 남극에서 유명 인사예요."

니나가 그녀의 엄마의 허리에 팔을 두르고는, 엄마의 푹신한 코트 주머니에 자신의 얼굴을 묻었습니다. "메이와 어니스트는 이곳의 다른 모든 펭귄들과 같은 종도 아니래요, 엄마." 니나가 울먹였습니다.

"오 애야." 파퍼 부인이 말했습니다. "어떻게 하면 좋을까요, 드레이크 박사님? 우리 새끼 펭귄들에게 무엇이 가장 좋을까요?"

"녀석들이 야생에서 살 수는 없지만, 야생에 사는 펭귄들에게 많은 도움이 될 수는 있습니다." 드레이크 박사가 말했습니다. "인간의 활동으로 지구가 따뜻해지면서, 이와 같은 빙하가 녹고 있고, 펭귄들의 고향은 점점 더 큰 위험에 처해 있습니다. 때때로 우리는 이곳에서 녹아내리는 빙하 때문에 펭귄 군락 전체를 잃기도 합니다. 펭귄 공연장이 일을 제대로 한 것 같지는 않지만, 여러분은 할 수 있습니다. 여러분은 메이와 어니스트가 밖에 나와 돌아다닐 수 있을 만큼 추운 때인, 겨울에 그들을 학교에 데리고 가서, 곳곳에 있는 아이들이 펭귄에 대해 배울 수 있게 하면 어떨까요? 일 년 중 겨울이 아닌 다른 시기에는, 과학자들이나 관심 있는 아이들이 여러분의 꽁꽁 언 지하실로 펭귄들을 보러 갈 수 있는 거죠. 여러분이 관리인으로 함께 한다면, 파퍼 재단이 그런 곳에 자금을 대는 일에 관심이 있을 것이라고 확신합니다."

파퍼 부인은 놀란 듯했습니다. "돈이 빠듯했는데, 제가 펭귄들을 도울 수 있는 무언가를 한다면 영광일 거예요. 저는 파퍼 공연을 목탄화로 그려 오고 있었어요. 어쩌면 제가 파퍼 재단의 업무를 지원하기 위해서, 메이와 어니스트를 그린 작품을 판매할 수도 있겠어요."

놀란 채로, 니나는 계속 두 팔로 자신의 엄마를 끌어안았지만 올려다보기 위해서 자신의 고개를 뒤로 젖혔습니다. "정말이에요?" 얼굴에 기다랗게 눈물 자국이 난 채로, 그녀가 말했습니다.

조엘이 펄쩍펄쩍 뛰었습니다. "이건 굉장해요! 우리가 메이와 어니스트를 계속 데리고 있을 수 있어요!"

문제의 펭귄들은 자신들을 방해한다는 이유로 인간들을 꾸짖고는, 그들의 체스 게임으로 돌아갔습니다.

"저는 드레이크 박사님과 여기 남극에 머물면서, 젠투펭귄의 세대 간 지식 전승에 관한 제 논문을 쓸 거예요." 유카가 말했습니다. "하지만 저는 교수님과 함께 제 연구 계획의 초안을 잡기 위해서 먼저 스틸워터로 다시 가야 할 거예요. 제가 여러분을—그리고 우리의 두 마리 새끼 펭귄 홍보 대사들을—함께 데리고 갈 수 있어요."

"그거 좋은 소식이네요, 유카." 파퍼 부인이 말했습니다. "그리고 녀석들이 당신 연구의 주제가 될 거라는 사실은, 젠투펭귄들에게도 좋은 소식이에요."

"이제 단지 이누이트 족이 갈 수 있는 최대한으로 집에서 멀리 떨어져 있다는 것만이 문제네요." 그가 말했습니다. "우리 가족은 몇 년간 저를 그리워할 거예요."

"당신이 과학에 기여한 것을 그들이 아주 자랑스러워할 거라고 확신해요." 파퍼 부인이 말했습니다.

"저도 그러길 바라요!"

그래서 불과 며칠 후, 파퍼 가족과 그들의 두 마리 새끼 펭귄들은 배의 선미에 나란히 섰습니다. "생각해 봐, 조엘 오빠!" 니나가 말했습니다. "우리는 펭귄들을 학교로 다시 데리고 가게 될 거야, 결국엔 말이지!"

"그런데 이번에는 좋은 목적으로 말이지." 조엘이 덧붙였습니다.

배가 부두에서 멀어지기 시작했습니다. 한목소리로, 메이와 어니스트는 어떤 새로운 종류의 소리를 냈는데, 유크 같은 소리였습니다.

"저 울음소리의 의미는 뭘까?" 파퍼 부인이 드레이크 박사에게 작별 인사로 손을 흔들며 물었습니다.

"그건 그들이 만족한다(content)는 의미인 것 같아요." 조엘이 말했습니다.

" '만족하다.' " 니나가 말했습니다. "옛날에, 그 단어가 제 받아쓰기 시험에 나왔어요."

"새끼 펭귄들이 만족한다는 건 아주 좋은 거네." 파퍼 부인이 말했습니다.

유카가 배의 경적을 울렸고, 그 소리와 함께 파퍼 가족은 남극 대륙을 향해 작별의 의미로 손을 흔들었습니다. 조엘과 니나는 펭귄들을 들어 올려 그들도 마찬가지로, 작별 인사를 할 수 있게 해 주었고, 녀석들은 호들갑스럽게 인사를 했는데, 그들이 할 수 있는 한 열심히 날개를 파닥거렸습니다. 그러자 유카는 배의 속도를 높였고, 그들은 파도를 헤치며, 다시 집으로 그리고 앞으로 펼쳐질 어떤 모험이든지 그것을 향해 나아갔습니다.